智慧化工
国能模型

国家能源投资集团有限责任公司 编著

CHINA
ENERGY INVESTMENT
CORPORATION-SMART
CHEMICAL
CAPACITY MODEL

化学工业出版社

·北京·

内 容 简 介

《智慧化工国能模型》通过对近年来化工行业数字化、智慧化建设的相关政策、技术趋势的分析，结合国家能源集团智慧化工建设的实践，从集团和企业视角，对煤化工生产管理全过程的智慧化建设进行思考和总结，提出了国家能源集团智慧化工建设的体系模型。

《智慧化工国能模型》共十二章，内容涵盖总论、国家政策及要求、数字技术趋势与智能制造先进实践、智慧化工能力模型框架与能力要素、业务架构、应用架构、数据架构、技术架构、网络安全体系、工控安全体系、组织管控体系、能力评估体系等。

本书可供化工企业集团总部、生产单位的管理人员阅读，也可供研究机构和信息化单位的专业技术人员阅读，还可供更多流程性制造企业科技人员和高等院校相关专业师生学习参考。

图书在版编目（CIP）数据

智慧化工国能模型/国家能源投资集团有限责任公司编著．—北京：化学工业出版社，2023.7
ISBN 978-7-122-43420-3

Ⅰ.①智⋯ Ⅱ.①国⋯ Ⅲ.①智能技术-应用-化学工业-工业发展-研究-中国 Ⅳ.①F426.7-39

中国国家版本馆CIP数据核字（2023）第079560号

责任编辑：傅聪智 仇志刚　　　　　　　文字编辑：李　玥
责任校对：刘曦阳　　　　　　　　　　　装帧设计：王晓宇

出版发行：化学工业出版社（北京市东城区青年湖南街13号　邮政编码100011）
印　　装：北京建宏印刷有限公司
710mm×1000mm　1/16　印张19¾　字数240千字　2024年1月北京第1版第1次印刷

购书咨询：010-64518888　　　　　　　　售后服务：010-64518899
网　　址：http://www.cip.com.cn
凡购买本书，如有缺损质量问题，本社销售中心负责调换。

定　　价：101.00元　　　　　　　　　　　　　　　　版权所有　违者必究

编委会

主　任：刘国跃

副主任：王　敏　卞宝驰　王树民　杨　鹏　冯树臣　冯来法

编　委：张继明　刘志江　闫国春　江建武　丁　涛　王进强
　　　　魏慎洪　宋　畅　周大宇　王国旺　周光华　杜善明
　　　　胡延波　金海峰　李晓东　杜　彬　张　哲　王　梅
　　　　张　骐　张朝阳　徐会军　张延生　张胜利　姜英利
　　　　是建新　刘春峰　张晓东　王建立　陈　艾　郭亮东
　　　　陈　忠　贾润安　关丰忠　姜兴剑　武振林　陈茂山
　　　　胡庆斌　张明辉　张先松　余建良　王云池　张清海
　　　　安　亮　谢舜敏　吕建军　焦洪桥　杨加义　田　勇
　　　　庞忠荣　温　亮　张彤辉　魏　巍

编写人员

主　　编：	王树民	杨　鹏	张继明	闫国春	江建武	丁　涛
	杜善明	张　骐	徐会军	张延生		
副 主 编：	张胜利	姜英利	王建立	张明辉	金海峰	李晓东
	杜　彬	张　哲	王　梅	田　勇	张海飞	朱拥军
	黄为勇	李文慧	丁郡瑜	闫计栋	刘　波	陈保华
	张忠翼	李荣军	张延斌			
参编人员：	孟海洋	臧庆安	杨晓鹿	张惠民	张洪涛	纪　磊
	周二平	赵沛涵	冯占科	李海生	叶志华	李志伟
	王江林	刘　韬	沈志泂	葛　涛	张国梁	戴　涛
	庄　稼	陈德云	雷国权	陈振宇	许冬涛	姚玉凤
	张晋瑞	杜海平	韩振环	史建锋	陈思远	王俊武
	郭志成	张　俊	石小波	尉雪峰	廖向东	王艳峰
	马远伟	朴峻名	刘　海	陈　凡	潘文海	赵成奎
	朱正伟	宋全祝	付空军	渠红昌	亢振华	王璞玉
	陈　丽	王瑞峰	张小琴	赵　立	马　健	谭彩丽
	刘慎铭	张　峰	袁　平	杨　慧	巴　鑫	张　跃
	张志华	张振威	常　青	李永琪	刘宝峰	杨志成
	蒋东晖	龚建松	李志生	王　宁	史春生	王胜杰
	陈德虎	王　勇	张　波	张心语	胡甫船	孔相丽
	邢少妹	周智强	刘建祥	魏永新	李　哲	刘　红
	卢彦茹	刘祺彬	雷佳宝	王　坤	杨　亮	常洪彬
	何晓萌	陈汉章	冯孟奇	韩晓明	洪　苗	李晓蕴
	刘海峰	林　麟	李云鹤	张建坤	郭　毅	韩忠庆

序一
FOREWORD

新时代,经过化工人的不懈努力,中国化学工业的销售收入终于跃进世界第一的位置。中国成为世界化学工业第一大国,创造了许多产品领域的发展奇迹。其中,中国煤化工的发展和技术创新获得了世界同行的一致肯定和高度赞扬。

我长期关注煤化工行业的发展。煤炭在化学工业中的历史远远早于石油和天然气,随着现代煤化工技术的发展,目前凡是以石油为原料生产的化工产品都可以以煤为原料生产。随着全球能源和化工产品需求的不断增长,煤基化工制品越来越具有竞争力。同时,发展现代煤化工也是煤炭能源清洁转化、实现石油化工替代、减少石油依赖、应对我国富煤贫油少气能源格局的现实选择。在世界百年未有之大变局加速演进的新形势下,积极发展现代煤化工对保障我国能源安全及产业链、供应链安全,形成以国内大循环为主体、国内国际双循环相互促进的新发展格局,具有深远的战略意义。

近二十年来,以国家能源集团为代表的我国煤化工企业以敢为人先、勇于开拓的创新精神,成为我国化工产业集群的重要组成部分。值得一提的是,作为现代煤化工发展起步较早的代表性企业,国家能源集团已经发展成为世界上最大的煤化工生产企业,在产能规模、技术创新、经济效益、安全管理等方面,发挥了重要的行业引领和示范作用。但是,我们也应当清醒地认识到,在产业规模不断扩大和能源结构持续优化的同时,包括煤化工在内的我国化工企业在安全生产、绿色发展、资源配置、计划制定、工艺管理、产销和物流协同等方面都还面临着诸多挑战，我国传统化工行业发展亟须加快结构调整、技术创新和绿色发展的创新突破。在这些挑战中，在信息技术大变革大发展的时代背景下，在新一轮技术革命与产业发展深度融合的新形势下，如何提高智能化、数字化、智慧化技术在煤化工领域的应用更加值得关注与研究。

党的十八大以来，国家高度重视并系统性布局制造业智能化发展，持续推进"两化"深度融合，促进新技术新模式在企业的创新应用。中国石油和化学工业联合会紧紧围绕智力支撑和桥梁纽带两大核心作用，深入探索研究化工领域智能制造热点、焦点、难点问题，持续完善智能制造标准体系，并积极增进成员企业之间的交流研讨、对话合作和资源共享，促进跨领域、跨行业协同创新。

"十四五"时期，现代煤化工仍然是中国石油和化学工业发展的战略重点之一，更是中国石油和化学工业大国向强国跨越的标志性领先产业。国家能源集团邀请我为本书做序。我有几点体会，与诸位读者共勉。

一是企业和企业家要勇于推动创新。在经济全球化的今天，企业所面临的挑战也越来越多。中国化工企业和企业家要勇于创新，敢为人先，才能更好地应对趋势变化和竞争压力。本书作者从制约安全生产、生态环保、节能降碳、经济创效的关键领域入手，在遵从政策方针、规范标准和模型体系方面，创新思考，认为企业领导人应当加强对智能制造的了解与应用，充分利用智能化的技术手段，优化企业的管理流程和作业流程，提高企业的生产效率和运营效益，促进企业生产工艺的升级和优化，推动实现绿色化学，加快企业管理智慧化，为企业发展注入新的动力。

二是智慧化建设要重视顶层设计。因为工作的关系，我曾走访很多化工企业，发现有不少企业在进行智慧化建设时由于缺乏对信息化、数字化的基本理念研究和顶层设计，导致建设效果不佳，耗费了大量资源和时间。理论研究可以帮助我们深刻理解智慧化建设的本质规律和发展趋势，有利于指导企业更加准确地把握发展机遇和规避风险，而顶层设计则可以帮助企业更加有效地规划和整合资源，确保智慧化建设能够顺利进行和达到预期效果。本书从理论与实践相结合出发，把国家能源集团多年的智慧化建设经验总结构建为能力模型，深入浅出，一目了然，就是在理论研究和顶层设计方面形成的优秀成果。

三是要充分认识到智慧化建设将重塑生产力和生产关系。智慧化不是一个简单的技术革新，是一种新的生产力和新型生产关系，是中国式现代化企业管理的一场革命。本书认为，在生产力方面，企业需培养一批具有智慧化技能和业务能力的复合型人才队伍，大力推进智慧化新技术、新手段、新工具的应用，劳动对象由原有对物理建筑和设备，逐步转化为对虚拟现实场景、机器视觉、多维度全量数据的处理，从而在劳动者、劳动材料和劳动对象三个方面重构生产力。在生产关系方面，企业应按智慧化管理要求对组织架构、管理流程等进行优化或重构，提高生产与运营能力和总体效率。企业由评价全员劳动生产率逐步过渡到评价全要素生产率，依靠模拟仿真、大数据模型等技术对全部生产力要素进行优化配置，真正获得高质量发展的动力源泉。

相信国家能源集团的智慧化研究成果与建设经验，可以为广大化工行业同仁带来启发。也相信，通过他们在实践中创造的国能模型示范引领，数字技术领域的专家能进一步了解化工行业、化工企业对数字化转型、智慧化发展的创新思考，从而为整个工业领域的数字化、智能化、智慧化建设带来更多、更加积极有益的实践探索。我也建议有志于从事工业生产、"两化"融合应用的青年人能够阅读这本书，相信阅读后一定会获益颇多。

在《智慧化工国能模型》付梓之际，祝愿中国煤化工产业发展越来越好！

李寿生

序二
FOREWORD

数字经济方兴未艾。数字技术是当前最先进、最活跃的生产力,已经引发了社会生活方式的深刻变革,也在加速促进传统产业全方位的转型升级。数字技术对各个产业领域的深度渗透,启发我们需要思考提升安全生产管理的新理念、新方法和新路径。

化工生产具有易燃易爆、有毒有害、高温高压、生产过程复杂等特点。化工生产现场大多会存在有毒物质,生产过程如果管理不善,容易发生安全事故。如何通过数字化、智慧化建设改进和提升企业安全生产水平,避免生命和财产的巨大损失,已经成为化工安全生产管理工作者必须思考的新课题。

作为化工领域的一名老兵,我对国家能源集团化工产业的起步和发展是有所了解的。国家能源集团是我国最早发展煤化工产业的大型国有企业。20多年来,国家能源集团形成了一大批科技创新重点示范工程和企业管理的先进实践案例,引领了国家煤化工产业的健康发展,为保障国家能源安全贡献了重要力量。国家能源集团化工企业一直有着良好的经营表现,安全、职业健康和环境保护方面也卓有成效。我想,这与国家能源集团化工企业对安全生产和职业健康工作的科学部署、严谨管理、创新实践是分不开的。

《智慧化工国能模型》的出版发行,使我得以更加深入地看到了国家能源集团是如何与时俱进、开拓创新,利用数字化、智慧化技术不断实现产业新突破和新发展的。相信本书所提出的理念、模型、方法、路径,也一定会对广大读者有所启发和裨益。

职业安全健康是经济社会发展过程中人类共同追求的目标,是国家高质量发展和社会稳定的重要基石,是人民群众安居乐业的基本保证。因此,我尤其关注本书在企业安全生产、职业健康和应急管理方面的智慧化创新。这同时也与我近些年来致力从事的工作有关。

这几年,我多次到国家能源集团进行安全领导力的培训和讲座,也编写出版了《化工过程安全管理与实践》一书,并与国家能源集团的干部员工充分交流。今年《化工过程安全管理导则》开始施行,我非常希望国家能源集团这样的头部企业能够带头示范,进而带动整个化工行业按照国家安全生产管理要求执行到位。我很高兴看到国家有关规范和标准的具体内容,在《智慧化工国能模型》中得到了很好的体现。

一是在安全领导力方面。本书将国家能源集团化工企业的安全管理理念、关键内容和保障手段以能力模型和数字化系统的形式,予以固化,大大提升了传统安全领导和管理的手段。在落实全员安全责任,尤其是承包商员工安全责任上有规范、有保障、有实效,开创了提升安全领导力的新领域和新空间。

二是在应急管理方面。本书在智慧化工国能模型中,将"应急"与"人员""资源""技术""制造""品牌"等都设置为一级能力要素,并提出专门设计建设应急管理系统,这使应急管理对于化工生产企业的重要性更加凸显,体现了作者对化工安全应急管理的深刻认识和创新思考。

三是在职业健康方面。本书提出生态发展、美好生活等智慧化建设的根本理念并体现在能力模型的诸多要素中,将"职业卫生健康管理系统""班组建设管理系统"等排在优先建设的序次,这些都是对"以人为本""生命至上""人民至上"理念的深刻践行。

本书把包括这三个方面的化工过程管理全部纳入模型架构中,将物联感知、机器视觉等技术融入复杂工况监测和作业监视全过程,将地理信息、虚拟现实技术应用到应急管理，将大数据技术应用到职工健康管理，从而实现化工过程管理的数字化、智能化、智慧化。

国家能源集团把多年来在化工企业管理和智慧化建设中积累的经验进行整理、提炼，构建为理论模型和管理架构，弥补了在数字化建设方面重项目实践、轻理论研究的不足，是当前化工企业推进产业升级和实施数字化转型的有益探索。相信本书提出的智慧化工能力模型必然会对广大从业人员有所启发，促进更多化工企业主动拥抱数字技术，实施智慧化建设，助推我国化工行业更快实现中国式现代化。

前言
PREFACE

习近平总书记指出,数字经济具有高创新性、强渗透性、广覆盖性,不仅是新的经济增长点,而且是改造提升传统产业的支点,可以成为构建现代化经济体系的重要引擎。党的二十大报告指出,"要坚持以推动高质量发展为主题","加快建设现代化经济体系,着力提高全要素生产率,着力提升产业链供应链韧性和安全水平","坚持把发展经济的着力点放在实体经济上,推进新型工业化","提高公共安全治理水平","坚持安全第一、预防为主,建立大安全大应急框架","推动制造业高端化、智能化、绿色化发展","推动战略性新兴产业融合集群发展","促进数字经济和实体经济深度融合,打造具有国际竞争力的数字产业集群"。

化学工业是我国国民经济的支柱产业,也是创新的事业。她创造了五彩缤纷的世界,关乎着人民的美好生活。利用数字技术加速化工产业转型升级是数字经济和实体经济深度融合的重要领域。深入研究数字化、智慧化建设的理念、方法和实践,有助于化工企业提高智慧化建设的顶层设计能力,促进化工生产实现全量感知、泛在联结和高效决策,有助于加快构建更加高效、智能、绿色、低碳的智慧社会,对全面提速建设中国式现代化,为人民创造更加美好的生活具有重要意义。二十年来,国家能源集团煤化工产业,坚持思想引领、遵循方略、创新实践,在科技创新、规模发展、安全生产、全球营销、智慧管理和人才队伍建设以及战略新兴产业建设等方面取得了举世瞩目的成就,实现了资产保值增值、管理品质提升、员工身心愉悦。2017年和2020年"煤制油品/烯烃大型现代煤化工成套技术开发及应用""400万吨/年煤间接液化成套技术创新开发及产业化"分别荣获国家科技进步一等奖，代表着当今世界现代煤化工发展的最高水平。

2021年9月13日，习近平总书记视察国能榆林化工时指出，"煤化工产业潜力巨大、大有前途，要提高煤炭作为化工原料的综合利用效能，促进煤化工产业高端化、多元化、低碳化发展，把加强科技创新作为最紧迫任务，加快关键核心技术攻关，积极发展煤基特种燃料、煤基生物可降解材料等"。习近平总书记的重要讲话为现代煤化工产业发展提供了遵循、指明了方向。

2022年，国家能源集团对智慧化工建设经验进行提炼并创建了《智慧化工国能模型》。这是贯彻落实习近平总书记重要讲话精神和国家智能制造新标准新规范的重大举措，为促进化工产业形成新的生产力和新的生产关系，加速大中型化工企业的数字化转型，提升化工企业安全管理品质和全要素生产率，在中国式现代化进程中向社会提供更多智慧化的产品与服务，实现社会价值、企业价值与员工价值的和谐统一提供了宝贵的创新经验，将大大促进化工企业治理体系和能力现代化。

《智慧化工国能模型》明确提出智慧化工"一个愿景、三大理念、三大价值、五大领域、六项特征"战略目标，创建了产品生命周期、智能特征和组织管控三个维度的智慧化工能力模型（CEIC-SCCM），包括"人员、技术、资源、制造、品牌、应急"六个方面的生产力要素，以及能力要素、能力域、能力子域、关键业务、关键活动五个层级的生产关系；明确了智慧化工能力领域与四大架构、四大体系的映射关系，形成了化工产业数字化转型、智慧化发展的全景蓝图；提出分五个建设阶段，实现规划级、规范级、集成级、优化级、引领级五个能力成熟度等级，以及达到相应等级所对应的战略与人员、技术应用、资源保障、智能制造、关键绩效等五个方面的指标要求。

《智慧化工国能模型》由国家能源集团信息化部、化工部统筹策划，国能数智科技公司负责总撰，王树民、丁涛、朱拥军、黄为勇、金海峰、闫计栋、杨晓鹿承担统稿、校稿，由在信息技术、化工生产等领域跨界的卓越工程师和专家共同编写完成。

《智慧化工国能模型》的编写过程是一个学习、创新的过程。我们要感谢业内的专家、机构为我们提供了"架构""系统""标准""规范"等理论依据和基本方法，也要特别感谢化学工业出版社的编辑老师们以及参与本书出版过程的工作人员，感谢他们的大力支持和辛勤付出。

编　者

2022年11月30日

壬寅年冬月初七

缩略语

3C	computation communication control	计算、通信、控制
3D	3-dimensional	三维，通常是空间维度，一般指长、宽、高
4G	the 4th generation mobile communication technology	第四代移动通信技术
5G	the 5th generation mobile communication technology	第五代移动通信技术
6G	the 6th generation mobile communication technology	第六代移动通信技术
AAS	advanced alarm management system	先进报警管理系统
ACL	access control lists	访问控制列表
A/D	analog to digital converter	模拟数字转换器
ADAS	auxiliary data acquisition system	辅助信息采集系统
AE	alarms & events	报警及事件
AGV	automated guided vehicle	自动导引运输车
AI	artificial intelligence	人工智能
AIOT	AI+IOT	人工智能物联网
AMS	asset management system	仪表设备管理系统
APC	advanced process control	先进过程控制
API	application programming interface	应用程序编程接口
APP	application	应用程序，现多指智能手机的第三方应用程序

AR	augmented reality	增强现实技术
ASIC	application specific integrated circuit	专用集成电路
BC	block chain	区块链，一种用分布式数据库识别、传播和记载信息的智能化对等网络
BDS	business data standards	业务数据标准
BQ	business quotient	头脑商业指数，例如商业敏感能力、做生意能力、执行力、企业家气质等
CCIE	coal chemical intelligent equipment	煤化工智能装备
CCTV	closed-circuit television	闭路电视，工业电视
CCUS	carbon capture, utilization and storage	碳捕集、利用与封存
CEIC-SCCM	China Energy Investment Corporation-smart chemical capacity model	智慧化工国能模型
CMM	capability maturity model	能力成熟度模型
CMMI	capability maturity model integration	能力成熟度模型集成
CPS	cyber-physical systems	信息物理系统
CPU	central processing unit	中央处理器
CTPM	China total productive maintenance	适合中国企业生产的全员生产维护管理
DA	data access	数据存取
DC	domain controller	域控制器
DCS	distributed control system	分散控制系统
DLP	data leakage prevention	数据泄露防护
DMZ	demilitarized zone	隔离区，内外网防火墙之间的区域
DP	decentralized periphery	分布式外围设备
DT	data technology	数据技术
EA	enterprise architecture	企业架构
EAM	enterprise asset management	企业资产管理
EPCS	equipment package control system	设备包控制系统

ERP	enterprise resource planning	企业资源计划
ESG	environmental, social and governance	环境、社会和公司治理
FAS	fire alarm system	火灾报警系统
FCS	fieldbus control system	现场总线控制系统
FF	foundation fieldbus	现场总线
FSM	finite state machine	有限状态机
GB		强制性国家标准的代号
Gbps	gigabits per second	千兆位/秒
GB/T		推荐性国家标准的代号
GDP	gross domestic product	国内生产总值
GDS	gas detection system	气体检测系统
GIS	geographic information system	地理信息系统
GPS	global positioning system	全球定位系统
GPU	graphics processing unit	图形处理器
HART	highway addressable remote transducer	可寻址远程传感器高速通道的开放通信协议
HAZOP	hazard and operability analysis	危险与可操作性分析
HMI	human machine interface	人机界面
HSE	health, safety and environment system	健康、安全与环境管理体系
IaaS	infrastructure as a service	基础设施即服务，基础设施服务平台
ICT	information and communication technology	信息和通信技术
ID	identity document	身份标识号
IDS	intrusion detection system	入侵检测系统
IIOT	industrial internet of things	工业物联网
IPS	intrusion-prevention system	入侵预防系统
ISA	Instrumentation, Systems, and Automation Society	仪器、系统和自动化学会
ISO	International Organization for Standardization	国际标准化组织

IT	information technology	信息技术
ITCC/CCS	integrated turbine compressor control technique/coordinated control system	综合控制系统/协调控制系统
ITU	International Telecommunication Union	国际电信联盟
JSA	job safety analysis	工作安全分析
KPI	key performance indicator	关键绩效指标
LB	load balance	负载均衡
LBS	location based services	基于位置的服务
LED	light-emitting diode	发光二极管
LIMS	laboratory information management system	实验室信息管理系统
LOPA	layer of protection analysis	保护层分析
MAS	movement automation system	储运自动化系统
MES	manufacturing execution system	制造执行系统
MMS	machine monitoring system	机组监视系统
MR	mixed reality	混合现实技术
MRV	monitoring reporting verification	监测报告核查
MSDS	material safety data sheet	化学品安全技术说明书
MTO	methanol to olefins	甲醇制烯烃
MTP	methanol to propylene	甲醇制丙烯
NB-IOT	narrow band internet of things	窄带物联网
NFC	near field communication	近场通信
NISQ	noisy intermediate-scale quantum	等规模量子计算
OA	office automation	办公自动化
OCR	optical character recognition	光学字符识别
OLE	object linking and embedding	对象链接与嵌入
OPC	OLE for process control	对象链接与嵌入的过程控制
OT	operational technology	运营技术
PA	process automation	过程自动化
PaaS	platform as a service	平台即服务

PAS	process analysis system	在线分析系统
PBS	project breakdown structure	项目对象分解结构
PC	personal computer	个人计算机
pdf	portable document format	便携文档格式
pH	potential of hydrogen	酸碱度
PID	process identification	进程识别号
P&ID	process and instrument diagram	管道及仪表流程图
PLC	programmable logic controller	可编程逻辑控制器
PMO	project management office	项目管理办公室
POM	polyoxymethylene	聚甲醛
PON	passive optical network	无源光网络
QIN	quantum information network	量子信息网络
QKD	quantum key distribution	量子密钥分发
QRA	quantitative risk analysis	定量风险评价
QR CODE	quick response code	二维码（使用对应二进制的几何形体来表示文字数值信息）
RFID	radio frequency identification	射频识别技术
RTO	real time optimization	实时优化
RTU	remote terminal unit	远程终端单元
SaaS	software as a service	软件即服务
SCADA	supervisory control and data acquisition	数据采集与监控系统
SDK	software development kit	软件开发工具包
SH/T		石油化工行业推荐标准
SIL	safety integrity level	安全完整性等级
SIS	safety instrument system	安全仪表系统
SOC	security operation center	安全管理平台
TCP/IP	transmission control protocol/internet protocol	传输控制协议/网际协议

To B	to business	面向企业
To C	to customer	面向用户
TQC	total quality control	全面质量管理
UWB	ultra wide band	超宽带
VLAN	virtual local area network	虚拟局域网
VOCs	volatile organic compounds	挥发性有机物
VPN	virtual private network	虚拟专用网络
VR	virtual reality	虚拟现实技术
VRF	virtual routing forwarding	虚拟路由转发
Wi-Fi	wireless fidelity	无线局域网

目录
CONTENTS

第一章	**总论**	**001**
1.1	背景	002
1.2	依据	002
	1.2.1　国家与行业	002
	1.2.2　国能化工产业	003
	1.2.3　方法与标准	005
1.3	范围	010
第二章	**智慧化工政策及要求**	**011**
2.1	国家"十四五"规划和2035年远景目标纲要	012
2.2	国家信息化规划	012
2.3	数字经济发展规划	012
2.4	智能制造发展规划	013
2.5	能源领域科技创新规划	013
2.6	石化行业高质量发展指导意见	014
2.7	"工业互联网＋安全生产"行动计划	014
2.8	"工业互联网＋危化安全生产"试点建设方案	014
2.9	加快推进国有企业数字化转型	015
第三章	**数字技术趋势与智能制造先进实践**	**016**
3.1	数字技术新思想新方式	017
	3.1.1　第四次工业革命	017

	3.1.2　工业互联网	019
	3.1.3　智能制造	019
3.2	**关键技术趋势**	**023**
	3.2.1　信息技术领域	023
	3.2.2　绿色制造领域	028
3.3	**数字经济是现代化经济体系的重要引擎**	**028**

第四章　智慧化工能力模型　　　　　　　　031

4.1	指导思想	032
4.2	基本策略	032
4.3	战略构想	034
4.4	模型框架	034
4.5	能力领域	035
	4.5.1　产品生命周期能力维度	036
	4.5.2　智能特征能力维度	037
	4.5.3　系统组织管控能力维度	040
4.6	**能力层级**	**043**
	4.6.1　规划级	044
	4.6.2　规范级	045
	4.6.3　集成级	046
	4.6.4　优化级	047
	4.6.5　引领级	048
4.7	能力领域与规划架构的映射关系	049

第五章　业务架构　　　　　　　　　　　　051

5.1	业务架构蓝图	052
5.2	规划发展	064
5.3	管理控制	064
	5.3.1　人员	064

	5.3.2 技术	067
	5.3.3 资源	070

5.4 业务运营 **072**
    5.4.1 制造   072
    5.4.2 品牌   116
    5.4.3 应急   119

第六章 应用架构 **128**

6.1 应用架构蓝图 **129**
6.2 智慧决策类应用系统 **129**
    6.2.1 化工产业运营大数据智能分析系统   132
    6.2.2 化工精益绩效管理系统   135

6.3 智慧经营类应用系统 **137**
    6.3.1 战略与发展规划管理系统   139
    6.3.2 品牌管理系统   140
    6.3.3 销售管理系统   142
    6.3.4 应急管理系统   145
    6.3.5 采购管理系统   148

6.4 生产执行层应用系统 **150**
    6.4.1 职业卫生健康管理系统   153
    6.4.2 班组建设管理系统   155
    6.4.3 承包商管控系统   158
    6.4.4 产品研发管理系统   159
    6.4.5 工程项目管理系统   161
    6.4.6 先进生产管理系统   165
    6.4.7 工艺管理系统   168
    6.4.8 设备管理系统   170
    6.4.9 技术监督管理系统   175
    6.4.10 安全管理系统   178
    6.4.11 生态环保管理系统   182

6.4.12	质量管理系统	185
6.4.13	能源管理系统	187
6.4.14	碳资产管理系统	189
6.4.15	物流管理系统	191
6.4.16	数字孪生系统	193
6.4.17	生产工艺模拟调优系统	200
6.4.18	实验室信息管理系统	201
6.4.19	操作培训系统	203
6.4.20	现场作业集成系统	205

6.5 **信号采集类监控系统** **208**
    6.5.1 化工生产过程集控系统集 210
    6.5.2 化工生产状态监测系统集 214

6.6 **终端设备** **219**
    6.6.1 应用范围 219
    6.6.2 通用要求 220
    6.6.3 网络接口及应用协议 220
    6.6.4 智能仪表技术要求 220
    6.6.5 智能终端技术要求 222

6.7 **生产主设备智能化** **226**

第七章　数据架构　　228

7.1 **数据架构总体要求** **229**
    7.1.1 数据治理体系框架 229
    7.1.2 数据主题域架构 230
    7.1.3 数据标准 230

7.2 **智慧化工数据架构** **232**
    7.2.1 智慧化工数据治理 232
    7.2.2 数据主题域架构 233
    7.2.3 智慧化工数据技术架构 233
    7.2.4 智慧化工数据标准 236

第八章　技术架构　　237

8.1　信息化规划技术架构　　238
8.2　智慧化工技术架构　　239
8.3　化工工业互联网平台　　241

第九章　网络安全体系　　244

9.1　信息化规划安全防护体系　　245
9.2　智慧化工网络安全防护体系　　246

第十章　工控安全体系　　248

10.1　工控安全防护管理要求　　249
10.2　工控安全防护技术要求　　249
10.3　工控安全防护保障要求　　250

第十一章　组织管控体系　　252

11.1　信息化规划管控体系　　253
11.2　智慧化工管控体系　　256
　　11.2.1　项目管控　　256
　　11.2.2　组织变革　　259
　　11.2.3　人才队伍　　260

第十二章　能力评估体系　　261

12.1　评估依据　　262
12.2　评估内容　　262
12.3　评估组织　　263

附录1　图目录　　265

附录2　表目录　　267

参考文献　　270

跋　　287

第一章
总论

CHINA
ENERGY INVESTMENT
CORPORATION-SMART
CHEMICAL
CAPACITY MODEL

新时代，数字技术已经融入经济社会生活的方方面面，催生出许多新产业、新业态、新模式。面对数字经济发展的历史机遇，传统产业应当主动拥抱数字经济发展趋势，推动企业数字化转型，积极创新数字思维，培育数字文化，适应由数字技术引领经济社会发展的新时代。

1.1 背景

化学工业是国民经济的基础产业和支柱产业,与经济社会发展和人民生产生活密切相关。在人类多姿多彩的生活中,化学无处不在,为我们明天更美好的生活发挥其无限的创造力。煤炭是我国主体能源和重要工业原料,现代煤化工是煤炭清洁高效利用的重要途径。煤化工是以煤为原料,经化学加工转化为气体、液体、固体燃料和各种中间体、衍生品等化工产品的过程。现代煤化工主要包括煤制油、煤制烯烃、煤制气、煤制醇醚等技术路线。

数字经济是以现代信息网络为主要载体,以信息通信技术融合应用、全要素数字化转型为重要推动力,促进公平与效率更加统一的新经济形态。当前,数字经济正在成为重组全球要素资源、重塑全球经济结构、改变全球竞争格局的关键力量。

数字技术与化工产业深度融合,是化工产业提升竞争力的重要抓手。国家能源集团(国能)明确提出加快智慧化工建设,开展智慧化工总体规划和能力模型设计,加速了推进化工产业数字化转型和智慧化发展,有效促进了化工产业安全、稳定、清洁运行和建设世界一流企业。

1.2 依据

1.2.1 国家与行业

1.《中华人民共和国国民经济和社会发展第十四个五年规划和2035年远景目标纲要》(2021年3月12日)

2. 中央网络安全和信息化委员会《"十四五"国家信息化规划》(2021年12月)

3. 国务院《"十四五"数字经济发展规划》(2022年1月12日)

4. 国资委《关于加快推进国有企业数字化转型工作的通知》(2020年9

月21日）

5. 工业和信息化部等八部门《"十四五"智能制造发展规划》（2021年12月28日）

6. 国家能源局、科学技术部《"十四五"能源领域科技创新规划》（2021年12月）

7. 国家发展改革委、国家能源局《"十四五"现代能源体系规划》（2022年1月29日）

8. 工业和信息化部等六部门《关于"十四五"推动石化化工行业高质量发展的指导意见》（2022年3月28日）

9. 中国煤炭工业协会《煤炭工业"十四五"高质量发展指导意见》（2021年5月29日）

10. 中国石油和化学工业联合会《现代煤化工"十四五"发展指南》（2021年8月）

11. 工业和信息化部、应急管理部《"工业互联网+安全生产"行动计划（2021—2023年）》（2020年10月10日）

12. 应急管理部《"工业互联网+危化安全生产"试点建设方案》（2021年3月28日）

13. 应急管理部《化工园区安全风险智能化管控平台建设指南（试行）》（2022年2月9日）

14. 应急管理部《危险化学品企业安全风险智能化管控平台建设指南（试行）》（2022年2月9日）

15. 应急管理部《危险化学品企业双重预防机制数字化建设工作指南（试行）》（2022年1月21日）

1.2.2 国能化工产业

1. 国家能源集团党组《关于深入学习贯彻习近平总书记视察榆林化工重要讲话精神奋力建设世界一流能源集团的决定》（2021年11月13日）

2. 国家能源集团《关于加强网络安全和信息化工作的指导意见》（2019年1月11日）

3.《国家能源集团化工产业贯彻落实习近平总书记考察榆林化工重要讲话精神行动计划（2022—2030年）》（2022年2月19日）

4. 国家能源集团《化工产业高质量发展指导意见（2022—2030年）》（2022年7月25日）

5.《国家能源集团数字化转型战略》（2020年12月）

6.《国家能源集团网络安全和信息化"十四五"总体规划》（2020年12月）

7.《国家能源集团数字化转型行动计划》（2021年6月22日）

8.《国家能源集团2022年化工产业工作要点》（2022年2月20日）

9.《国家能源集团化工产业运营管理规定（试行）》（2020年11月10日）

10.《国家能源集团化工产业计划、统计与效能评价管理办法（试行）》（2020年11月10日）

11.《国家能源集团化工产业工程建设管理办法（试行）》（2020年11月10日）

12.《国家能源集团化工产业技术改造管理办法（试行）》（2020年11月10日）

13.《国家能源集团油化品销售管理办法（试行）》（2020年11月10日）

14.《国家能源集团化工产业危险化学品重大危险源安全管理办法（试行）》（2020年12月11日）

15.《国家能源集团化工产业生产安全风险分级管控和隐患排查治理双重预防机制管理办法（试行）》（2020年12月11日）

16.《国家能源集团化工产业职业卫生健康管理办法（试行）》（2020年12月11日）

17.《国家能源集团化工产业班组建设管理办法（试行）》（2020年12月11日）

18.《国家能源集团化工产业技术监督管理办法(试行)》(2021年8月30日)

1.2.3 方法与标准

1. 企业架构

企业架构(enterprise architecture,EA)是指对企业日常事务管理系统中具有体系的、普遍性的问题而提供的通用解决方案,是基于业务导向和驱动的架构来理解、分析、设计、构建、集成、扩展、运行和管理企业的信息技术体系。企业架构主要包括业务架构和IT架构两大类,业务架构是从企业业务战略出发,分解制定形成企业管理运营的体系,包括业务运营模式、业务活动、业务流程等;IT架构是企业信息综合蓝图,包括数据架构、应用架构、技术架构、安全架构以及IT治理等。

企业架构体系方法众多,包括开放群组架构框架(TOGAF)、Zachman架构框架、联邦总体架构框架(FEAF/CIO协会框架)等,其中以TOGAF最为主流,是系统架构标准方面的国际权威。TOGAF由开放群组制定,开放群组由全球领先的300多家IT厂商和企业组成,具有中立性、开放性,下设不同论坛,论坛下设不同的工作组,制定不同的标准,其中最有名的是架构论坛和SOA工作组,负责制定TOGAF架构框架和制定SOA的相关规范和标准。

2. 企业系统与控制系统集成国际标准ISA-95

ISA-95标准是企业系统与控制系统集成国际标准,由仪表、系统和自动化协会(ISA)在1995年投票通过。

ISA-95标准定义了企业商业系统和控制系统之间的集成,主要可以分成三个层次,即企业功能部分、信息流部分和控制功能部分。企业功能部分基于普渡大学当初建立的计算机集成制造(CIM)功能模型;信息流部分基于普渡大学的数据流模型图和批量控制系统标准（ISA S88），包括产品定义、生产能力、生产计划和生产性能4种信息流；控制功能部分则基于普渡大学和制造企业方案协会（MESA）的功能模型。

ISA-95标准第一部分包括企业级的控制域定义、信息流交换的分类和对象模型、底层的生产制造和控制层的域定义；第二部分包括对象模型的属性定义；第三部分主要定义了生产活动，明确了各活动之间的数据流，包括产品管理、资源管理、生产详细计划、生产部署、生产执行、跟踪、分析和数据采集等8个子类。

3. 能力成熟度模型集成

能力成熟度模型集成（capability maturity model integration，CMMI）是在能力成熟度模型（CMM）的基础上发展而来的，最新版本的CMMI 2.0模型于2018年发布。CMMI由美国卡内基梅隆大学软件工程研究所组织全世界的软件过程改进和软件开发管理方面的专家历时四年开发而成，并在全世界推广实施的一种软件能力成熟度评估标准，主要用于指导软件开发过程的改进和软件开发能力评估。

2018年7月17日，CMMI研究院正式发布了CMMI 2.0中文版。CMMI 2.0版本是一个全球公认的软件、产品和系统开发优良实践过程改进模型，能够帮助组织提升绩效。

4.《智能制造能力成熟度模型》GB/T 39116—2020

《智能制造能力成熟度模型》聚焦"企业如何提升智能制造能力"的问题，提出了智能制造发展的5个等级、4个要素、20个能力子域以及1套评估方法，引导制造企业基于现状合理制定目标，有规划、分步骤地实施智能制造工程。依据标准可对制造企业的智能制造能力水平进行客观评价，是制造企业识别智能制造现状、明确改进路径的有效工具，也是各级主管部门掌握智能制造产业发展情况的重要抓手。

5.《智能制造能力成熟度评估方法》GB/T 39117—2020

《智能制造能力成熟度评估方法》的主要内容有三部分，第一部分是评估域、第二部分是评估流程、第三部分是成熟度等级判定方法。标准针对流程型制造企业（如：化工行业）以及离散型制造企业分别给出了不同的要求。评估流程则包含了四大步骤，分别是预评估、正式评估、发布现场评估结果、改进提升。在成熟度的评分方面，对各单项标准内容设定评估权重，采用5分最高总分制评估。

6.《智能制造 系统架构》GB/T 40647—2021

《智能制造 系统架构》规定了智能制造系统架构的生命周期、系统层级和智能特征三个维度，适用于机构开展智能制造的研究、规划、实施、评估和维护等，通过构建一个通用的框架，为智能制造标准化工作开展、系统规划建设、用例开发和试点示范的提炼总结提供参考基础。

7.《智能制造 机器视觉在线检测系统 通用要求》GB/T 40659—2021

机器视觉在线检测是新一代人工智能技术推进制造业智能化升级的重点发展方向之一，该标准规范了制造业机器视觉在线检测系统的系统架构、功能要求和性能要求，为企业实施面向制造的机器视觉检测系统提供了方法，适用于指导企业、高校、科研院所等相关机构开展机器视觉在线检测系统的研发与应用，对于提升企业产品质量及生产效率具有重要意义。

8.《智能制造 虚拟工厂参考架构》GB/T 40648—2021

《智能制造 虚拟工厂参考架构》规定了虚拟工厂的基本组成以及构建虚拟工厂的基本要素，明确了面向产品全生命周期、设备全生命周期的虚拟工厂建设参考架构，适用于指导高等院校、研究院所、企业开发应用虚拟工厂。该标准对促进数字孪生技术的实际应用和虚拟工厂相关产业的健康有序发展具有重要意义。

9.《智能制造 虚拟工厂信息模型》GB/T 40654—2021

《智能制造 虚拟工厂信息模型》对虚拟工厂设计、建设、改造升级及运维中的关键信息模型进行规定,重点规定了虚拟工厂信息模型的模型分类及组成、模型层次结构、模型命名、模型编码、模型信息和模型数据管理等内容,适用于基于虚拟工厂的辅助生产系统设施规划、改造及优化,以及日常基于空间位置的运维管理、对虚拟工厂信息模型的组织、信息创建和管理。该标准对促进数字孪生技术的实际应用和虚拟工厂相关产业的健康有序发展具有重要意义。

10.《智能生产订单管理系统 技术要求》GB/T 40655—2021

《智能生产订单管理系统 技术要求》明确了智能生产订单管理系统的系统结构及各模块技术要求,适用于指导企业、研究院所、高等院校等相关机构解决智能生产订单管理系统的研发和应用。对制造业企业科学制订生产计划和排产计划,提升企业资源利用率具有参考和指导意义。

11.《信息安全技术 工业控制系统安全管理基本要求》GB/T 36323—2018

《信息安全技术 工业控制系统安全管理基本要求》规定了工业控制系统安全管理基本框架及该框架包含的各类关键活动,并提出为实现该安全管理基本框架所需的工业控制系统安全管理基本控制措施,在此基础上,给出各级工业控制系统安全管理基本控制措施,用于对各级工业控制系统安全管理提出安全管理基本控制要求。该标准适用于不涉及国家秘密的工业控制系统建设、运行、使用、管理等相关方进行工业控制系统安全管理的规划和落实,也可供工业控制系统安全测评与安全检查工作作为参考依据。

12.《信息安全技术 工业控制系统安全防护技术要求和测试评价方法》GB/T 40813—2021

《信息安全技术 工业控制系统安全防护技术要求和测试评价方法》规

定了工业控制网络监测产品的安全技术要求和测试评价方法，适用于工业控制网络监测产品的设计生产方对其设计、开发及测评等提供指导，同时也可为工业控制系统设计、建设、运营方开展工业控制系统安全防护工作提供指导。

13.《化工过程安全管理导则》AQ/T 3034—2022

《化工过程安全管理导则》以全面识别风险和管控风险为目标，结合国内化工过程安全管理现状，借鉴国内央企、国企及其他大中型企业的优秀管理思路、方式方法，融入国际先进的过程安全管理理念和最佳实践，高度概括和归纳为安全领导力等20个过程安全管理要素，对于更好地指导推动化工企业加快提升过程安全管理要素管理水平，提高重大安全风险防范化解能力，推动全国化工安全生产形势持续稳定好转具有重要意义。

14.《信息化和工业化融合 数字化转型 价值效益参考模型》GB/T 23011—2022

《信息化和工业化融合 数字化转型 价值效益参考模型》针对数字化转型价值效益的定义、创造、传递、获取等问题，聚焦价值体系重构这一数字化转型根本任务，给出了价值效益的分类体系、基于能力单元的价值创造和传递体系，以及基于新型能力的价值获取体系等参考模型，为企业提供了一套以价值为导向、能力为主线、数据为驱动，将价值效益要求贯穿数字化转型全过程的方法机制，引导企业科学开展数字化转型活动。

15. 国能信息化总体架构标准

2020年12月11日，国家能源信息〔2020〕613号文件发布《国家能源集团信息化总体架构标准》。标准定义了信息化总体架构中的总体业务架构、总体应用架构、总体数据架构和总体技术架构。对于国能信息化总体架构中的每一个元素，为保证后续信息化建设中系统架构对总体架构的统一遵从，采用以下编码规则进行统一编码：

业务架构BXX-YY-ZZ　　应用架构AXX-YY-ZZ

数据架构DXX-YY-ZZ　　技术架构TXX-YY-ZZ

其中，B、A、D、T分别表示业务架构、应用架构、数据架构、技术架构，XX表示架构第一级，YY表示架构第二级，ZZ表示架构第三级。

1.3　范围

智慧化工国能模型覆盖国能化工全产业链，业务包括煤制油、煤制烯烃、煤制醇醚、煤焦化、氯碱化工等，覆盖化工产业科技创新、产品研发、战略决策、经营管理、生产执行、过程控制和工业互联网+危化安全生产、危化品双重预防机制、化工过程安全等管理过程，支持智慧化工设计、施工、建设、运营和运行服务全过程，支持构建大安全大应急体系。

第二章
智慧化工政策及要求

CHINA
ENERGY INVESTMENT
CORPORATION-SMART
CHEMICAL
CAPACITY MODEL

　　党的二十大报告指出："加快发展数字经济，促进数字经济和实体经济深度融合，打造具有国际竞争力的数字产业集群。"近年来，党和国家陆续出台多部加速推进数字经济快速发展、推进产业数字化转型的新政策新规划，为推动我国数字经济发展注入了强大动力，也为数字经济发展指明新的方向。

2.1 国家"十四五"规划和2035年远景目标纲要

《中华人民共和国国民经济和社会发展第十四个五年规划和2035年远景目标纲要》指出:打造数字经济新优势。充分发挥海量数据和丰富应用场景优势,促进数字技术与实体经济深度融合,赋能传统产业转型升级,催生新产业新业态新模式,壮大经济发展新引擎。推进产业数字化转型。实施"上云用数赋智"行动,推动数据赋能全产业链协同转型。在重点行业和区域建设若干国际水准的工业互联网平台和数字化转型促进中心,深化研发设计、生产制造、经营管理、市场服务等环节的数字化应用,培育发展个性定制、柔性制造等新模式,加快产业园区数字化改造。深入推进服务业数字化转型,培育众包设计、智慧物流、新零售等新增长点。

2.2 国家信息化规划

《"十四五"国家信息化规划》指出:"十四五"时期,信息化进入加快数字化发展、建设数字中国的新阶段。加快数字化发展、建设数字中国,是顺应新发展阶段形势变化、抢抓信息革命机遇、构筑国家竞争新优势、加快建成社会主义现代化强国的内在要求,是贯彻新发展理念、推动高质量发展的战略举措,是推动构建新发展格局、建设现代化经济体系的必由之路,是培育新发展动能,激发新发展活力,弥合数字鸿沟,加快推进国家治理体系和治理能力现代化,促进人的全面发展和社会全面进步的必然选择。

2.3 数字经济发展规划

《"十四五"数字经济发展规划》提出:自主技术、信息基础设施、产业数字化与数字产业化、数据安全与治理等核心内容，确立了数字经济核心产业增加值占GDP比重由2020年的7.8%上升到2025年的10%等发展目标。

2.4 智能制造发展规划

《"十四五"智能制造发展规划》（以下简称《规划》）指出：智能制造的本质是制造、特征是智能。智能制造的核心是工艺和装备，发展智能制造，必须要落脚在制造上，而制造又要基于先进的工艺和装备。数据是智能制造的重要基础，发展智能制造，数据是基础，数据是血液，要特别关注数字孪生技术和理念的应用。《规划》包括现状与形势、总体要求、重点任务、保障措施四个部分，即"两步走、四大任务、六个行动、四项措施"。"两步走"是指：到2025年，规模以上制造业企业大部分实现数字化网络化，重点行业骨干企业初步应用智能化；到2035年，规模以上制造业企业全面普及数字化网络化，重点行业骨干企业基本实现智能化。

2.5 能源领域科技创新规划

《"十四五"能源领域科技创新规划》提出："十四五"时期能源科技创新的总体目标为：能源领域现存的主要短板技术装备基本实现突破；前瞻性、颠覆性能源技术快速兴起，新业态、新模式持续涌现，形成一批能源长板技术新优势；适应高质量发展要求的能源科技创新体系进一步健全；能源科技创新有力支撑引领能源产业高质量发展。在能源系统数字化智能化技术方面，提出聚焦新一代信息技术和能源融合发展，开展能源领域用数字化、智能化共性关键技术研究，推动煤炭、油气、电厂和电网等传统行业与数字化、智能化技术深度融合，开展各种能源厂站和区域智慧能源系统集成试点示范，引领能源产业转型升级。

2.6 石化行业高质量发展指导意见

《关于"十四五"推动石化化工行业高质量发展的指导意见》指出：到2025年，石化、煤化工等重点领域企业主要生产装置自控率达到95%以上，建成30个左右智能制造示范工厂、50家左右智慧化工示范园区。促进煤化工产业高端化、多元化、低碳化发展，按照生态优先、以水定产、总量控制、集聚发展的要求，稳妥有序发展现代煤化工。

2.7 "工业互联网+安全生产"行动计划

《"工业互联网+安全生产"行动计划（2021—2023年）》提出：到2023年底，工业互联网与安全生产协同推进发展格局基本形成，工业企业本质安全水平明显增强。一批重点行业工业互联网安全生产监管平台建成运行，"工业互联网+安全生产"快速感知、实时监测、超前预警、联动处置、系统评估等新型能力要素基本形成，数字化管理、网络化协同、智能化管控水平明显提升，形成较为完善的产业支撑和服务体系，实现更高质量、更有效率、更可持续、更为安全的发展模式。

2.8 "工业互联网+危化安全生产"试点建设方案

《"工业互联网+危化安全生产"试点建设方案》（以下简称《建设方案》）提出：坚持系统谋划、试点先行，打造一批应用场景、工业APP和工业机理模型，力争通过三年时间的努力，构建"工业互联网+危化安全生产"的初步框架。《建设方案》要求，针对企业，要以信息化促进企业数字化、智能化转型升级，推动操作控制智能化、风险预警精准化、危险作业无人化、运维辅助远程化，提高安全生产管理的可预测、可管控水平。

2.9 加快推进国有企业数字化转型

《关于加快推进国有企业数字化转型工作的通知》指出：要运用5G、云计算、区块链、人工智能、数字孪生、北斗通信等新一代信息技术，探索构建适应企业业务特点和发展需求的"数据中台""业务中台"等新型IT架构模式，建设敏捷高效可复用的新一代数字技术基础设施，加快形成集团级数字技术赋能平台，提升核心架构自主研发水平，为业务数字化创新提供高效数据及一体化服务支撑。加快企业内网建设，稳妥推动内网与互联网的互联互通。优化数据中心布局，提升服务能力，加快企业上云步伐。

第三章
数字技术趋势与智能制造先进实践

CHINA
ENERGY INVESTMENT
CORPORATION-SMART
CHEMICAL
CAPACITY MODEL

数字化时代是继工业时代和信息时代之后的一个新时代。化工企业需要从数字化转型的视角出发,洞悉数字技术新趋势,观察数字化转型新实践,发现数字经济新机遇,探索数字经济与实体经济有机融合的方向,推动产业结构升级和价值释放。

3.1 数字技术新思想新方式

3.1.1 第四次工业革命

在2013年德国提出工业4.0后，以物联网、大数据、机器人及人工智能等技术为驱动力的第四次工业革命正以前所未有的态势席卷全球。

第四次科技革命，是继蒸汽技术革命（第一次工业革命），电力技术革命（第二次工业革命），计算机及信息技术革命（第三次工业革命）的又一次科技革命，是以人工智能、清洁能源、机器人技术、量子信息技术、虚拟现实以及生物技术为主的技术革命。

第四次工业革命的核心是网络化、信息化与智能化的深度融合。在这场技术革命中，工厂内外的生产设备、产品及人员之间将连接在一起，收集分析相关信息，预判错误，不断进行自我调整，以适应不断变化的环境。

根据相关研究综合归纳，第四次工业革命的主要特征为以下四个方面：

一是深度网络化。第四次工业革命是一次重大的信息处理技术革命，信息处理技术将进入移动互联时代。物联网得到全面发展，将使信息技术处理进入移动互联的全新阶段。移动信息技术带来空间和时间的灵活性，将改变商业运作模式，促进整个工业及经济更加系统化。

二是高度智能化。第四次工业革命将使劳动者和劳动工具、劳动对象的关系发生重大变化。人工智能正渗透到人类生活的各个方面，智能机器不仅可以替代人的肢体能力，更能超越人类智力，进而向自行实现技术进步迈进。如2017年5月，人工智能围棋程序"阿尔法狗"与世界排名第一的中国围棋选手柯洁进行三场比赛并全部获胜，这说明人工智能在某些分析博弈领域已经超越了人类。

三是彰显绿色化。前三次工业革命在推进人类发展繁荣的同时，也造成了巨大的能源、资源消耗和对环境生态的破坏，加剧了人与自然之间的矛盾。尤其是进入21世纪以来，全球能源与资源危机、全球生态与环境危机、全球气候变化危机与全球经济危机交互影响，迫使世界主要国家开始寻找新的产业发展路径，产业结构加速变革，一系列生产要素从以自然要素投入为特征，开始向以绿色要素投入为特征跃迁，改变人类利用资源的方式，实现以消耗化石能源为主向消耗可再生能源为主的转变。这场绿色工业革命可以说是第四次工业革命区别于前三次工业革命的根本特征。

四是个性化定制。第三次工业革命实现了大批量定制，第四次工业革命将实现前者不可能做到的低成本个性化定制。如双星建立了全球轮胎行业第一个全流程"工业4.0"智能化工厂，通过互联网，消费者可以根据自己的需求及偏好个性化定制轮胎，如轮胎的尺寸、花纹、颜色等。

德国制造业是世界上最具竞争力的制造业之一。工业4.0是由德国政府在《德国2020高技术战略》中提出的十大未来项目之一。该项目旨在提升制造业的智能化水平，建立具有适应性、资源效率及基因工程学的智慧工厂，在商业流程及价值流程中整合客户及商业伙伴。

工业4.0的技术基础是网络实体系统及物联网，是指利用信息物理系统（cyber-physical systems，CPS）将生产中的供应、制造、销售信息数据化、智慧化，最后达到快速、有效、个性化的产品供应。

工业4.0认为制造业未来只能通过智能化的生产创造价值，即制造本身是创造价值的。工业4.0项目主要分为三大主题：

一是"智能基础"，重点研究智能化生产设备、生产系统及过程控制监测，以及网络化分布式生产设施的实现。

二是"智能生产"，主要涉及整个企业的生产管理、人机互动以及3D技术在工业生产过程中的应用等。该计划将特别注重吸引中小企业参与，力图使中小企业成为新一代智能化生产技术的使用者和受益者，同时也成为先进工业生产技术的创造者和供应者。

三是"智能供应"，主要通过互联网、物联网、物流网，整合物流资源，充分发挥现有物流资源供应方的效率，而需求方，则能够快速获得服务匹配，得到物流支持。

3.1.2 工业互联网

工业互联网是新一代信息通信技术与工业经济深度融合的新型基础设施、应用模式和工业生态，通过对人、机、物、系统等的全面连接，构建起覆盖全产业链、全价值链的全新制造和服务体系，为工业乃至产业数字化、网络化、智能化发展提供了实现途径，是第四次工业革命的重要基石。

工业互联网以网络为基础、平台为中枢、数据为要素、安全为保障，既是工业数字化、网络化、智能化转型的基础设施，也是互联网、大数据、人工智能与实体经济深度融合的应用模式，同时也是一种新业态、新产业，将重塑企业形态、供应链和产业链。

当前，工业互联网融合应用正在向国民经济重点行业广泛拓展，形成平台化设计、智能化制造、网络化协同、个性化定制、服务化延伸、数字化管理六大新模式，赋能、赋智、赋值作用不断显现，有力地促进了实体经济提质、增效、降本、绿色、安全发展。

3.1.3 智能制造

智能制造是基于新一代信息通信技术与先进制造技术深度融合，贯穿于设计、生产、管理、服务等制造活动的各个环节，具有自感知、自学习、自决策、自执行、自适应等功能的新型生产方式。黑灯工厂、智能工厂、灯塔工厂和国家工信部智能制造标杆企业等是智能制造的典型应用，具有巨大的社会价值和深远影响。

3.1.3.1 标杆企业

为推动制造产业升级，促进两化深度融合，提升智能制造水平，国家工信部编制发布了《智能制造发展规划（2016—2020年）》，相关单位制定发布了 GB/T 39116—2020《智能制造能力成熟度模型》、GB/T 39117—2020《智能制造能力成熟度评估方法》、GB/T 40647—2021《智能制造 系统架构》、GB/T 40659—2021《智能制造 机器视觉在线检测系统 通用要求》、GB/T 40648—2021《智能制造 虚拟工厂参考架构》、GB/T 40654—2021《智能制造 虚拟工厂信息模型》、GB/T 40655—2021《智能生产订单管理系统技术要求》等国家标准，为企业智能制造发展与建设提供了全方位的指导。

自2019年4月起，在工业和信息化部领导下，智能制造系统解决方案供应商联盟组织开展了"智能制造标杆企业"遴选工作，旨在择优确定一批智能制造实施成效突出、具有行业代表性和示范效应的企业，树立企业数字化转型与智能化升级的优秀典范，带动引领智能制造先进经验与成功模式的复制推广。

标杆企业遴选以"企业自愿"为原则，以国家标准《智能制造能力成熟度模型》和《智能制造能力成熟度评估方法》为依据，智能制造能力成熟度达到四级及以上企业可参加评选，重点关注数据驱动、集成互联、融合创新等在企业提质、增效、降耗等方面发挥的作用，重点评估企业转型所带来的经济、社会和生态效益，指引智能制造的落地实施向问题导向和价值导向转变。

3.1.3.2 黑灯工厂

黑灯工厂是指关闭作业区域的照明灯光，把工厂完全交给机器。从原材料到产成品，所有的加工、运输、检测过程均在空无一人的黑灯工厂内完成，无需工人值守。

黑灯工厂是一种高度自动化、高度信息化、高度网络化的生产模式，工厂内人、机、料自主协同，高效运转；工厂间通过端对端集成、横向集成，实现价值链的共享、协作，生产效率、产品成本和质量、个性化定制更加智能、更加柔性。

近年来，很多流程工业企业与自动化解决方案供应商合作，打造了"黑屏操作""零手动"工厂等项目案例。黑屏操作、零手动操作，是指用最少的干预来实现装置的安全、高效运行。

黑屏操作或黑灯工厂，需要高度可靠的智能装备和自控系统保障。装置的自控回路要全部投用，控制状态良好；其他的联锁要全部投用，运行正常。

3.1.3.3 智能工厂

智能工厂是通过信息技术与制造业的深度融合，通过生产管理系统、计算机辅助工具和智能装备的集成与互操作将工厂内生产资源、生产要素、生产工艺、生产制造、管理等各环节高度协同，实现以订单为导向、以数据为驱动的自动化、智能化生产模式的现代工厂。

智能工厂，包括三层含义：

高度透明化：及时正确地采集生产线数据，清楚掌握产销数据、生产设备利用率、资源情况、库存数据、工厂运行效率。

高度自动化：提高生产过程的可控性、减少生产线上人工的干预，合理的生产计划编排与生产进度，打通设计、研发、计划、生产、销售、采购、供应链全流程。

全要素智能化：通过大数据、智能系统、人工智能等新兴技术与工业融合，实现公司经营管理、生产制造、销售采购、服务、流程管理、协同生产的高度融合，构建一个高效节能、绿色环保的智能工厂。

3.1.3.4 灯塔工厂

灯塔工厂项目由世界经济论坛与麦肯锡管理咨询公司合作开展，旨在遴选出在第四次工业革命尖端技术应用整合工作方面卓有成效、堪为全球表率的领先企业，被誉为第四次工业革命的指路明灯。灯塔工厂是工业4.0技术应用的最佳实践工厂，代表着全球智能制造的最高水平。迄今为止，全球灯塔工厂共有103家，中国有37家，这些工厂来自多个行业，横跨价值链上下游，为企业界提供了第四次工业革命转型的全方位最佳实践。

麦肯锡认为：灯塔工厂拥有第四次工业革命的所有必备特征，是规模化应用了第四次工业革命技术的真实生产场所或工厂。灯塔工厂打造了具有颠覆潜力的新型商业模式，把工业4.0技术从试点计划大规模整合起来，提升资源生产率、提高敏捷度和响应能力、加快新品上市速度、提升客制化水平。

灯塔工厂主要有四大标准：一是工厂实现重大改进，包括运营模式的创新、生产和服务创新、商业模式的创新等；二是数字技术成功整合多个业务场景，包括在广度上覆盖更宽的区域，在深度上专业领域更加专业化；三是拥有更好可扩展的技术平台；四是在关键推动因素方面表现优异，比如管理变革、能力构建。

灯塔工厂建设五大核心途径：

途径1：打通业务流程的信息化平台，实现数字化六流（人流、物流、过程流、技术流、信息流、资金流）管理，以数据驱动各个运营环节的价值协同。

途径2：工厂自动化与智能化熄灯状态下的无人自主作业。利用云端平台连接机器；生产第一线配有机器人，无需特别配备工人，实现无人值守的制造；配备基于人工智能的设备自动优化系统、智能自我维护系统，减少60%的意外故障；使用人工智能自动测试，减少50%的误判；基于物联网技术的喷嘴状态监控，喷嘴寿命提高25倍。

途径3：建设工业互联网平台软硬结合实现产业链协同。IT与OT融合，工业PaaS平台创新，形成灵活扩展的运营一体化的先进工业互联网平台，为产业全价值链、全要素数字化转型升级赋能。

途径4：以敏捷组织为基础建设数字化组织。数字化组织具有学习型组织和敏捷型组织的能力特征，能够见"机"而行，快速迭代，为企业的战略实现持续服务。

途径5：文化变革与持续人才培养。从业务管理到技术应用，培养数字化人才，赋能制造业文化变革与持续的人才培养。

3.2 关键技术趋势

3.2.1 信息技术领域

2020年12月15日，中国信息通信研究院发布信息通信业（ICT）十大趋势。十大趋势以数字经济为统领，发展与治理并重，各行业数字化转型纵深推进，呈现出数字化、绿色化和智能化发展趋势。面向未来，5G、人工智能、先进计算、信息网络等ICT技术将加速集成创新，网络安全向数字安全拓展延伸，ICT产业自身在快速发展的同时，将更好、更快、更深地赋能行业数字化转型，推动数字经济健康、快速发展。

趋势一：数字经济融合创新，助力经济体系优化升级

《中华人民共和国国民经济和社会发展第十四个五年规划和2035年远景目标纲要》指出，发展数字经济，推进数字产业化和产业数字化，推动数字经济和实体经济深度融合。

未来五年，数字经济将成为经济增长的关键动力。预计2025年，我国数字经济规模将超过60万亿元，数字经济融合发展趋势将更加凸显，产业数字化仍是数字经济主攻方向。预计，产业数字化占比将由2019年的80.2%提升至85%左右。

一是数据要素流动畅通。以数据流动驱动经济大循环，以数据价值化实现经济大发展；数字经济和实体经济融合发展：数字技术与实体经济深度融合，催生新产业、新模式、新业态，培育战略性新兴产业，推进现代产业体系建设，助力经济体系优化升级。

二是数字产业化和产业数字化协同发展。数字产业化为产业数字化赋智、提质、增值，促进传统产业转型升级，优化经济结构，提升产业链、供应链现代化水平。产业数字化为数字产业化提供广阔应用市场，倒逼数字产业提升创新能力。

三是信息消费、数字基建、数字贸易协调发展。信息消费、数字基建投资为数字贸易发展兴市、筑基、增效，推动贸易多样化、便利化、高级化。数字贸易为信息消费、数字基建投资拓展两个市场、两种资源，推动我国积极融入全球产业链、价值链。

趋势二：新型基础设施赋能，构筑万物互联数字新基石

泛在、便捷、低成本、高安全的产业物联网连接将在2024年超越消费物联网。

宽带网络正进入"双千兆"时代，5G+千兆光纤+Wi-Fi6协同发展，实现网络端到端千兆接入和服务。

多级算力，云网融合将结合云端与边缘计算能力，构建云、网、边一体化的数字基础设施。

新技术基础设施加快培育，普惠AI基础设施逐步开放，区块链创新持续深入。

趋势三：技术市场双轮驱动，打造ICT产业增长新周期

技术能力快速升级，新材料、新工艺、新器件的进步和创新，促进CPU芯片性能每年提升约30%；GPU芯片性能每年提升数倍；专用AI处理能力每年提升数倍到数十倍。

与此同时，计算芯片由通用到专用和异构加速：未来3年GPU占比下降30%，AI ASIC占比提高30%；以资源为主向以应用为重：未来3年超过80%的企业在生产中使用云原生容器化应用；计算能力部署从中心向边缘：未来3年新增边缘节点5万，云间互联和边缘云服务增长明显。

数字化转型驱动产业增长，2023年数字化转型在全球技术投资额中的占比超过50%。也是在传统行业转型驱动下，计算等基础设施提速。

一方面，先进计算产业增长空间广阔。2023年，全球计算产业投资空间超过1万亿美元，平均增速超8%。2023年，我国AI服务器在新增算力中占比超过70%，全球超过50%。

另一方面，5G通信带动芯片、设备全产业链规模增长。2023年，全球5G手机出货量超7亿部，占全球智能手机市场的50%；2023年，全球5G基站累计超过500万个，平均增速超过50%，主要动力来自中国；2023年全球5G元器件市场规模近千亿美元。

趋势四：数字化转型全面启动，塑造产业智能发展新范式

面向未来5～10年，通过生产运营优化、智能研发与智能产品的涌现、服务和商业模式的变革创新、系统间的协同创新等方式，形成清晰明确的数字化转型方向和阶段。

产业数字化将为经济发展注入新动能。预计2025年我国产业数字化增加值占GDP比重比2020年提升10%。

支撑未来行业转型的诸如数字孪生、数字化平台、网络等关键要素初步形成，逐步赋能交通、制造、能源、农业、医疗等行业数字化转型。

趋势五：5G应用持续绽放，驱动社会生产生活新变革

5G网络的发展遵循传统规律"3阶段"发展，2020—2024年规模建设期，预计2024年To C覆盖全部城市、县区；To B重点企业行业虚拟专网达到3000张以上；2025—2028年完善期，To C网络全面广域覆盖＋深度覆盖，To B网络规模发展，5G行业虚拟专网达到8000张以上；2029年左右网络替换期，新一代系统替换，6G开始引入。

一是应用方面呈现阶段性推进特征。消费类应用逐渐成熟，创新应用爆发。新型娱乐和游戏成为关注重点，2025年To C商业应用可达1000个以上。多级规划、多主体协作推动行业应用团体协作模式成为主要推动方式，预计2025年To B商业应用可达2000个以上。

二是产业生态逐渐成熟。5G终端稳步发展，逐渐丰富。截至2020年11月底，全球5G终端519款；预计2025年累计超过3200款5G终端。消费类终端以手机为主，多元发展，截至2020年11月底，To C全球手机达到251款，预计2025年累计可达1200款以上。行业终端"基础类+定制"同步发展，预计2025年行业终端累计2000款以上，形成千万级连接。

趋势六：算法创新算力升级，AI渐入感知增强新阶段

在算法增强方面，学习方式将更加多元化；深度学习与多种技术分支融合发展；深度学习、类脑等理论体系探索颠覆性创新，试图从机理上提升认知能力，但仍处于早期阶段。算力升级方面，进行底层技术变革、计算范式演进、计算生态整合。

在应用拓展方面，智能应用走深拓宽，行业赋能场景逐步深入、AI介入程度不断深化、行业需求趋于复杂化、领域渗透难度加大。下一个十年，预计70%企业使用人工智能技术，预计为全球增加附加值13万亿美元。

趋势七：天地融合紧密协同，构建卫星互联泛在新服务

未来5年，全球低轨卫星互联网系统将从论证设计阶段进入部署应用阶段，ITU已接收200多个星座建设申请。

低轨卫星互联网性能提升较大，速率、时延、单星容量等性能接近地面网络。对比来看，无线基站规模为百万量级，卫星互联网最多仅为万量级，其用户容量远小于地面网络；另外每颗卫星的建设运维成本是基站的数十倍以上，导致资费较高。不过，卫星互联网支持全球覆盖，可为地面网络提供补充和增强，因而，两者之间是互补融合关系。

在技术和需求的双重驱动下，卫星互联网向高中低轨结合、超大规模部署、天地融合组网、星间路由交换等方向发展。

趋势八：量子信息亮点纷呈，加速技术与应用新探索

在量子通信方面，基于量子密钥分发（QKD）的量子保密通信需要突破工程化和实用化技术瓶颈，完善标准化与测评认证，进一步探索和开拓应用场景，才能带动产业化发展。量子信息网络（QIN）成为近期前沿研究布局和关注热点，QIN与经典网络面向不同应用场景，并无替代关系，其研究处于起步阶段，实用化仍有较大差距。未来5年，QIN突破基础组件关键技术，开展网络试验与技术验证，研究组网架构与协议将是主要目标。

在量子计算方面，量子计算处于原理样机研发和技术验证攻坚期，多种技术路线并行发展，量子纠错和逻辑比特尚未实现。近期，物理比特数和量子体积等指标屡创新高，量子计算优势得到实验验证，开始在分子化学、组合优化、量化金融和人工智能等领域开展应用探索。未来5年，基于各类含噪声中等规模量子计算（NISQ）样机平台能否产生"杀手级应用"将是关注焦点，实现大规模通用量子计算仍是远期目标。

在量子测量方面，量子测量在时间基准、磁场、惯性、重力和成像识别等五大应用方向发展趋势进一步聚焦，在基础科研、航空航天、国防建设和生物医疗等领域极具应用前景。分布式量子测量组网，机器学习数据后处理，集成化和芯片化系统开发成为研究热点。未来5年，量子测量技术在高精度定位/导航/授时系统，微弱磁场和重力场监测系统，以及目标成像与识别系统等领域有望产生"改变游戏规则"的创新应用。

趋势九：数字治理体系建构，重塑数字化全球新格局

数字经济蓬勃发展，深刻改变着人类生产生活方式。不过，全球数字领域发展不平衡、规则不健全、秩序不合理等问题日益突出。未来十年，将是全球治理体系深刻重塑的十年。随着数字全球化的纵深发展，如何更好兼具效率与公平，协调不同治理主体间分歧，更好推进全球数字合作，既是未来全球数字治理的重要方向，也对我国参与数字领域国际规则和标准制定提出了新的挑战。

趋势十：需求驱动安全转型，建设全向融通数字安全新体系

新基建加速垂直行业数字化转型，线上线下深度融合，云网、算网、链网融合架构带来模糊化边界。以往外挂式、固化单一、松耦合的安全能力融通性不高，难以满足场景化安全需求。此外，人工智能、大数据、区块链等新技术在新基建下的融合应用可能诱发更加高效、有针对性、伪装度更高、难以检测溯源的新型网络攻击。

因而，安全技术演进需要寻求发展新范式，包括主动安全、按需安全、智能安全、架构即安全方向发展。此外，安全与网络应该向着一体化演进，推进技术、场景、业态全向融通的数字安全加速落地实践。赋能方式从固化设备形态向全面云化方案转变，应用部署从松耦合、后验式向紧耦合、前置性转变。

3.2.2 绿色制造领域

绿色制造技术是指在保证产品的功能、质量、成本的前提下，综合考虑环境影响和资源效率的现代制造模式。它使产品从设计、制造、使用到报废整个产品生命周期中不产生环境污染或环境污染最小化，符合环境保护要求，对生态环境无害或危害极小，节约资源和能源，使资源利用率最高，能源消耗最低。

绿色制造模式是一个闭环系统，即原料－工业生产－产品使用－报废－二次原料资源，从设计、制造、使用一直到产品报废回收整个寿命周期对环境影响最小，资源效率最高，即在产品整个生命周期内，以系统集成的观点考虑产品环境属性，改变了原来末端处理的环境保护办法，对环境保护从源头抓起，并考虑产品的基本属性，使产品在满足环境目标要求的同时，保证产品应有的基本性能、使用寿命、质量等。

3.3 数字经济是现代化经济体系的重要引擎

数字经济是以数据资源为关键要素，以现代信息网络为主要载体，以信息通信技术融合应用、全要素数字化转型为重要推动力,促进公平与效率更加统一的新经济形态。数字经济具有高创新性、强渗透性、广覆盖性,不仅是新的经济增长点,而且是改造提升传统产业的支点,可以成为构建现代化经济体系的重要引擎。

"十四五"时期,我国数字经济转向深化应用、规范发展、普惠共享的新阶段。数字经济将成为推动生产方式、生活方式和治理方式深刻变革,成为重组全球要素资源、重塑全球经济结构、改变全球竞争格局的关键力量。到2025年,数字经济迈向全面扩展期,数字经济核心产业增加值占GDP比重达到10%,数字化创新引领发展能力大幅提升,智能化水平明显增强,数字技术与实体经济融合取得显著成效,数字经济治理体系更加完善,我国数字经济竞争力和影响力稳步提升。

对于产业而言,发展数字经济是把握新一轮科技革命和产业变革新机遇的战略选择。

在产业数字化方面,企业应推动新一代数字科技由企业发展的支撑因素向引领要素转变,以数据赋能为主线,以价值创造为核心,对产业链、供应链上下游的全要素进行数字化升级、转型和再造,创新研发模式、生产制造模式、运营管理模式、服务模式、决策模式和商业模式,实现全产业链、全生产链、全价值链的连接,改造提升旧动能,培育壮大新动能,提升全要素生产率,助推企业发展新旧动能转换和高质量发展。

在数字产业化方面,传统企业可以在产业数字化得到充分发展的前提下,利用自身深耕产业的优势,为行业数字化发展提供数字技术、产品、服务、基础设施和解决方案,将数字化的知识和信息转化为生产要素,通过信息技术、管理、商业模式等进行融合创新,为企业催生新业态、新模式、新产品、新客群,实现行业专有技术能力外溢,最终形成数字化新赛道和新的价值增长极。

在数据资源体系建设方面,企业应强化数据汇聚整合,将分散的数据汇聚、整合和归集，形成一体化的数据体系，实现数据共享、流动、开放和利用，最终实现价值创造。应建立健全数据质量管理机制，完善数据治理标准规范，制定数据分类分级标准，构建标准统一、布局合理、管理协同、安全可靠的大数据资源体系。打破信息或数据孤岛，实现数据互联互通、高效共享、依法获取、有序利用。

在数字化管控体系建设方面，企业应加速构建专业、完整的数字化综合管控体系，深入研究数字化相关法律法规和政策制度，按照企业自身特点和发展阶段，实施包括组织、制度、流程等在内的管理变革，完善体制机制，明确权利、义务，合理配置资源，坚持促进业务发展和数字化监管规范两手抓，在发展中规范，在规范中发展，推动企业数字化转型沿着法治轨道健康发展。

CHINA
ENERGY INVESTMENT
CORPORATION-SMART
CHEMICAL
CAPACITY MODEL

第四章
智慧化工能力模型

在智慧化工建设过程中，国能化工产业遵循集团总体发展战略和信息化总体规划及"六统一、大集中、大生态"建设策略，依据企业架构（EA）、ISA-95国际标准以及智能制造系统架构（GB/T 40647—2021）、智能制造能力成熟度模型（GB/T 39116—2020）国家标准，结合数字化技术发展趋势、现代煤化工智慧化建设特点和国能集团现代煤化工安全、发展、管理实践，创建了智慧化工国能模型（China Energy Investment Corporation-smart chemical capacity model，CEIC-SCCM，又称智慧化工能力模型），其中包括战略构想和能力架构、业务架构、应用架构、数据架构、技术架构和网络安全体系、工控安全体系、组织管控体系和能力评估体系。

4.1 指导思想

以习近平新时代中国特色社会主义思想为引领，以推动"新发展阶段、新发展理念、新发展格局、高质量发展"为主题，坚持"煤化工产业潜力巨大、大有前途"的战略性新兴产业发展定位，追求让生活更美好，坚持先进开放、生态发展、美好生活的发展理念，坚持数据驱动、科技赋能、价值创造的发展模式，以加快建设现代化经济体系，提高全要素生产率，实现高端化、智能化、绿色化发展为目标，持续推进数字经济和化工产业深度融合，打造具有产品影响力的化工品牌，创建世界一流企业。

4.2 基本策略

一是坚持"六统一、大集中、大生态"。 坚持信息化"统一规划、统一标准、统一投资、统一建设、统一管理、统一运维"和"业务系统、技术平台集中部署"的策略，具有基础共性的业务系统和标准规范需要统一规划、统一编制、统一建设。与此同时，应大力推进化工企业自建类项目建设，形成集团统建与化工企业自建应用，上下一致、同频共振、高度协同、先进共享、开放包容的数字化格局。

大生态，是指面向建设现代化产业经济体系要求，不断强化全生产力要素与数字化转型发展的深度融合，在企业上下游利益相关方之间形成的一种共生、共享、共赢的新型生产关系，不断做大产业数字经济的共同体模式。

大生态模式进一步提升传统企业运营协同水平。相比于传统企业而言，大生态模式有助于企业组织运营模式更加协同、兼容、开放，产业运营绩效大幅提升，全要素生产力效能得以全面释放。

大生态模式进一步放大企业边界。大生态模式下，企业组织边界由传统自我封闭、自我运营实现向更加开放、平等、友好、互信模式转变，在可信、安全的数字技术架构下，通过数据引流、技术引流、知识引流，企业与外部单位之间形成你中有我、我中有你的利益共同体，产业上下游单位深度参与企业业务管理与运营，形成专家专业人才资源、专业知识的协同互补，企业业务能力大大得到强化。

大生态模式进一步释放数据要素经济价值。数字化技术的发展，使企业数据大大丰富。数据要素全面、深度融入各业务场景，数据要素商业价值得以激活，企业服务范围得到广泛扩展和延伸，各生态主体将形成一种新型数字经济商业模式，持续支持产业做优做强做大。

二是坚持协同创新。加强数字技术自主创新，以数据底座、平台底座、云网底座3个云化底座为基础，研发化工工业互联网平台，搭建覆盖化工产业各层级的智能化应用平台。大力开展煤化工业务与新一代信息与通信技术融合创新攻关，实现关键核心技术自立自强，自主研发统建核心系统，自建的智能控制及智能装备应全面实现国产化替代，推广应用国产化DCS技术，保障核心工控系统安全。

三是坚持业务导向。业务需求是数字化的源头和驱动要素，智慧化工规划必须以业务价值链环节为出发点，识别化工产业的产品研发、工艺研发、生产制造、安全、技术、应急、品牌、销售、服务等能力需求，科学合理规划设计，编制形成有价值、可落地的成果内容。

四是坚持绿色低碳。深化数字生态文明建设，推广数字化绿色低碳生产方式，促进绿色低碳新技术和节能设备广泛使用，提升数字化节能和环保治理能力，优化完善能源和环境动态监测网络体系，更好地推动化工产业数字化、绿色化协同转型发展。

五是坚持筑牢数字安全屏障。全面加强智慧化工系统网络安全保障体系和能力建设，加强化工核心工控系统、应用系统和关键信息基础设施安全保护，提升数据安全管理水平，建立健全数据安全管理、风险评估、容灾应急等机制，切实保障安全稳定运行。

4.3 战略构想

智慧化工国能模型提出"一个愿景、三大理念、三大价值、五大领域、六项特征"智慧化工战略构想,即:以集团公司总体发展战略为引领,以价值创造为核心,遵循先进开放、生态发展、美好生活的理念要求,围绕决策支持、经营管理、生产执行、过程控制和智能装备等领域,运用新一代信息通信技术,推动煤制油化工生产全过程全要素数字化转型,全面打造数字资源、感知物联、预测预警、动态优化、泛在应用、生态协同等能力,构建化工新业务新模式,实现安全、绿色、高效的煤制油化工生产,建设世界一流智慧煤化工战略新兴产业。具体表述为"13356":

一个愿景:建设世界一流智慧煤化工战略新兴产业;

三大理念:先进开放、生态发展、美好生活;

三大价值:安全、绿色、高效;

五大领域:智能装备、智能控制、智慧生产、智慧经营、智慧决策;

六项特征:数字资源、感知物联、预测预警、动态优化、泛在应用、生态协同。

4.4 模型框架

结合化工产业战略发展方向、科研创新和数字化技术发展趋势,创建智慧化工国能模型框架(图4-1),统筹智慧化工设计与体系化建设。

能力模型基于化工产业标准规范、典型业务场景,面向打造智能化标杆工厂,构筑包括业务、应用、数据、技术四大架构和网络安全体系、工控安全体系、组织管控体系、能力评估体系在内的智慧化工工业互联网平台,为建设智慧化工提供管理、机制和技术保障。

第四章 智慧化工能力模型

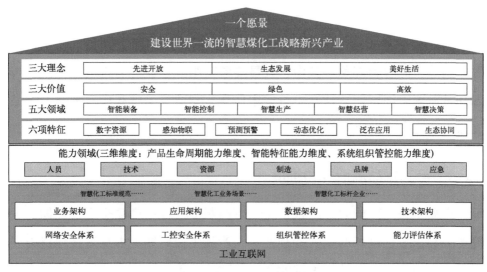

图 4-1　智慧化工国能模型框架

4.5　能力领域

智慧化工能力领域（图 4-2）是智慧化工国能模型的核心内容，是智慧化工建设的业务原点和价值点。智慧化工能力领域包括产品生命周期能力、智能特征能力和系统组织管控能力三个维度，三个能力维度为智慧化工业

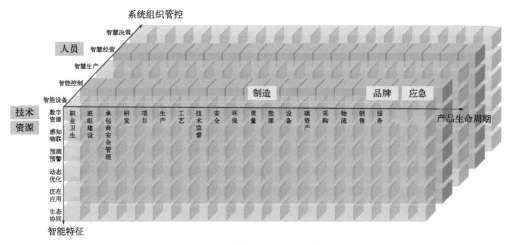

图 4-2　国能智慧化工能力领域

务架构、应用架构、数据架构、技术架构等蓝图设计提供完整的方法指引。

国能智慧化工能力领域蕴含六项核心要素，分别为人员、技术、资源、制造、品牌和应急。其中，人员要素在组织管控能力维度中体现，技术和资源要素在智能特征能力维度中体现，制造、品牌和应急要素在产品生命周期能力维度中体现。

4.5.1 产品生命周期能力维度

产品生命周期能力维度包括化工生产制造过程中产品全生命周期的关键业务和重要程度高的重大专项业务。产品生命周期能力维度按照能力要素、能力域、能力子域、关键业务、关键活动等五个层级对各个化工生产业务能力进行逐层描述。

智慧化工能力领域的产品生命周期能力维度包括制造、品牌、应急三项要素，贯穿化工产业全价值链的各个环节。其中制造要素包括研发、项目、生产等一系列相互联系的能力域。品牌要素包括品牌创建、品牌传播两个能力域。应急要素包括应急预案、应急值守、应急资源、消防救援和应急响应五个能力域。

4.5.1.1 制造

制造要素是指把煤炭等原材料加工成化学产成品的过程，以及其中进行的各项管理活动，分为18个能力域，包括职业卫生、班组建设、承包商安全管理、研发、项目、生产、工艺、技术监督、安全、环保、质量、能源、设备、碳资产、采购、物流、销售、服务等，以及能力子域63个，关键业务238个。

4.5.1.2 品牌

品牌要素是指在国能统一品牌战略下，开展化工产业品牌的创建与传播，分为2个能力域，包括品牌创建和品牌传播等，以及能力子域4个，关键业务12个。

4.5.1.3 应急

应急要素是指针对化工生产过程中可能突发的需要紧急处理的各种事故事件进行事前预案和资源管理、事中救援、值守与响应等，分为5个能力域，包括应急预案、应急值守、应急资源、消防救援和应急响应，以及能力子域17个，关键业务36个。

4.5.2 智能特征能力维度

智能特征能力维度是指制造活动高度融合自动化、物联网、通信、大数据、人工智能、云计算等数字化技术而具有的自感知、自决策、自执行、自学习、自适应的能力，包括数字资源、感知物联、预测预警、动态优化、泛在应用、生态协同。

4.5.2.1 数字资源（技术、资源）

数字资源是实现智能制造的核心数字化技术的统称。包括技术能力要素和资源能力要素。

技术能力要素包括数据、集成和信息安全三个能力域。其中，数据能力和集成能力建设内容包括国能集团"三底座"中的数据底座、平台底座。

资源能力要素包括装备和网络两个能力域。网络能力建设内容包括"三底座"中的云网底座。

三大底座在化工产业的应用与落地，在国能统一、完整的技术架构体系、应用管理与服务体系下，按照集团公司侧、子分公司及工厂边缘侧建立起相互协调融合的云端/边缘端数据中心、云端/边缘端工业互联网平台、云端/边缘端大数据平台，实现以数据要素资源的共用、共生、共融，形成集团公司、子分公司、工厂三者之间高度融合、包容发展的数字化基础设施新格局。

智慧化工网络安全防护总体上遵循国能统一网络与信息安全管控体系和技术保障体系要求，实行一体化安全管理整体架构，包括总体安全目标及愿景、分项目标、安全保障框架、信息安全项目四部分内容。网络安全按照分域/分层的网络安全架构开展建设和管理，集团公司和子分公司各自负责所属数据中心网络安全。

智慧化工工控安全的防护对象包括智能装备层、智能控制与监测层的工业控制资产。工控安全体系是化工产业稳定可持续发展的数字化基础和化工企业资产保值增值的可靠屏障。筑牢工控安全体系必须大力实施工业控制系统安全保障能力提升工程，制定完善工业信息安全管理等政策法规，健全工业信息安全标准体系，建立工业控制系统安全风险信息采集汇总和分析通报机制，组织开展重点行业工业控制系统信息安全检查和风险评估。

4.5.2.2 感知物联

感知物联，是指通过各种类型的传感器实现物与物、物与人、人与人之间按需的信息获取、传递、储存、认知、分析和使用，形成便捷、高效的工业物联网信息通道，实现工业资源数据的互联互通，拓展机器与人、机器与环境之间连接的广度与深度。

智能感知是工业物联网的基础。面对工业生产、物流、销售等产业链环节产生的海量数据，利用传感器、射频识别等感知手段获取工业全生命周期内的不同维度的信息数据。全面互联是通过各种通信网络随时随地进行可靠的信息交互和共享，继而对海量数据和信息进行分析处理，提升对工业生产环境和市场的洞察力，实现智能化的决策和控制。

4.5.2.3 预测预警

预测预警，是指基于全要素、全维度的数据和大数据技术，对化工生产过程重要领域和关键场景进行预测、预报、预警和仿真推演，解析影响重要结果、事故或状态发生发展的因素及其演变机制，实现产品品质、设备状态、安全态势等的精准预测和精准预防，为化工生产执行与管理决策方式的转变提供科学证据。

实现预测预报，可以利用设备历史数据建立反映设备健康运行状态的模型（特征模型），通过大机组在线监测、设备状态监测等系统，对设备实时运行状态监测、检查、分析、评估、诊断，进而应用该模型进行设备健康的离线评估或在线实时预测预报。

实现预测预警，可以针对危险化学品、重大危险源和危险作业场景进行实时状态监测，将视频分析、感知探测、大数据分析等技术应用于危险因素辨识、评估，建立安全生产大数据库，实现风险管理因素数据化管理，基于大数据思维和机器学习进行风险评价和分级，实现连续、及时、准确的风险预警和风险管控方案。

实现仿真推演，可以依托设备运行状态数据为核心，辅以其他设备参数，通过物联网技术实现设备状态的全面感知，基于AI技术，实现设备运行状态的实时评估与故障的早期识别，分析故障产生机理、发展原因和发展模式，根据相关评价参数、模式及准则构建预测模型，结合安全保障的决策理论方法，为装备运行稳定性、可靠性及维修性评估提供决策依据。

4.5.2.4 动态优化

动态优化，是指在化工连续作业且不能停止的生产过程中，通过对原材料、生产设备、工艺参数的实时测量或检测，利用仿真决策和人工智能等技术，进行实时对标与优化调整。

化工生产通常涉及不同的物理以及化学反应，生产机理复杂，生产过程连续、不能停止，生产过程中任何一个环节出错，都会直接影响整条生产线以及成品的质量。动态优化是实现系统增益、节能、降耗的重要措施，需要对生产经营活动中的一切因素、条件及其相互之间的关系进行全面、系统的分析，并在此基础上拟定出多种可供选择的方案，通过比较、论证，选择其中最能实现管理目的的一个方案，进行验证、优化并自动修复。

4.5.2.5　泛在应用

泛在应用，是指围绕化工生产各环节，充分应用移动互联、人工智能等现代信息技术、先进通信技术，实现万物互联、人机交互，建设状态全面感知、信息高效处理、应用便捷灵活特征的智慧化应用系统，实现全业务覆盖、全场景覆盖、全时空覆盖，实现数据互联互通、业务全面协同，支持化工产业实现全面共享、互通、联动、闭环的数字化应用，支撑智慧化工新业务与新模式构建。

4.5.2.6　生态协同

生态协同，是指以互联网思维打破边界、破除藩篱，消除一切不利于发展的封闭因素，在企业内部，业务方面需要实现上下一致、包容共享、相互促进、协同发展，技术上需要实现互联互通、云边融合、价值共创；在企业外部，需要集合国内外客户、供应商、专业机构等社会资源，形成生态合作，实现跨边界、智能化的业务运营、技术引进和资源互助。强化数据处理能力和业务协同能力，进一步解放企业效能，打破企业内部、企业之间、企业和集团总部、企业和行业之间的"信息孤岛"。通过业务协同、流程协同和数据协同，满足化工产业跨时空、跨领域协同办公要求，实现不同终端设备之间数据传输及信息同步，跨角色跨部门业务整合，显著增强用户体验。

4.5.3　系统组织管控能力维度

系统组织管控能力维度是指化工产业各业务单元在管理智慧化工全要

素活动过程中应具备的不同组织层级能力，包括智能设备、智能控制、智慧生产、智慧经营、智慧决策共五个层级的组织管控能力。

4.5.3.1 智能设备

智能设备，是指应用嵌入式软件技术、自动化技术、传感器技术、通信技术以及智能仪器仪表等使得各类生产设备设施实现全面感知、自动操作以及数控联动等活动的能力层级，智能设备是智慧化工生产的基础层级，为智能工厂建设与应用提供数字化设备基础支撑。智能设备层一般包括输入装置（传感器、智能仪表、编码识别、信号转换等）、输出装置（执行机构、驱动器、状态指示等）、输入输出混合装置（人机界面等）、设备分析与管控等能力。

4.5.3.2 智能控制

智能控制，是指通过通信网络汇聚智能设备数据，通过工控机、PC（个人电脑）工作站等设备及HMI（人机界面）、SCADA（数据采集与监视控制系统）等软件系统，形成操作指令，通过自动化网络和PLC（可编程逻辑控制器）、网关等设备与智能装备通信，并结合大数据分析和人工智能，持续优化并驱动装备运行的能力层级。智能控制层一般包括可编辑逻辑控制、数据采集与监视、分布式控制、现场总线控制、控制优化等能力。

4.5.3.3 智慧生产

智慧生产，是指面向工厂或车间的生产管理，依托化工生产管理制度、化工业务标准、化工技术规范等，大量利用数字化技术实现高水平编制生产计划、自动排程，开展加工与制造的能力层级。智慧生产层一般包括产品研发、工艺研发、生产技术、产品质量、能源平衡、物料平衡等能力。

通过开展组织、执行、监测、调度等全过程生产活动，实现对生产车间、动力、能源、化工原辅料、中间品和成品、生产进度、工艺质量、物料消耗等全要素情况实时监控、统计和优化，实现生产高度协调、合理调度和快速反应。

通过智慧生产，实现全面的感知互联、预测预警、动态优化，为企业逐步实现柔性生产和卓越运营奠定基础。

4.5.3.4　智慧经营（人员）

智慧经营，是指通过企业管理制度和业务流程的标准化、规范化，并通过数字化技术手段进行固化，对企业的人、财、物、设备、项目、销售等资源计划要素优化整合与高效配置，实现物流、资金流、信息流和价值流集成统一的能力层级。智慧经营一般包括人、财、物、销售等资源要素的规范化、精细化、标准化能力。

人员发展是实现卓越运营的最主要推动要素。人员发展包括组织战略、人员技能、职业健康三个能力域。

在组织战略方面，一要高标准高起点开展智慧化工规划，明确智慧化工建设目标、建设方向、建设内容、实施计划、建设资金保障，并结合技术发展趋势持续不断滚动优化、持续推进；二要建立与智慧化工建设运营相配套的组织体系，建立健全组织保障。

在人员技能方面，要建立以人为本、价值共创、幸福共享的"员工、企业、社会"三位一体价值导向，一是做好智慧化工建设的数字化人才配置，保障各方面发展的人才之需；二是注重化工全员数字化技能培养，持续提升人员数字化与化工业务复合技能，为全员、全业务开展数字化运营做好积极准备；三是要建立有助于员工数字化创新的机制，不断强化数字化技术创新，赋能智慧化工应用不断迈向更高等级水平发展。

在职业健康方面，坚持人民至上、生命至上，做好包括自有员工、承包商员工等各种用工形式人员的职业卫生健康管理，关心员工、关爱员工，建立员工个人与智慧化工的相互融合、相互促进、共同发展的人文环境。

通过高效的一体化协同管控和广泛的生态协同，企业将建立起一种能够快速适应变化，从设计研发到工程基建、从生产制造到供应链优化、从营销管理到客户服务的全流程全能力域的智慧化的数字化运营新模式。

4.5.3.5 智慧决策

智慧决策，是指以大数据为基础，汇集形成企业各类决策要素，通过人工智能、商业智能等开展数据挖掘、数据分析，为企业管理者提供决策依据，不断优化持续提升企业的各类经营活动与生产活动的能力层级。智慧决策层一般包括战略管理、运营管控分析等能力。

通过实施数据治理和大数据深度应用，企业将实现全要素全业务的数据资产化、价值化能力提升，为企业家决策提供科学的数据支持，为企业资产保值增值开辟新路径，助力建设产品卓越、品牌卓著、创新领先、治理现代的世界一流企业。

4.6 能力层级

在企业智慧化建设过程中，智慧化工国能模型可以从规划、设计、实施、应用到效果评估、诊断、改进、优化的全生命周期对企业进行引导。

智慧化工国能模型提出，按照五个层级和各层级明晰的度量指标，对企业智慧化水平进行动态评估，使企业更加适应快速发展的业务以及不断变化的用户，更加适应未来的发展趋势。

通过对自身智慧化水平的深刻把握，通过自我优化、闭环管理和动态评估机制，化工企业在面对经济冲击和市场竞争时，抗风险能力、生存力和核心竞争力可以获得持续动力。

4.6.1 规划级

起步阶段，化工产业智能制造能力应达到规划级水平。化工企业应做好智能制造顶层设计、规划和建设指南，实现对核心业务活动（设计、生产、物流、销售、服务）的流程化标准化管理。

战略与人员：全面形成智慧化工规划及建设资金配套，各化工企业应树立良好的智慧化工思想意识并配备数字化关键岗位人员。

技术应用：具备智慧化工各专业应用的数据资源，支持基于人员经验为基础的数据分析；系统间具有良好集成标准及接口支持；建立健全信息安全及工控安全规范和协调组织机构。

资源保障：关键化工装置及设备实现自动化应用，建立关键工序设备智能化改造方案设计；实现办公网络应用全覆盖。

智能制造：建立产品设计方案，实现计算机辅助产品设计；建立工艺设计规范，实现基于产品为基础的工艺设计与优化；建立采购全环节的信息化管理；编制完整的生产计划、排程排产与调度管理；建立完善的生产作业过程规范及信息管理；建立基于数字化终端开展设备运行巡检，高效开展设备维修维护，实现长期稳定运行；建立全面的仓储配送规范，实现标准化管理，实现及时快速配送；建立体系完备、内容健全的安全环保机制与规范，实现全业务全过程全要素的闭环管控，扎牢安全环保底线；建立完善的能源管理制度体系，实现可量化的能源数据管理；建立健全应急管理体系以及做好完善的应急资源保障，实现应急可视化管理。

关键绩效：以规划基期年数据为基准，化工厂国家安全生产标准化等级有所提高；生产运营成本、产品能耗、主要污染物达标排放率、全员劳动生产率等指标应有小幅改善。

4.6.2 规范级

第二阶段，化工产业智能制造能力达到规范级水平。化工企业采用自动化技术、信息技术手段对核心装备和核心业务活动等进行改造和规范，实现业务数据共享。

战略与人员：集团及各化工生产单位形成上下融合一体的智慧化工规划及详细的实施计划，建立明晰的智慧化工责任部门及关键岗位人员配备。

技术应用：具备二维码、射频识别技术（RFID）等物联感知设施基础，开展化工数据标准治理，实现数据采集、分析与共享；系统间实现有效集成；信息安全及工控安全体系和技术手段健全。

资源保障：建立智能装备技术标准体系，关键化工设备实现自动化，全厂自控率达到90%以上，建立统一的设备通信标准及接口；建立全厂覆盖的工控网络和生产网络。

智能制造：实现以三维仿真为基础的产品设计全数字化应用；实现数字化的工艺设计与优化；建立采购全过程的数字化、规范化管理；开展自动计算为基础的生产计划编制、排程排产，建立自动监控为基础的生产调度；应用数字技术手段实现生产作业全过程信息管理，实现可追溯；实现设备维修计划、运行状态、维修维护等全数字化管控；建立基于实时物联感知的仓储配送管理，支持基于生产单元物料消耗的精细化管理，实现月度物料平衡管理；建立监控及时、快速响应、全面感知的安全环保数字化应用；实现能源生产、消耗等实时动态计量管理、监控管理，实现月度能源平衡管理；全面建立企业纵向一体化以及社会横向协同的应急体系，实现应急响应指挥迅速可达；建立健全具有化工特色的产业品牌管理体系。

关键绩效：以规划基期年数据为基准，更多化工厂达到国家安全生产标准化一级；生产运营成本、产品能耗、主要污染物达标排放率、全员劳动生产率实现增幅改善。

4.6.3 集成级

第三阶段，化工产业智能制造能力达到集成级水平。化工企业应对装备、系统等开展全面集成，实现跨业务活动间的数据融合共享。

战略与人员：持续推动智慧化工战略的执行、监控、评测及优化工作，建立健全智慧化工高素质专业队伍，人员能力和创新水平不断提升，满足智慧化工建设及应用发展需要。

技术应用：实现数据全面智能感知与采集，全面建立统一数据标准，实现云/边缘数据中心，实现全面汇聚、融合、共享及关键数据的人工智能模型分析；建立基于工业互联技术平台架构体系为基础的IaaS、PaaS、SaaS应用。

资源保障：建立基于CPS、三维数字化、虚拟仿真等技术基础应用的设备数字化应用与管理，设备数据实现全面感知、自动控制，全厂自控率达到95%以上；建立覆盖全厂的网络，全面保障通信数据高速传输、低延时传输、大连接的需要。

智能制造：基于数字化技术建立内外部高度协同化、高度集成化的产品设计；建立全数字化应用的工艺设计、优化及使用；建立以自动预警、自动分析为核心的数字化采购管理；实现各种约束边界条件下的自动化、智能化的生产计划编制、排程排产，建立自动监控预警为基础的智能生产调度；实现生产作业全过程信息的在线化、自动化、智能化应用，生产作业精细化管理水平大幅提升；实现设备状态、故障等智能运维和远程诊断分析；建立基于模型为基础自动化、数字化的仓储配送管理，物料平衡明显增强；建立监控及时、全面感知、全面可视化、上下联动应急指挥响应的安全环保数字化应用；实现能源生产、输配、消耗等实时动态计量管理、监控管理、智能调度管理，能源平衡精准可控，生产能耗大幅降低；应急管理实现高速响应、全方位可视化洞察与指挥；持续开展化工产业品牌推广，知名度美誉度得到提升。

关键绩效：以规划基期年数据为基准，绝大多数化工厂达到国家安全生产标准化一级；生产运营成本、产品能耗、主要污染物达标排放率、全员劳动生产率等指标显著提升，全要素生产率显著提高。

4.6.4 优化级

第四阶段，化工产业智能制造能力达到优化级水平。化工企业实现对人员、资源、制造等进行数据挖掘分析，形成知识模型、人工智能模型等，实现对核心业务活动的精准预测、分析和优化，具备建立新业务运营模式新商业模式的数字基础。

战略与人员：持续推动智慧化工战略的执行、监控、评测及优化工作，建立健全智慧化工高素质专业队伍，人员能力和创新水平不断提升，满足智慧化工建设及应用发展需要。

技术应用：全面建成连接化工产业内外部的化工工业互联网平台、化工大数据平台，实现智慧化工数据的"采、存、管、用、易"及人工智能数据分析，初步实现新业务运营及新商业模式的生态化应用；建立高度可靠、可预控的化工信息安全、工控安全的技术平台，实现高水平安全防护。

资源保障：实现化工设备的全面感知、全面自动控制、全面预测性维修及智能化运维，全厂自控率达到95%以上；建立高速、敏捷的全厂信息通信网络。

智能制造：建立内外部高度协同化、高度集成化、高度仿真的产品设计与管理；建立三维仿真数字化应用的工艺设计、优化及使用；建立自动预警、自动分析、内外生态协作的数字化采购管理；依据高级算法实现各种约束边界条件下的自动化、智能化的生产计划编制、排程排产，建立自动监控预警为基础的智能生产调度；实现在线化、自动化、实时优化、智能化的生产作业管理，实现单机、单人、单装置、单班组的全要素精细化管控；实现智能运维、远程诊断分析与预警、智能维修的设备管理；建立自动化、数字化、智能化、少人化的仓储配送管理，实现全厂物料日平衡等级水平管理；建立监控及时、全面感知、风险预控、全面可视化、上下联动应急指挥响应的安全环保数字化应用；实现能源生产、输配、消耗等实时动态计量管理、监控管理、智能调度管理，实现高效节能应用、低碳化的能源综合管理，实现全厂能源日平衡等级水平管理；应急管理全面实现智能化、可视化、快速响应；持续开展化工产业品牌推广，具有良好的品牌知名度。

关键绩效：以规划基期年数据为基准，集团极个别化工厂尚未达到国家安全生产标准化一级；生产运营成本、产品能耗、主要污染物达标排放率、全员劳动生产率等指标达到行业优秀，全要素生产率显著提高。

4.6.5　引领级

第五阶段，化工产业智能制造能力达到引领级水平。化工企业应基于模型持续驱动业务活动的优化和创新，实现产业链协同并衍生新的制造模式和商业模式。

战略与人员：持续推动智慧化工战略的执行、监控、评测及优化工作，建立健全智慧化工高素质专业队伍，人员能力和创新水平不断提升，满足智慧化工建设及应用发展需要。

技术应用：全面建成连接化工产业内外部的化工工业互联网平台、化工大数据平台，实现智慧化工数据的"采、存、管、用、易"及人工智能数据分析，数据价值得到充分挖掘，支持全业务的生态化及新商业模式应用需要；建立高度可靠、可预控的化工信息安全、工控安全的技术平台，实现高水平安全防护。

资源保障：实现化工设备的全面自感知、自控制、自适应、自决策、自组织、自优化、全面智能联动控制、全面预测性维修及智能化运维；建立高速、敏捷的全厂信息通信网络。

智能制造：以物联网、自动化、大数据、人工智能等数字通信技术为基础，围绕产品设计、工艺设计、采购、计划与调度、生产作业、设备管理、仓储配送、安全环保、能源管理等开展全数字化要素的持续优化提升，建成具有自感知、自控制、自适应、自决策、自优化的智能制造应用，建立化工生产新业务模式，智慧化工生产实现全厂平衡、制造精益、运营卓越，化工产业品牌卓著，全要素生产力水平实现行业引领。

关键绩效：以规划基期年数据为基准，全部化工厂达到国家安全生产标准化一级；安全生产零事故；生产运营成本、产品能耗、主要污染物达标排放率、全员劳动生产率等指标达到行业引领水平，全要素生产率大幅提升。

4.7　能力领域与规划架构的映射关系

智慧化工能力领域是智慧化工业务架构、应用架构、数据架构、技术架构等蓝图设计的业务基础。智慧化工能力领域的产品生命周期能力、组织管控能力和智能特征能力三个维度理念贯穿于智慧化工规划与建设的全要素和全过程，与智慧化工业务架构、应用架构、数据架构、技术架构、网络安全体系、工控安全体系、组织管控体系、能力评估体系的设计存在广泛的联系。

智慧化工能力领域与架构蓝图的映射关系如表4-1所示，其中，业务架构、数据架构、组织管控体系与产品生命周期能力维度下的能力域、子域、关键业务和活动密切相关。应用架构、技术架构与系统组织管控能力维度、智能特征能力维度密切相关。数据架构、技术架构、网络安全体系、工控安全体系与数字资源智能特征密切相关。能力评估体系覆盖所有能力要素，支持对智慧化工规划和建设成果的全面评估与改进。

表4-1 智慧化工能力领域与架构蓝图的映射关系

项目		编号	业务架构	应用架构					数据架构	技术架构		网络安全体系	工控安全体系	组织管控体系	能力评估体系
				智能装备	智能控制	智慧生产	智慧经营	智慧决策		平台底座	云网底座				
编号			10	21	22	23	24	25	30	41	42	50	60	70	80
产品生命周期能维度	制造	X1	●	○	○	◐	◐	◐	●	○	○	○	●	●	●
	品牌	X2	●	○	○	●	●	●	●	○	○	○	●	●	●
	应急	X3	●	○	○	●	●	●	●	○	○	○	●	●	●
系统组织管控能力维度	决策	Y1	●	○	○	●	●	●	●	●	●	●	●	●	●
	经营	Y2	●	○	○	◐	●	●	●	●	●	●	●	●	●
	生产	Y3	●	○	◐	●	◐	●	●	●	●	●	●	●	●
	控制	Y4	●	◐	●	◐	○	○	○	●	●	●	◐	●	●
	设备	Y5	●	●	◐	●	○	○	○	●	●	●	●	●	●
智能特征能力维度	数字资源	Z1	○	●	●	◐	●	●	●	●	●	●	●	●	●
	感知物联	Z2	●	●	●	●	●	●	○	●	●	●	●	○	●
	预测预警	Z3	●	●	●	◐	◐	◐	○	●	●	●	●	○	●
	动态优化	Z4	●	●	●	●	●	●	○	●	●	●	●	●	●
	泛在应用	Z5	○	○	○	●	●	●	○	●	●	●	●	●	●
	生态协同	Z6	●	○	●	●	●	○	●	●	●	○	●	●	●

注：●强关联；◐较强关联；○弱关联。

第五章
业务架构

CHINA
ENERGY INVESTMENT
CORPORATION-SMART
CHEMICAL
CAPACITY MODEL

业务架构以国能发展战略为基石,是智慧化工国能模型的在产品生命周期维度的结构化表达,是业务与技术的桥梁。在产业数字化转型的进程中,业务架构帮助企业通过数字技术将组织、业务与IT深刻地连接起来,成就高价值的智慧企业。

5.1 业务架构蓝图

智慧化工业务架构是智慧化工国能模型在国能信息化总体规划业务架构（图5-1）下对化工产业运营等领域的进一步扩展和细化。

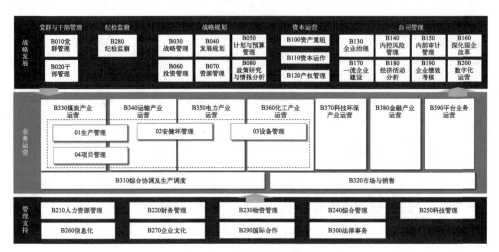

图5-1 国能业务架构蓝图

结合国能信息化总体规划和化工生产运营的相关业务能力，明确如下智慧化工业务架构蓝图（图5-2）。

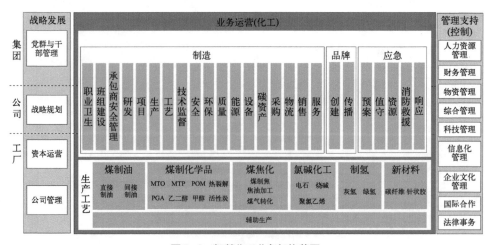

图5-2 智慧化工业务架构蓝图

依据智慧化工能力要素，结合化工产业实际及未来业务发展规划，智慧化工业务能力（表5-1、表5-2）按能力要素、能力域、能力子域、关键业务、关键活动等五个层级，全要素保证化工业务实现数字化运营。

表5-1 智慧化工能力总表

序号	项目	数量	内容
1	能力要素	6	人员，技术，资源，制造，品牌，应急
2	能力域	30+	组织战略，人员技能，职业健康，数据，集成，信息安全，装备，网络，职业卫生，班组建设，承包商安全管理，研发，项目，生产，工艺，技术监督，安全，环保，质量，能源，设备，碳资产，采购，物流，销售，服务，品牌创建，品牌传播，应急预案，应急值守，应急资源，消防救援，应急响应
3	能力子域	90+	组织战略，人员技能，健康监护，职业病报告，数据，集成，信息安全，装备，网络，职业病防治，劳动保护，危害因素监测评价，班组建设，承包商安全管理，新技术研发，新产品开发，项目前期，项目设计，招标与采购，项目建设，三同时，生产准备，试车，计划与统计，生产调度，生产作业，经营对标，绩效评价，仓储配送，工艺技术，化工"三剂"，对标分析，技术监督，本质安全，风险管理，重大危险源，危险化学品，作业许可，公共安全防卫，体系审核与持续改进，环保法律法规标准规范，污染源，环境监测，VOCs治理，生态建设，煤质，水质，原辅材料，产品，能源网络，能源利用，节能，设备信息，完好性管理，大修，检修作业，状态检修，老旧装置，承包商"三九"规范，碳计划，碳足迹，碳减排，碳交易，供应商，采购，网络，物流，产品，市场，销售执行，客户，客户服务，品牌设计，品牌建设，品牌传播，品牌价值，预案体系，应急演练，预案修订，战备执勤，值班值守，内部资源，外协资源，案例资源，消防管理，救援抢险，通信保障，信息报告，预警，响应启动，信息发布，响应终止，应急恢复
4	关键业务		300+
5	关键活动		1200+

表5-2 智慧化工能力要素、能力域和子域、关键业务列表

能力要素	能力域	能力子域	关键业务
人员	组织战略	组织战略	组织建设
			战略规划
			战略执行
			战略评测
	人员技能	人员技能	人才培养
			团队成长
			创新机制
			知识体系

续表

能力要素	能力域	能力子域	关键业务
人员	职业健康	健康监护	健康体检
		职业病报告	职业病报告
技术	数据	数据	数据治理
			数据采集
			数据分析
			数据共享
			数据中心
	集成	集成	集成规划
			技术规范
			应用集成
	信息安全	信息安全	组织与规范
			安全设备与软件
			安全防护
			安全评估
资源	装备	装备	智能装备
			标准通信接口
			监测预警
			工业数据分析
	网络	网络	网络覆盖
			网络防护
			远程配置
			敏捷网络
制造	职业卫生	职业病防治	防治计划
			危害警示告知
			宣传教育培训
			危害申报
		劳动保护	防护用品
			防护设施
		危害因素监测评价	危害因素监测
			危害现状评价

续表

能力要素	能力域	能力子域	关键业务
制造	班组建设	班组建设	安全健康环保
			技术技能优秀
			文明进步和谐
	承包商安全管理	承包商安全管理	台账档案
			培训教育
			安全作业
			考核评价
	研发	新技术研发	实验室验证
			中试验证
			工艺包编制
		新产品开发	开发方案策划
			试生产
			质量认证
	项目	项目前期	初步可行性研究
			可行性研究
		项目设计	初步设计（基础工程设计）
			施工图（详细工程设计）
			设计数字化成果
		招标与采购	招标及合同
			采购
			出入库
		项目建设	总体计划
			施工组织
			安全
			质量
			造价
			工期
			变更
			竣工决算
			竣工验收

续表

能力要素	能力域	能力子域	关键业务
制造	项目	三同时	消防"三同时"
			安全"三同时"
			环保"三同时"
			职业卫生"三同时"
		生产准备	生产条件准备
			工程收尾
		试车	装置首次开车安全
			单机试车及工程中交
			联动试车
			投料试车
			性能考核
			移交生产
	生产	计划与统计	生产计划
			统计分析
		生产调度	生产调度
		生产作业	常规作业
			异常操作
			特殊作业
		经营对标	经济竞争力对标
			盈利能力对标
			企业现金能力对标
			资产运营效率对标
			成本指标对标
		绩效评价	能耗指标
			绩效分配
			考核评价
		仓储配送	仓库信息
			出入库
			储存管理
			拣货管理

续表

能力要素	能力域	能力子域	关键业务
制造	工艺	工艺技术	工艺技术规程
			工艺卡片
			工艺标定
			工艺变更
			工艺联锁
			工艺台账
		化工"三剂"	技术准入管理
			计划与统计
			使用性能
		对标分析	工艺技术运行分析
			对标分析
	技术监督	技术监督	专业监督及技术支持
			双重预防机制专业监督
			检查评价
			在线监测
	安全	本质安全	安全领导力
			安全生产责任制
			安全合规性管理
			安全生产信息管理
			安全制度体系（法律、标准、规范）
			安全教育、培训和能力建设
			装置安全规划与设计
			安全生产投入
			安全监控
			设备变更
			事故事件管理
			安全文化建设
		风险管理	风险分级管控
			隐患排查治理

续表

能力要素	能力域	能力子域	关键业务
制造	安全	重大危险源	重大危险源辨识评估及备案
			重大危险源监测监控
			重大危险源管控
		危险化学品	危化品信息登记
			危化品生产管理
			危化品使用管理
			危化品储存管理
			危化品运输管理
		作业许可	动火作业
			受限空间作业
			吊装作业
			盲板抽堵作业
			高处作业
			断路作业
			动土作业
			临时用电作业
		公共安全防卫	安保管理
			门禁管理
			报警管理
			反恐防爆
		体系审核与持续改进	要素审核
			体系评审
			绩效考核
			外部审计
	环保	环保法律法规标准规范	环保法律法规标准规范
		污染源	污染源登记
			环保设施
		环境监测	环境质量在线监测
			污染源在线监测
			放射源在线监测
			噪声监测

续表

能力要素	能力域	能力子域	关键业务
制造	环保	环境监测	环保装置性能监测
			第三方监督性监测
		VOCs治理	在线监测
			评估
			治理
		生态建设	生态保护
			公共环境安全
	质量	煤质	计量
			采制化
			配煤
		水质	水质监（检）测
			水平衡及水重复利用率
			加药系统
			水处理系统
		原辅材料	计量
			分析检测
			消耗定额
		产品	计量
			分析检测
			合格率
	能源	能源网络	供能装置
			用能装置
			能源计量
			能源网络
		能源利用	计划与统计
			能效评价
		节能	管理节能
			工艺节能
			设备节能
	设备	设备信息	设备台账
			设备档案

续表

能力要素	能力域	能力子域	关键业务
制造	设备	完好性管理	动设备
			静设备
			电气设备
			仪表设备
			特种设备
		大修	大修策划
			大修计划
			工期控制
			质量控制
			费用控制
			验收评价
		检修作业	检修任务书
			检修方案
			检修作业包
			检修作业票
		状态检修	状态监测
			故障诊断
			维修决策
		老旧装置	评估
			整治
			利旧
			淘汰
		承包商"三九"规范	党建引领
			安全质量标准化
			文化建设
			班组建设
			培训考核
			信息化
			安健环投入
			职业卫生健康
			职工权益

续表

能力要素	能力域	能力子域	关键业务
制造	碳资产	碳计划	配额管理
			履约管理
			碳捕集、利用与封存（CCUS）管理
		碳足迹	排放管理
			监测报告核查（MRV）
		碳减排	碳平衡
			技术减碳
		碳交易	交易计划
			交易结算
	采购	供应商	基础信息
			准入退出
			短名单
			绩效评估
		采购	采购需求
			采购计划
			采购寻源
			合同管理
			监造管理
			调剂调拨
	物流	网络	网络布局
		物流	计划管理
			发货管理
			运输管理
			仓储管理
			结算管理
	销售	产品	产品信息
			产品审批
		市场	市场研究
			营销策划
			产品宣传

续表

能力要素	能力域	能力子域	关键业务
制造	销售	销售执行	计划管理
			价格管理
			渠道管理
			合同管理
			结算管理
			贸易管理
			统计分析
		客户	客户信息
			资质准入
			客户关系
			客户评价
	服务	客户服务	质量跟踪
			技术交流
			现场支持
			投诉处理
			电商服务
			出口服务
			资源回收
品牌	创建	品牌设计	品牌架构
			品牌定位
			品牌理念
			品牌形象
		品牌建设	品牌规划
			品牌组织
			品牌考核
	传播	品牌传播	传播策略
			传播内容
			传播途径
		品牌价值	品牌评价
			品牌保护

续表

能力要素	能力域	能力子域	关键业务
应急准备与响应	预案	预案体系	综合应急预案管理
			专项应急预案管理
			现场处置方案管理
		应急演练	桌面推演
			预案演练
		预案修订	预案修订
	值守	战备执勤	应急能力建设
			装备保养检查
		值班值守	领导带班
			干部值班
	资源	内部资源	应急救援装备
			应急救援设施
			应急救援物资
		外协资源	医疗机构
			社会消防力量
		案例资源	案例管理
	消防救援	消防管理	消防宣传
			消防安全检查
			消防演练
		救援抢险	制定救援方案
			救援抢险作业
	响应	通信保障	通信保障
		信息报告	信息接报
			信息处置
			研判分析
			辅助决策
		预警	预警启动
			响应准备
			预警解除
		响应启动	应急会议
			协同指挥

续表

能力要素	能力域	能力子域	关键业务
应急准备与响应	响应	信息发布	新闻发布
			舆情监测
		响应终止	响应终止
		应急恢复	善后处置
			恢复生产

以下按三个层次,从能力要素、能力域、能力子域、关键业务、关键活动对智慧化工业务架构进行逐层详细描述。

5.2 规划发展

规划发展细分的能力域、能力子域、关键业务、关键活动总体上与国能信息化总体规划业务架构保持一致。

5.3 管理控制

管理控制细分的能力域、能力子域、关键业务、关键活动与国能信息化总体规划业务架构保持一致,智慧化工对人员、技术、资源三个能力要素进行专项描述。

5.3.1 人员

人员能力要素包括能力域3项,能力子域4项,关键业务10项。

其中,组织战略能力域包括能力子域1项,关键业务4项;人员技能能力域包括能力子域1项,关键业务4项;职业健康能力域包括能力子域2项,关键业务2项。

5.3.1.1 组织战略

组织战略能力域（图5-3）是指：通过对组织、技术、资源、资金和人才的全方位规划，使智慧化发展成为整个组织的战略共识，并通过监控和评测，保证智能化战略的持续优化。能力子域描述如图5-3所示。

图5-3　组织战略能力域、能力子域及关键业务图

5.3.1.1.1 组织战略

组织战略能力子域是指：通过对组织、技术、资源、资金和人才的全方位规划，使智慧化发展成为整个组织的战略共识，并通过监控和评测，保证智能化战略的持续优化。包含组织建设、战略规划、战略执行、战略评测四项关键业务。

- 组织建设

组织建设业务主要包括：建立数字化组织、设置关键岗位、明确岗位职责、持续优化组织与岗位。

- 战略规划

战略规划业务主要包括：制定智能制造发展战略规划。

- 战略执行

战略执行业务主要包括：项目投资、项目实施。

- 战略评测

战略评测业务主要包括：智能制造战略执行监控、评测、优化与调整。

5.3.1.2 人员技能

人员技能能力域（图5-4）是指：通过塑造员工智能化意识、引入和培养智能化人才、持续学习等措施，塑造团队智能化技能，并进行数字化和软件化呈现，形成团队知识。能力子域描述如图5-4所示。

人员技能				
人员技能				
人才培养	团队成长	创新机制	知识体系

图5-4 人员技能能力域、能力子域及关键业务图

5.3.1.2.1 人员技能

人员技能能力子域是指：通过塑造员工智能化意识、引入和培养智能化人才、持续学习等措施，塑造团队智能化技能，并进行数字化和软件化呈现，形成团队知识。包含人员人才培养、团队成长、创新机制、知识体系四项关键业务。

- 人才培养

  人才培养业务主要包括：培养人才、引进人才、人才培训。

- 团队成长

  团队成长业务主要包括：团队设立、团队建设。

- 创新机制

  创新机制业务主要包括：技术创新、管理创新。

- 知识体系

  知识体系业务主要包括：沉淀知识与经验、知识分析与应用、知识传播、知识数字化与软件化。

5.3.1.3 职业健康

职业健康能力域（图5-5）是指：对从事接触职业病危害因素作业的员工进行职业健康监护，以保护职工的身体健康和生命安全。能力

职业健康	
健康监护	职业病报告
健康体检	职业病报告

图5-5 职业健康能力域、能力子域及关键业务图

子域描述如图5-5所示。

5.3.1.3.1 健康监护

健康监护能力子域是指：以预防为目的，对职业危害因素和接触危害因素人员的健康状况进行系统的检查和分析，从而发现早期健康损害的重要措施，包括健康体检关键业务。

- 健康体检

健康体检业务主要包括：健康检查计划、女工保护、职业禁忌职工保护、健康受损职工保护等。

5.3.1.3.2 职业病报告

职业病报告能力子域是指：发现职业病病人或疑似职业病病人，及时向有关部门及集团公司报告。

- 职业病报告

职业病报告业务主要包括：向政府有关部门、集团公司报告，建立台账，病人安置。

5.3.2 技术

技术能力要素包括能力域3项，能力子域3项，关键业务12项。

其中，数据能力域包括能力子域1项，关键业务5项；集成能力域包括能力子域1项，关键业务3项；信息安全能力域包括能力子域1项，关键业务4项。

5.3.2.1 数据

数据能力域（图5-6）是指：通过建立数据中心，实现对各业务领域数据的标准化治理、全量采集、处理与共享，利用大数据技术实现数据深度分析，最大化发挥数据资产保值增值能力。能力子域描述如图5-6所示。

图 5-6　数据能力域、能力子域及关键业务图

5.3.2.1.1　数据

数据能力子域是指：包含数据治理、数据采集、数据分析、数据共享、数据中心五项关键业务。

- 数据治理

数据治理业务主要包括：建立管理制度、数据标准、统一数据治理平台管理、数据资产目录盘点、数据资产服务。

- 数据采集

数据采集业务主要包括：手动采集、识别码采集、传感数据采集。

- 数据分析

数据分析业务主要包括：经验分析、模型分析、大数据分析、预测与预警、决策支持、实时优化。

- 数据共享

数据共享业务主要包括：部门内在线共享、跨部门在线共享、工业互联。

- 数据中心

数据中心业务主要包括：数据采集、数据存储、数据计算、数据交换、数据安全。

5.3.2.2　集成

集成能力域（图5-7）是指：通过强化集成意识，实现从集成规划到数据集成，构建高度一体化的智能化应用集成能力。能力子域描述如图5-7所示。

图 5-7 集成能力域、能力子域及关键业务图

5.3.2.2.1 集成

集成能力子域是指：包含集成规划、技术规范、应用集成三项关键业务。

- 集成规划

集成规划业务主要包括：制定集成规划、制定集成架构。

- 技术规范

技术规范业务主要包括：制定集成技术规范。

- 应用集成

应用集成业务主要包括：集成业务、集成设备、集成系统。

5.3.2.3 信息安全

信息安全能力域（图 5-8）是指：通过建立信息安全专业组织，推动信息及工控安全规范化管理，通过安全的设备、安全的技术防护以及安全测试等实现安全事件预警和应急处理。能力子域描述如图 5-8 所示。

图 5-8 信息安全能力域、能力子域及关键业务图

5.3.2.3.1 信息安全

信息安全能力子域是指：包含组织与规范、安全设备与软件、安全防护、安全评估四项关键业务。

- 组织与规范

组织与规范业务主要包括：组建信息安全协调小组，制定安全管理规范并有效执行。

- 安全设备与软件

安全设备与软件业务主要包括：工业主机安装防病毒软件，定期安全配置与补丁，在工业网络安装深度包解析功能设备。

- 安全防护

安全防护业务主要包括：边界防护、远程访问与加固、具备自学习自优化功能防护。

- 安全评估

安全评估业务主要包括：定期评估关键工控系统信息安全风险，自建离线环境对工控现场设备进行安全性测试。

5.3.3 资源

资源能力要素包括能力域2项，能力子域2项，关键业务8项。

其中，装备能力域包括能力子域1项，关键业务4项；网络能力域包括能力子域1项，关键业务4项。

5.3.3.1 装备

装备能力域（图5-9）是指：通过大量采用智能生产装备和物联网终端设备，实现对装备动态状态和静态信息的全量采集和大数据分析，提升装备自适应及自决策能力，保证装备长期稳定高效运行。能力子域描述如图5-9所示。

图5-9 装备能力域、能力子域及关键业务图

5.3.3.1.1 装备

装备能力子域是指：包含智能装备、标准通信接口、监测预警和工业数据分析四项关键业务。

- 智能装备

智能装备业务主要包括：对关键工序应用自动化设备、编制技改方案、应用数字化设备，实现数据管理模拟加工和图形化编程功能，实现预测分析维护功能，设备与模型信息实施互联，基于工业数据分析实现自适应、自优化、自控制。

- 标准通信接口

标准通信接口业务主要包括：对关键工序设备建立标准通信接口。

- 监测预警

监测预警业务主要包括：关键工序设备远程监测与诊断，实现实时故障预警。

- 工业数据分析

工业数据分析业务主要包括：建立关键工序设备的三维模型库，开展装备大数据分析。

5.3.3.2 网络

网络能力域（图5-10）是指：通过办公网、控制网实现信息通信全覆盖，建立安全隔离，建立敏捷网络，确保网络运行管理的安全性、可扩展和灵活优化。能力子域描述如图5-10所示。

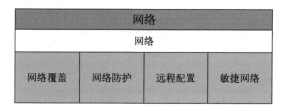

图5-10 网络能力域、能力子域及关键业务图

5.3.3.2.1 网络

网络能力子域是指：包括网络覆盖、网络防护、远程配置和敏捷网络四项关键业务。

- 网络覆盖

网络覆盖业务主要包括：办公网络覆盖、工控网络和生产网络覆盖。

- 网络防护

网络防护业务主要包括：工控网、生产网和管理网防护（安全隔离、授权访问等）。

- 远程配置

远程配置业务主要包括：远程可配置，带宽、规模和关键节点可扩展可升级。

- 敏捷网络

敏捷网络业务主要包括：关键业务数据传输完整性管理，网络资源敏捷优化可配置。

5.4 业务运营

5.4.1 制造

制造能力要素（表5-3）包括能力域18项，能力子域63项，关键业务238项。

表5-3 制造能力要素、能力域和子域、关键业务列表

能力域	能力子域（项数）	关键业务（项数）
职业卫生	3	8
班组建设	1	3
承包商安全管理	1	4
研发	2	6
项目	7	29
生产	6	18

续表

能力域	能力子域（项数）	关键业务（项数）
工艺	3	11
技术监督	1	4
安全	7	38
环保	5	14
质量	4	13
能源	3	9
设备	7	33
碳资产	4	9
采购	2	10
物流	2	6
销售	4	16
服务	1	7

5.4.1.1 职业卫生

职业卫生能力域（图5-11）是指：为严控职业危害因素、预防和控制职业病发生采取的管理措施手段。主要包含职业病防治、劳动保护、危害因素监测评价三个能力子域。能力子域描述如图5-11所示。

职业卫生							
职业病防治				劳动保护		危害因素监测评价	
防治计划	危害警示告知	宣传教育培训	危害申报	防护用品	防护设施	危害因素监测	危害现状评价

图5-11 职业卫生能力域、能力子域及关键业务图

5.4.1.1.1 职业病防治

职业病防治能力子域是指：为防止职业病发病或发展而采取的一系列技术或管理措施，包括防治计划、危害警示告知、宣传教育培训、危害申报四项关键业务。

● 防治计划

防治计划业务主要包括：计划编制、审批、发布。

- 危害警示告知

危害警示告知业务主要包括：职业危害现场警示、职业危害告知。

- 宣传教育培训

宣传教育培训业务主要包括：培训计划、培训记录、培训考核、培训档案管理。

- 危害申报

危害申报业务主要包括：申报、申报变更。

5.4.1.1.2 劳动保护

劳动保护能力子域是指：为保护劳动者在生产过程中免遭或减轻事故伤害或职业危害所采取的劳动保护措施，包括防护用品和防护设施两项关键业务。

- 防护用品

防护用品业务主要包括：需求计划、保管、发放、登记、回收、处置、存档。

- 防护设施

防护设施业务主要包括：需求计划、保管、建立台账、维护保养。

5.4.1.1.3 危害因素监测评价

危害因素监测评价能力子域是指：定期对职业病危害因素进行调查、分析、统计，以确定生产过程、生产环境和劳动过程中存在的职业病危害因素。包括危害因素监测和危害现状评价两项关键业务。

- 危害因素监测

危害因素监测业务主要包括：职业病危害因素辨识、监测计划、监测实施、监测报告、结果公示。

- 危害现状评价

危害现状评价业务主要包括：监测结果分析评价，存档、报备，采取治理措施。

5.4.1.2 班组建设

班组建设能力域（图5-12）是指：生产单位班组中开展以"安全健康环保、技术技能优秀、文明进步和谐"为目标的星级班组建设，加强基层、基础、基本功建设，为职工搭建不断提升技能水平、充分展示自身能力和抱负的平台。包含班组建设能力子域。能力子域描述如图5-12所示。

图5-12 班组建设能力域、能力子域及关键业务图

5.4.1.2.1 班组建设

班组建设能力子域是指：提升班组管理水平、班组员工和班组整体素质，增强班组团队的学习能力、创新能力、实践能力，切实加强基础管理，实现员工与企业的和谐发展、共同进步，确保班组高效能的一系列工作。包含安全健康环保、技术技能优秀、文明进步和谐三项关键业务。

● 安全健康环保

安全健康环保业务主要包括：安全生产责任制、措施与计划、安全活动、安规考试、特种作业证、交接班会、不安全事件、安全检查、学习记录、票证台账。

● 技术技能优秀

技术技能优秀业务主要包括：工作计划和工作总结、操作规程执行、指令联锁报警、运行分析、核算及节能减排、检维修及质量、检修现场、物资、基础台账。

● 文明进步和谐

文明进步和谐业务主要包括：岗位责任制、绩效、考勤、技术、工器具、培训、文化、宣传、政治学习、文体活动、班务会及公开、民主活动。

5.4.1.3 承包商安全管理

承包商安全管理能力域（图5-13）是指：为加强承包商安全管理采取的管理措施手段，包括承包商安全管理能力子域。能力子域描述如图5-13所示。

图5-13 承包商安全管理能力域、能力子域及关键业务图

5.4.1.3.1 承包商安全管理

承包商安全管理能力子域是指：建立承包商安全管理制度，严格承包商资格审查，与承包商签订安全协议；作业前应对入厂的承包商人员开展安全培训教育，对承包商施工方案进行审核，为承包商提供安全作业条件，进行现场安全交底；对承包商作业进行全程安全监管，建立与承包商的沟通机制，定期评估承包商安全业绩，优化承包商资源。包括台账档案、培训教育、安全作业、考核评价四项关键业务。

- 台账档案

台账档案业务主要包括：承包商资质及人员档案、全流程台账管理、建立统一的承包商管理档案。

- 培训教育

培训教育业务主要包括：承包商入场（厂）培训考核、场（厂）内制证发证、持证上岗管理等。

- 安全作业

安全作业业务主要包括：人员出入管理、关键人员变更管理、人员有效性管理、工器具管理、安全检查、应急管理。

- 考核评价

考核评价业务主要包括：承包商要素评价管理、评价制度执行、奖惩考核机制兑现管理等。

5.4.1.4 研发

研发能力域（图5-14）是指：为适应市场与客户需求等设计开发的新技术和新产品，并通过一系列实验、试生产、试应用达到工业化规模化生产、应用推广普及的过程。能力子域描述如图5-14所示。

研发					
新技术研发			新产品开发		
实验室验证	中试验证	工艺包编制	开发方案策划	试生产	质量认证

图5-14 研发能力域、能力子域及关键业务图

5.4.1.4.1 新技术研发

新技术研发能力子域是指：开展新应用技术开发的过程。是研发人员或研发机构根据市场现实或潜在的需求，通过一定的材料和技术路线，采用适当的方法和手段，开发出具有能更好地满足市场需求的新技术。包括实验室验证、中试验证、工艺包编制三项关键业务。

- 实验室验证

实验室验证业务主要包括：市场需求调研、技术问题定义、实验方案设计、实验平台搭建、技术指标验证测试。在实验方案设计与技术指标验证测试中可借助分子模拟、量化计算或工艺模拟等手段协助进行。

- 中试验证

中试验证业务主要包括：中试方案设计、中试平台搭建、技术指标中试验证。

- 工艺包编制

工艺包编制业务主要包括：说明书、工艺流程图（PFD）、初版管道仪表流程图（P&ID）、建议的设备布置图、工艺设备一览表、工艺设备数据表、能流图、催化剂及化学品汇总表、取样点汇总表、材料手册（需要

时)、安全手册(包括职业卫生、安全和环保),操作手册(包括分析手册)、物性数据手册以及有关的计算书。

5.4.1.4.2 新产品开发

新产品开发能力子域是指:基于市场需求通过新产品方案的设计生产出新产品的过程。包括开发方案策划、试生产、质量认证三项关键业务。

- 开发方案策划

开发方案策划业务主要包括:新产品市场需求调研分析、新产品方案设计、生产方案编制。

- 试生产

试生产业务主要包括:新产品生产线工艺技术的优化调整、新产品质量过程控制、生产异常情况的总结。

- 质量认证

质量认证业务主要包括:新产品质量标准的建立、新产品进入市场的认证、新产品的试销准备等。

5.4.1.5 项目

项目能力域(图5-15)是指:对新(扩)建项目及技改项目进行设计、工程建设等活动开展的全过程全要素管理。能力子域描述如图5-15所示。

项目																											
项目前期	项目设计			招标与采购			项目建设									三同时				生产准备		试车					
初步可行性研究	可行性研究	初步设计(基础工程设计)	施工图(详细工程设计)	设计数字化成果	招标及合同	采购	出入库	总体计划	施工组织	安全	质量	造价	工期	变更	竣工决算	竣工验收	消防"三同时"	安全"三同时"	环保"三同时"	职业卫生"三同时"	生产条件准备	工程收尾	装置首次开车安全	单机车工试车及工程中交	联动试车	投料试车	性能考核	移交生产

图5-15 项目能力域、能力子域及关键业务图

5.4.1.5.1 项目前期

项目前期能力子域是指:项目建设前的一系列确定投资方向或领域,进行项目选择、项目立项、投资决策等管理活动与内容。包括初步可行性

研究、可行性研究两项关键业务。

- 初步可行性研究

初步可行性研究业务主要包括：报告编制、审核、提交、立项审查、立项决策、立项批复、依法合规手续办理、文件归档。

- 可行性研究

可行性研究业务主要包括：报告编制、审核、提交、可研审查、投资决策、投资批复、依法合规手续办理、文件归档。

5.4.1.5.2 项目设计

项目设计能力子域是指：为项目建设前开展的基础设计、施工图设计及数字化设计移交管理等。包括初步设计、施工图、设计数字化成果三项关键业务。

- 初步设计（基础工程设计）

初步设计（基础工程设计）业务主要包括：文件编制、审核、提交、审查、批复、文件归档，依法合规手续办理。

- 施工图（详细工程设计）

施工图（详细工程设计）业务主要包括：出图计划、出图质量管理、变更管理、图纸移交、图纸借阅、图纸归档（含施工图、竣工图）。

- 设计数字化成果

设计数字化成果业务主要包括：数字化设计、审核、评审、交底、移交；虚拟工厂设计、审查、评审、交底、移交。

5.4.1.5.3 招标与采购

招标与采购能力子域是指：项目建设周期中对工程建设承包方、建设物资设备与服务等开展的招标与采购工作。包括招标及合同、采购、出入库三项关键业务。

- 招标及合同

招标及合同业务主要包括：合同包划分原则、非招标及招标文件编制、审核、开标、评标及归档、合同编制、审核、签订、执行、变更及归档。

- 采购

采购业务主要包括：采购原则制定、供应商寻源、出厂检验、到货验收。

- 出入库

出入库业务主要包括：物资清点、入库、保管、出库。

5.4.1.5.4 项目建设

项目建设能力子域是指：从项目开工到项目竣工验收等环节，开展的全过程、全要素管理活动，确保项目建设的安全高效完成。包括总体计划、施工组织、安全、质量、造价、工期、变更、竣工决算和竣工验收九项关键业务。

- 总体计划

总体计划业务主要包括：总体网络计划、图纸交付、设备材料交货、资金、人员、机械到位计划等。

- 施工组织

施工组织业务主要包括：施工管理组织机构建立，施工策划、施工方案编制及审批，现场开工条件确认，开工审批，承包商及服务商管理。

- 安全

安全业务主要包括：安全风险预控管理体系的建立及审批，项目专职安全机构的建立，安全生产责任制的落实，管理资源的配置，安全培训，危险源辨识与动态管控，应急预案与应急演练，考核及奖罚，环境及职业危害管理。

- 质量

质量业务主要包括：质量控制体系建立及审批、质量计划及质量控制点的建立及审批，过程控制、监督检查、考核、验收。

- 造价

  造价业务主要包括：预算、概算编制及审查，造价分析，结算管理。

- 工期

  工期业务主要包括：进度计划编制、跟踪、预警及纠偏。

- 变更

  变更业务主要包括：变更申请、审查、审批。

- 竣工决算

  竣工决算业务主要包括：融资筹划、资金计划管理、税务管理、费用审批、资产管理、竣工决算。

- 竣工验收

  竣工验收业务主要包括：财务决算审计、专项验收、竣工验收。

5.4.1.5.5 三同时

三同时能力子域是指：建设项目中安全设施、环保设施、消防设施、职业病防护设施，应当与主体工程同时设计、同时施工、同时投产使用。包括消防"三同时"、安全"三同时"、环保"三同时"、职业卫生"三同时"四项关键业务。

- 消防"三同时"

  消防"三同时"业务主要包括：经费纳入概算，消防专篇编制、提交、审批，消防设施与主体工程同时设计、施工建设并接受检查监督，试生产，专项验收，投产。

- 安全"三同时"

  安全"三同时"业务主要包括：经费纳入概算，安全专篇编制、提交、审批，安全设施与主体工程同时设计、施工建设并接受检查监督，试生产，专项验收，投产。

- 环保"三同时"

  环保"三同时"业务主要包括：经费纳入概算，环保专篇编制、提交、审批，环保设施与主体工程同时设计、施工建设并接受检查监督，试生产，专项验收，投产。

- 职业卫生"三同时"

职业卫生"三同时"业务主要包括：经费纳入概算，职业病危害防护设施设计专篇编制、提交、审批，职业病防护设施与主体工程同时设计、施工建设并接受检查监督，试生产，专项验收，投产。

5.4.1.5.6 生产准备

生产准备能力子域是指：项目建设末期，通过开展一系列与生产运营紧密相关的准备活动，确保项目建设全部符合生产要求，并实现从项目建设向生产期的过渡。包括生产条件准备、工程收尾两项关键业务。

- 生产条件准备

生产条件准备业务主要包括：生产准备工作纲要编制、审查、审批及归档；人员准备、技术准备、物资准备、资金准备、营销准备、外部条件准备。

- 工程收尾

工程收尾业务主要包括：清理未完工程和工程尾项，整改消缺，开展"三查四定"。

5.4.1.5.7 试车

试车能力子域是指：装配、安装、修理完毕的机器设备，在投入使用或生产前进行的试运转。包括装置首次开车安全、单机试车及工程中交、联动试车、投料试车、性能考核、移交生产六项关键业务。

- 装置首次开车安全

装置首次开车安全业务包括吹扫、清洗、气密(压力)试验安全、单机试车安全、联动试车安全、开车前安全审查、投料试车安全。

- 单机试车及工程中交

单机试车及工程中交业务主要包括：单机试车方案编制、确认，成立试车小组，开展试车，试车记录填写、存档；中交条件检查、确认，完成工程实物量、资料、调试记录、专用工具、备品备件、材料等交接，签订中交协议书。

- 联动试车

联动试车业务主要包括：联动试车条件检查、确认，联动试车方案编制，联动试车实施。

- 投料试车

投料试车业务主要包括：联动试车完成，投料试车条件检查、确认，投料试车方案编制，投料试车实施。

- 性能考核

性能考核业务主要包括：性能考核准备，性能考核实施，考核评价报告编制，生产遗留问题处理，总结、备案、归档。

- 移交生产

移交生产业务主要包括：固定资产清册的编制及审查，资产移交。

5.4.1.6 生产

生产能力域（图5-16）是指：把一些反映生产调度规律性的、行之有效的例行工作方法制度化，通过计划、组织、协调、控制等管理活动，以指导调度工作的有效开展，以达到安全、稳定、清洁的生产目标要求。包含计划与统计、生产调度、生产作业、经营对标、绩效评价、仓储配送、班组建设等能力子域。能力子域描述如图5-16所示。

生产																	
计划与统计		生产调度	生产作业			经营对标					绩效评价			仓储配送			
生产计划	统计分析	生产调度	常规作业	异常操作	特殊作业	经济竞争力对标	盈利能力对标	企业现金能力对标	资产运营效率对标	成本指标对标	能耗指标	绩效分配	考核评价	仓库信息	出入库	储存管理	拣货管理

图5-16 生产能力域、能力子域及关键业务图

5.4.1.6.1 计划与统计

计划与统计能力子域是指：编制并发布公司生产计划，统计分析生产数据，确保公司生产工作平稳、有序开展。包括生产计划与统计分析两项关键业务。

● 生产计划

生产计划业务主要包括：生产年计划、月计划、周计划、日计划；用煤年计划、月计划、周计划、日计划；年度检修计划。生产计划完成率、同比、环比完成情况。

● 统计分析

统计分析业务主要包括：产品产量、销量、各类原辅料消耗日统计、月统计、年统计。

5.4.1.6.2 生产调度

生产调度能力子域是指：及时掌握公司生产动态信息，及时发现并协调解决生产运行中存在的问题，抓好开停工管理等工作。

● 生产调度

生产调度业务主要包括：调度人员与值班管理、调度交接班管理、调度令管理、日常调度报表；组织参加调度相关会议。生产异常工况的报警、记录与异常处置程序的响应，异常工况装置恢复的调度协调。

5.4.1.6.3 生产作业

生产作业能力子域是指：对企业生产运行过程作业活动进行管控的过程，包括常规作业、异常操作和特殊作业三项重点业务。

● 常规作业

常规作业业务主要包括：岗位操作法制修订、发布与实施，员工岗位操作培训与实操，操作过程记录、检查与考核，交接班管理，岗位巡检管理等。正常开停工方案编制与审批，正常开停工过程组织实施，异常工况下的岗位应急处置。

- 异常操作

异常操作业务主要包括：停水、电、汽、风等异常状态下处置方案编制、审批，异常工况下的岗位应急处置。

- 特殊作业

特殊作业业务主要包括：特殊作业方案编制与审批，特殊作业前生产工艺交出、特殊作业的组织实施。

5.4.1.6.4 经营对标

经营对标能力子域是指：生产过程中的经济性、财务性等指标开展的对标活动。包括经济竞争力对标、盈利能力对标、企业现金能力对标、资产运营效率对标、成本指标对标五项关键业务。

- 经济竞争力对标

经济竞争力对标业务主要包括：吨产品毛利润、吨产品净利润、吨产品综合销售收入、吨产品完全成本、毛利率、净利率、营业收入利润率、全员劳动生产率、人均利润率、人均净利润、人均营收等经营竞争类指标对标。

- 盈利能力对标

盈利能力对标业务主要包括：资产负债率、利息保障倍数、成本费用率、营业利润率、净资产收益率、利润总额、净利润、总资产利润率等指标对标。

- 企业现金能力对标

企业现金能力对标业务主要包括：自由现金流、现金回收率、流动比率、速动比率、现金比率、营运资本比率、研发投入强度等指标对标。

- 资产运营效率对标

资产运营效率对标业务主要包括：总资产周转率、固定资产周转率、存货周转天数等指标对标。

- 成本指标对标

成本指标对标业务主要包括：重点开展原辅料生产成本、修理费、管理费用、财务费用、折旧及摊销等指标对标。

5.4.1.6.5 绩效评价

绩效评价能力子域是指：建立不同阶段、不同层级（集团对子分公司的一级绩效组织，子分公司对生产企业的二级绩效组织，生产企业对车间的三级绩效组织，车间对班组的四级绩效组织，生产企业、车间、班组对员工的岗位绩效等五个绩效管理层级）的考核评价指标、进行考核并兑现绩效分配。包括能耗指标、绩效分配、考核评价三项关键业务。

- 能耗指标

能耗指标业务主要包括：关键业绩指标考核办法、绩效考评算法模型、考核细则制定、下达。

- 绩效分配

绩效分配业务主要包括：不同阶段、不同层级考核指标目标值下达。

- 考核评价

考核评价业务主要包括：不同阶段、不同层级考核评价、打分。

5.4.1.6.6 仓储配送

仓储配送能力子域是指：厂区内的工厂来料、备品备件、生产物资、生产产品、特种化学品和危险品的储存及配送管理。包括：仓库信息、出入库、储存管理、拣货管理四项关键业务。

- 仓库信息

仓库信息业务主要包括：仓库名称、面积、储存方式、物资类别。

- 出入库

出入库业务主要包括：物资计量（过磅）、卸货、拆包、清点、质量检测、入库验收、单据管理。领用需求、出库（配送）计划、出库（配送）执行、退库管理、单据管理。

- 储存管理

储存管理业务主要包括：台账建立、应急储备、联储共备、代储、货品保养、货品移动、清查盘点、损耗处理。消耗定额、储备定额、闲置物资管理与利用、废旧物资管理与处置。

- 拣货管理

拣货管理业务主要包括：动态分拣、拣货确认、审批。

5.4.1.7 工艺

工艺能力域（图5-17）是指：对生产过程中涉及的工艺技术活动进行管理的过程，主要包括工艺技术、化工"三剂"、对标分析等工作。能力子域描述如图5-17所示。

工艺										
工艺技术						化工"三剂"			对标分析	
工艺技术规程	工艺卡片	工艺标定	工艺变更	工艺联锁	工艺台账	技术准入管理	计划与统计	使用性能	工艺技术运行分析	对标分析

图5-17 工艺能力域、能力子域及关键业务图

5.4.1.7.1 工艺技术

工艺技术能力子域是指：对生产过程重要工艺技术活动进行管理，包括工艺技术规程、工艺卡片、工艺标定、工艺变更、工艺联锁和工艺台账六项关键业务。

- 工艺技术规程

工艺技术规程业务主要包括：工艺技术规程制修订、发布与实施。

- 工艺卡片

工艺卡片业务主要包括：工艺卡片制修订、发布与实施。

- 工艺标定

工艺标定业务主要包括：工艺标定计划、工艺标定方案、工艺标定执行。

- 工艺变更

工艺变更业务主要包括：对原辅材料和介质变更、工艺路线变更、公

用工程变更、生产能力变更等进行管理。

- 工艺联锁

工艺联锁业务主要包括：工艺联锁清单管理、投切、工艺联锁变更、工艺联锁修订、工艺联锁监控、工艺联锁调校等管理。

- 工艺台账

工艺台账业务主要包括：建立工艺运行参数、工艺考核、技改、工艺指标变更等工艺台账。

5.4.1.7.2 化工"三剂"

化工"三剂"能力子域是指：对化工"三剂"的技术准入、计划与统计、使用性能等活动进行管理。包括技术准入管理、计划与统计、使用性能三项关键业务。

- 技术准入管理

技术准入管理业务主要包括：建立重点"三剂"技术准入条件、强化"三剂"质量管理。

- 计划与统计

计划与统计业务主要包括：重点"三剂"年度使用计划管理、"三剂"使用量统计分析。

- 使用性能

使用性能业务主要包括：重点"三剂"研发与国产化试用、使用性能评价、废弃"三剂"处置等。

5.4.1.7.3 对标分析

对标分析能力子域是指：对生产装置工艺技术数据进行对标与分析等。包括工艺技术运行分析、对标分析两项关键业务。

- 工艺技术运行分析

工艺技术运行分析业务主要包括：对项目运行的工艺技术情况进行月度、季度、年度分析等活动。

- 对标分析

对标分析业务主要包括：开展同类型装置原辅料消耗指标、能耗指标、碳排放指标等对标分析，提升项目运行质量。

5.4.1.8 技术监督

技术监督能力域（图5-18）是指：在化工产业全过程管理中，利用先进测量手段以及管理方法，对装置设施设备的建设和运行状况进行的监督、检查、检测、评价和调整，监督专业共包括化工工艺和热电中心两部分，其中，化工工艺部分包括煤质、水质、金属、电气等59个专业，热电中心部分包括热工、汽水等17个专业。能力子域描述如图5-18所示。

图 5-18　技术监督能力域、能力子域及关键业务图

5.4.1.8.1 技术监督

技术监督能力子域是指：化工产业全过程管理中，利用先进测量手段以及管理方法，对装置设施设备的建设和运行状况进行的监督、检查、检测、评价和调整。包含专业监督及技术支持、双重预防机制专业监督、检查评价、在线监测四项关键业务。

- 专业监督及技术支持

专业监督及技术支持业务主要包括：专业监督、技术支持、计划编制、重大技术问题、告警、技术培训、再监督服务。

- 双重预防机制专业监督

双重预防机制专业监督业务主要包括：风险、隐患和问题排查专业监督，风险辨识、评价、控制和监控的全过程监督，隐患的排查和治理全过程监督。

- 检查评价

检查评价业务主要包括：监督项目检查、定期工作核查、监督评价、问题的闭环整改。

- 在线监测

在线监测业务主要包括：在线监测点、重点指标历史曲线、各专业自动告警。

5.4.1.9 安全

安全能力域（图5-19）是指：通过全方位的人防、技防、物防措施，把安全生产贯穿到企业生产经营全过程，严防风险演变、隐患升级导致安全事故发生。包含本质安全、风险管理、重大危险源、危险化学品、作业许可、公共安全防卫、体系审核与持续改进七个能力子域。能力子域描述如图5-19所示。

安全																																	
本质安全												风险管理		重大危险源		危险化学品					作业许可								公共安全防卫				体系审核与持续改进			
安全领导力	安全生产责任制	安全合规性管理	安全生产信息管理	安全制度体系（法律、标准、规范）	安全教育、培训和能力建设	装置安全规划与设计	安全生产投入	安全监控	设备变更	事故事件管理	安全文化建设	风险分级管控	隐患排查治理	重大危险源辨识评估及备案	重大危险源监测监控	危化品信息登记	危化品生产管理	危化品使用管理	危化品储存管理	危化品运输管理	动火作业	受限空间作业	吊装作业	盲板抽堵作业	高处作业	断路作业	动土作业	临时用电作业	安保管理	门禁管理	报警管理	反恐防爆	要素审核	体系评审	绩效考核	外部审计

图5-19 安全能力域、能力子域及关键业务图

5.4.1.9.1 本质安全

本质安全基础能力子域是指：围绕安全生产开展的基础管理内容，包括安全领导力、安全生产责任制、安全生产合规性管理、安全生产信息管理、安全制度体系、安全教育、培训和能力建设、装置安全规划与设计、安全生产投入、安全监控、设备变更、事故事件管理、安全文化等十二项

关键业务。

- 安全领导力

安全领导力业务主要包括：安全指导、安全关怀、安全控制。

- 安全生产责任制

安全生产责任制业务主要包括：责任制的制定与修订、审批与执行、培训管理、绩效管理与奖惩兑现等。

- 安全合规性管理

安全生产合规性管理业务包括建立合规性制度、法律法规标准规范及其他法定要求的识别、获取、公布、执行与培训、合规性审核评价等。

- 安全生产信息管理

安全生产信息管理业务包括化学品危险性信息、工艺危险性信息、工艺技术信息、设备设施信息和其他安全信息管理。

- 安全制度体系

制度体系业务主要包括：法律法规标准文件收集查询、标准库维护更新、制度计划管理、制修订管理、文本有效性管理、培训与执行等。

- 安全教育、培训和能力建设

安全教育、培训和能力建设业务包括确定培训需求、编制培训计划、对培训资源建设与管理、课程设置、培训活动及人员管理、培训效果评估、履职能力评估等。

- 装置安全规划与设计

装置安全规划与设计业务包括项目前期和设计阶段开展危害辨识、定量风险评价（QRA）、反应安全风险评估、危险与可操作性分析（HAZOP）、按照标准设计确定装备自动化控制系统、安全仪表系统、供配电系统、气体检测报警系统、火灾自动报警设施等。

- 安全生产投入

安全生产投入业务主要包括：安全生产费用计提与使用计划、资金使用及结算记录、计划外资金审批与执行等。

- 安全监控

安全监控业务主要包括：视频监测分析及智能预警管理、智能卡口管理、各类安全报警实时管理、电子围栏管理、人员 GPS 定位管理、安全监控事故调查与监察管理等。

- 设备变更

设备变更业务主要包括：申请、审批、评估、验收。

- 事故事件管理

事故事件管理业务主要包括：事故事件分类分级管理、上报程序管理、事故调查与处理、事故"四不放过"核查与落实、事故反思与持续改进等。

- 安全文化建设

安全文化建设包括树立安全价值观、创建安全文化载体、提升全员风险意识、完善安全生产规章制度、提高安全执行力、规范安全行为、强化团队建设、建立学习型组织、卓越安全文化等。

5.4.1.9.2　风险管理

风险管理能力子域是指：风险分级管控和隐患排查治理双重预防管理机制，包括风险分级管控和隐患排查治理两项关键业务。

- 风险分级管控

风险分级管控业务主要包括：风险辨识与评估、风险评价方法管理与应用、风险分级管理程序与动态更新、高度风险管控方案制修订与执行、各类风险削减措施执行与落实等。

- 隐患排查治理

隐患排查治理业务主要包括：隐患排查计划、隐患排查组织及方法管理、隐患等级评定与确认、隐患分级管理、"五定"治理与验收等。

5.4.1.9.3　重大危险源

重大危险源能力子域是指：为防控依据 GB 18218—2018《危险化学品

重大危险源辨识》评定的重大危险源安全风险所采取的安全管控措施，包括重大危险源辨识评估及备案、重大危险源监测监控、重大危险源管控三项关键业务。

- 重大危险源辨识评估及备案

重大危险源辨识评估及备案业务主要包括：重大危险源辨识与评估、重大危险源政府备案及回执管理等。

- 重大危险源监测监控

重大危险源监测监控业务主要包括：重大危险源DCS数据监测、视频监控、报警预警、联动智能处置与应急处置等。

- 重大危险源管控

重大危险源管控业务主要包括：重大危险源档案管理、检查计划与执行管理、隐患排查治理、各类作业升级管控、人员及车辆出入管理、防静电防电磁管理等。

5.4.1.9.4 危险化学品

危险化学品能力子域是指：对危险化学品采取的全过程、多环节、全周期闭环管理，包括危化品信息登记、危化品生产管理、危化品使用管理、危化品储存管理、危化品运输管理五项关键业务。

- 危化品信息登记

危化品信息登记业务主要包括：信息记录填报、审批、备案等。

- 危化品生产管理

危化品生产管理业务主要包括：化学品安全技术说明书（MSDS）管理、生产工艺控制及过程安全管理、漏点管理、依法持证生产管理、检修计划与执行管理、危化品出入库管理、装卸车管理、安全检查管理等。

- 危化品使用管理

危化品使用管理业务主要包括：MSDS管理、危化品采购管理、出入库管理、装卸车管理、安全检查管理等。

- 危化品储存管理

危化品储存管理业务主要包括：MSDS管理、"三库"安全管理、计量管理、出入库管理、装卸车管理、安全检查管理等。

- 危化品运输管理

危化品运输管理业务主要包括：MSDS管理、运具安全检查与管理、装卸车管理等。

5.4.1.9.5 作业许可

作业许可能力子域是指：对GB 30871—2022《危险化学品企业特殊作业安全规范》中所涉及的危险化学品八大特殊作业所实施的管理行为，包括动火作业、受限空间作业、吊装作业、盲板抽堵作业、高处作业、断路作业、动土作业、临时用电作业八项关键业务。

- 动火作业

动火作业业务主要包括：作业风险辨识与评价、特殊作业方案编制与审批、作业安全措施制定与落实、作业环境分析、作业票证申请审批、作业过程安全检查、作业后验收关闭等。

- 受限空间作业

受限空间作业业务主要包括：作业风险辨识与评价、特殊作业方案编制与审批、作业安全措施制定与落实、作业环境分析、作业票证申请审批、作业过程安全检查、作业后验收关闭等。

- 吊装作业

吊装作业业务主要包括：作业风险辨识与评价、特殊作业方案编制与审批、安全措施制定与落实、作业票证申请审批、作业过程安全检查、作业后验收关闭等。

- 盲板抽堵作业

盲板抽堵作业业务主要包括：作业风险辨识与评价、安全措施制定与落实、作业票证申请审批、作业过程安全检查、作业后验收关闭等。

- 高处作业

高处作业业务主要包括：作业风险辨识与评价、特殊作业方案编制与审批、安全措施制定与落实、作业票证申请审批、作业过程安全检查、作业后验收关闭等。

- 断路作业

断路作业业务主要包括：作业风险辨识与评价、特殊作业方案编制与审批、安全措施制定与落实、作业票证申请审批、作业过程安全检查、作业后验收关闭等。

- 动土作业

动土作业业务主要包括：作业风险辨识与评价、特殊作业方案编制与审批、安全措施制定与落实、作业票证申请审批、作业过程安全检查、作业后验收关闭等。

- 临时用电作业

临时用电作业业务主要包括：作业风险辨识与评价、安全措施制定与落实、作业票证申请审批、作业过程安全检查、作业后验收关闭等。

5.4.1.9.6 公共安全防卫

公共安全防卫能力子域是指：通过采取一定的技术手段、措施，对所辖区域内的安防设施设备、人员、车辆、卡口进行有效管理，对入侵、盗窃、防暴、恐袭、火灾等影响公共安全的行为进行有效技术防范和戒备。包括安保管理、门禁管理、报警管理、反恐防爆四项关键业务。

- 安保管理

安保管理业务主要包括：人员管理、区域管理、视频监测管理、警情管理、安保检查、隐患治理、演练管理、到岗到位管理、值班管理、电子围栏、智能巡检。

- 门禁管理

门禁管理业务主要包括：门禁权限管理、出入登记、防冲撞管理、防盗管理。

- 报警管理

报警管理业务主要包括：联动报警、入侵报警、SOS报警、靠近报警、超速报警、轨迹异常报警。

- 反恐防爆

反恐防爆业务主要包括：安全检查、人员/车辆定位跟踪。

5.4.1.9.7 体系审核与持续改进

体系审核与持续改进能力域是指：对安全生产体系进行专业化审核，指出问题并持续改进。主要包含管理要素审核、管理体系评审、绩效考核、外部审计等四个能力子域。

- 管理要素审核

管理要素审核业务主要包括明确各管理要素的责任部门、设定审核标准、要素审核。

- 管理体系评审

管理体系评审业务主要包括组织评审、发现不足和缺陷、提出改善建议等。

- 绩效考核

绩效考核业务包括制定衡量安全生产的绩效指标和目标、开展考核评价。

- 外部审计

外部审计业务主要包括聘请第三方机构、查找不足和问题、整改提升等。

5.4.1.10 环保

环保能力域（图5-20）是指：利用科学的环境监测方法、有效的治理措施，确保环保装置正常运行、污染物达标排放、总量可控，防止环境污染事件发生。主要包含环保法律法规标准规范、污染源、环境监测、VOCs治理、生态建设五个能力子域。能力子域描述如图5-20所示。

环保											
环保法律法规标准规范	污染源		环境监测						VOCs治理		生态建设
环保法律法规标准规范	污染源登记	环保设施	环境质量在线监测	污染源在线监测	放射源在线监测	噪声监测	环保装置性能监测	第三方监督性监测	在线监测	评估	治理	生态保护	公共环境安全

图 5-20 环保能力域、能力子域及关键业务图

5.4.1.10.1 环保法律法规标准规范

环保法律法规标准规范能力子域是指：对环境质量标准、污染物排放标准、环保基础标准和环保方法标准等进行管理的行为。

- 环保法律法规标准规范

环保法律法规标准规范业务主要包括：标准收集查询、合规性评价、标准库维护更新等。

5.4.1.10.2 污染源

污染源能力子域是指：造成环境污染的污染物发生源采取的一些管理和技术措施，包括污染源登记、环保设施两项关键业务。

- 污染源登记

污染源登记业务主要包括：污染源填报、审批、登记、备案等。

- 环保设施

环保设施业务主要包括：设施统计、运行、在线检测、开停车备案管理等。

5.4.1.10.3 环境监测

环境监测能力子域是指：为确保环境监测系统的正常运行而开展的一系列人工或自动监测和管理的行为，包括环境质量在线监测、污染源在线监测、放射源在线监测、噪声监测、环保装置性能监测、第三方监督性监测六项关键业务。

- 环境质量在线监测

环境质量在线监测业务主要包括：在线监测运行、状态运行分析、异

常或超标预警等。

- 污染源在线监测

污染源在线监测业务主要包括：在线监测运行、异常申报管理、在线数据补遗、超标预警、设备标定验收备案等。

- 放射源在线监测

放射源在线监测业务主要包括：在线监测运行、状态运行分析、异常或超标预警等。

- 噪声监测

噪声监测业务主要包括：计划制修订、过程实施、结果公示、超标预警等。

- 环保装置性能监测

环保装置性能监测业务主要包括：环保装置进出口监测、数据分析、结果认定与发布等。

- 第三方监督性监测

第三方监督性监测业务主要包括：监督检测、监测报告、超标情况分析等。

5.4.1.10.4 VOCs治理

VOCs治理能力子域是指：为遏制大气污染，改善大气环境，对挥发性有机化合物污染开展治理及防治。

- 在线监测

在线监测业务主要包括：在线监测运行、异常申报管理、在线数据补遗、超标预警、设备标定验收备案等。

- 评估

评估业务主要包括：VOCs防治现状排查、VOCs现状评估。

- 治理

治理业务主要包括：制定治理方案、实施开展VOCs治理、治理效果跟踪评估、强化能力建设。

5.4.1.10.5 生态建设

生态建设能力子域是指：采取有效措施开展污染控制和治理，对受人为活动干扰和破坏的生态系统进行生态恢复和重建；对可能造成环境质量下降、危及公众身体健康和财产安全，或者造成生态环境破坏，或者造成重大社会影响的环保事件，建立监测预警机制并进行管理。

- 生态保护

生态保护业务主要包括：编制生态环境保护与恢复治理方案，开展生态调查、统计、监测与修复。

- 公共环境安全

公共环境安全业务主要包括：如实公开污染物排放信息及治污设施运行情况，接受社会监督；建立监测预警机制，制定预警方案，公布预警信息，向有关部门备案，启动应急措施。

5.4.1.11 质量

质量能力域（图 5-21）是指：质量是原辅材料和产品的主要衡量标准，通过对煤质、水质、原辅材料和产品质量的全方位管控，确保产品合格率达到100%，不断提高优级品率，提高产品竞争力。包含：煤质、水质、原辅材料、产品四个子域。能力子域描述如图5-21所示。

质量											
煤质			水质				原辅材料			产品	
计量	采制化	配煤	水质监测(检)测	水平衡及水重复利用率	加药系统	水处理系统	计量	分析检测	消耗定额	计量	分析检测	合格率

图 5-21 质量能力域、能力子域及关键业务图

5.4.1.11.1 煤质

煤质能力子域是指：化工生产过程中，按照相关制度、规定和标准对

燃料煤和化工原料煤在计量、采样、制样、化验等环节开展全过程管理，确保煤炭在物理、化学特性及其适用性等方面满足化工生产需要。包含计量、采制化、配煤三项关键业务。

- 计量

    计量业务主要包括：对煤炭的计量装置、设备、人员资质以及计量过程等方面进行管理。确保煤炭计量单位统一，量值准确可靠。

- 采制化

    采制化业务主要包括：对煤炭的采样、制样和化验的设备、仪器、人员资质和全过程进行管理。

- 配煤

    配煤业务主要包括：对配煤的方案制定、指标要求、配煤过程、质量验收的全过程进行管理。提升原料煤和燃料煤的转化和燃烧效率，实现安全经济性应用价值最大化，减少污染物排放。

5.4.1.11.2 水质

水质能力子域是指：取水、供水、用水（工艺水、循环水、除氧水、除盐水、生活水）、排水（单元排水、装置排水、全厂排水）进行水质、水量、运行管理。主要包括水质监（检）测、水平衡及水重复利用率、加药系统、水处理系统四项关键业务。

- 水质监（检）测

    水质监（检）测业务主要包括：对取水、供水、用水、排水等水系统的水质进行监测，并进行采样分析，根据水质变化调整运行参数及提供决策依据。对水质的采样、制样和化验的设备、仪器、人员资质进行管理。

- 水平衡及水重复利用率

    水平衡及水重复利用率业务主要包括：对各用水单元进行在线水量统计，监控管网漏损率，建立水平衡图表，以此确定水重复利用率，分析图表及相关数据核定水耗并进行行业对比，最终达到节约用水的目的。

- 加药系统

加药系统业务主要包括：通过对系统实施的监测和管理，实现精准加药，从而实现节能、节约运行成本以及保证水质达标的目的。

- 水处理系统

水处理系统业务主要包括：通过实时数据监测，实现对设备生命周期管理、水处理单元及设备投运率进行管理，确保水处理单元及设备投运率达到100%。

5.4.1.11.3 原辅材料

原辅材料能力子域是指：化工生产过程中用到的原材料和辅助材料的计量、分析检测、消耗定额等关键业务，从设备器具、人员资质、操作流程等进行全方位管理。包含计量、分析检测、消耗定额三项关键业务。

- 计量

计量业务主要包括：对原辅材料的计量过程进行管理，对计量器具、计量设备等进行管理。

- 分析检测

分析检测业务主要包括：对原辅材料的采样分析全过程以及设备、仪器和人员资质进行管理。

- 消耗定额

消耗定额业务主要包括：制定原辅料消耗计划，实施定额管理，跟踪消耗情况，利用技术手段不断降低单耗。

5.4.1.11.4 产品

产品能力子域是指：化工生产的中间产品和成品的计量、分析检测、质量控制等关键业务，从设备器具、人员资质、操作流程等进行全方位管理，确保产品合格率达到100%。包含计量、分析检测、合格率三项关键业务。

- 计量

计量业务主要包括：对中间产品、成品的计量过程进行管理，并对计量器具、计量设备等进行管理。

- 分析检测

分析检测业务主要包括：对中间产品、成品的取样、制样和分析检测的设备、工器具、人员资质和工作流程等进行全过程管理。对分析检测项目及检测周期进行管理，并对化验的中间产品、成品的样品进行留样备用。

- 合格率

合格率业务主要包括：通过建立质量管理体系，开展实验室CNAS认可，控制工艺参数，对产品质量关键指标进行管理，不断提高优级品率，确保合格品率达到100%。

5.4.1.12 能源

能源能力域（图5-22）是指：能源管理是对企业生产全过程所用到的电、燃料、蒸汽、热力、压缩空气以及其他类似介质供、产、输、转、耗全流程进行计划、组织、检查、控制等管理工作。能力子域描述如图5-22所示。

能源									
能源网络				能源利用		节能			
供能装置	用能装置	能源计量	能源网络	计划与统计	能效评价	管理节能	工艺节能	设备节能	

图5-22 能源能力域、能力子域及关键业务图

5.4.1.12.1 能源网络

能源网络能力子域是指：对供能与用能装置进行管理，构建全系统能量平衡网络，包括供能装置、用能装置、能源计量和能源网络等管理内容。

- 供能装置

供能装置业务主要包括：对自备电站锅炉等供能装置的设计数据、运行参数、装置能效等进行管理。

- 用能装置

用能装置业务主要包括：对用能装置能源消耗、转换和回收利用等进行管理。

- 能源计量

能源计量业务主要包括：能源计量器具管理、能源计量数据管理。

- 能源网络

能源网络业务主要包括：能源平衡模型建立，构建全厂性和分装置的能量平衡网络。

5.4.1.12.2 能源利用

能源利用能力子域是指：制定能源使用计划，对能源输入、输出和能源转化利用等环节统计分析，并对能源利用效能进行评价。

- 计划与统计

计划与统计业务主要包括：制定企业能源使用计划，对企业用能情况进行统计分析。

- 能效评价

能效评价业务主要包括：从综合能耗、可比能耗、单位产值能耗、产品单位产量能耗等维度对能源利用情况进行评价。

5.4.1.12.3 节能

节能能力子域是指：从管理节能、工艺节能和设备节能等方面推动企业加强节能改造，促进企业能效提升。

- 管理节能

管理节能业务主要包括：开展用能设备能效评估、节能诊断、能源审计等工作。

- 工艺节能

工艺节能业务主要包括：能源系统用能优化、工艺系统节能改造、推广应用先进的节能工艺技术。

- 设备节能

设备节能业务主要包括：设备节能改造、推广应用先进高效的节能设备。

5.4.1.13 设备

设备能力域（图5-23）是指：化工生产中所需要的机械、装置和设备等生产工具的总称。能力子域描述如图5-23所示。

设备																								
设备信息		完好性管理				大修					检修作业			状态检修		老旧装置			承包商"三九"规范						
设备台账	设备档案	动设备	静设备	电气设备	仪表设备	特种设备	大修策划	大修计划	工期控制	质量控制	费用控制	验收评价	检修任务书	检修方案	检修作业票	状态监测	故障诊断	维修决策	评估	整治	利旧	淘汰	党建引领	安全质量标准化	文化建设	班组建设	培训考核	信息化	安健环投入	职业卫生健康	职工权益

图5-23 设备能力域、能力子域及关键业务图

5.4.1.13.1 设备信息

设备信息能力子域是指：对设备主数据收集、梳理、归类等，形成规范性台账信息。

- 设备台账

设备台账业务主要包括：企业各种类型设备的数量、分布情况及变动情况。

- 设备档案

设备档案业务主要包括：文档信息建立、设备功能位置或者设备分类等。

5.4.1.13.2 **完好性管理**

完好性管理能力子域是指：导运行单位进行设备巡视、维护、操作等工作。

- 动设备

动设备业务主要包括：设备开停机状态记录、设备运行时间统计、润滑油管理、加（换）油预警管理；点巡检任务、点巡检内容记录；机组特护信息与设备状态监测数据集成，发现异常及时提醒。

- 静设备

静设备业务主要包括：设备检验检测管理、防腐蚀管理、点巡检任务、点巡检内容记录。

- 电气设备

电气设备业务主要包括：电气预防性试验的计划编制、试验结果记录和技术管理、点巡检任务、点巡检内容记录。

- 仪表设备

仪表设备业务主要包括：仪表"四率"自动统计、点巡检任务、点巡检内容记录。

- 特种设备

特种设备业务主要包括：特种设备使用合规化管理、点巡检任务、点巡检内容记录。

5.4.1.13.3 大修

大修能力子域是指：根据生产经营的情况，计划性停车检修。

- 大修策划

大修策划业务主要包括：停工计划、管理目标、管理框架、各部门任务、监督考核机制。

- 大修计划

大修计划业务主要包括：计划管理、设计管理、物资采购管理、承包商管理、项目对接及交底、人员工机具准备、施工方案等。

- 工期控制

工期控制业务主要包括：开停工管理、安全健康环保管理、质量管理、进度管理、文明施工管理、项目变更管理、后勤保障管理。

- 质量控制

质量控制业务主要包括：项目验收管理、项目签证管理、项目交工资料等。

- 费用控制

费用控制业务主要包括：资金计划及审批、实际资金投入、项目结算管理。

- 验收评价

验收评价业务主要包括：项目竣工资料、项目决算资料、检修总结。

5.4.1.13.4 检修作业

检修作业能力子域是指：通过编制检修任务书、检修方案、检修作业包、检修作业票等，开展审核、审批等一系列活动，保证检修作业安全和质量。

- 检修任务书

检修任务书业务主要包括：检修任务书编制、审批、执行、归档。

- 检修方案

检修方案业务主要包括：方案编制、审批、执行、归档。

- 检修作业包

检修作业包业务主要包括：检维修作业包编制、审批，后续相同工作任务复用。

- 检修作业票

检修作业票业务主要包括：申请、审批、下达、验收、归档。

5.4.1.13.5 状态检修

状态检修能力子域是指：以设备状态监测为依据的维修，制定状态检修计划。

- 状态监测

状态监测业务主要包括：基础设施监控、数据收集。

- 故障诊断

故障诊断业务主要包括：设备的基本信息、数据分析、故障现象、故障时间等。

- 维修决策

维修决策业务主要包括：设备事前预警，通过故障诊断模型预先制定状态检修策略。

5.4.1.13.6 老旧装置

老旧装置能力子域是指：实际投产运行时间超过15年的装置（包括独立装置和联合装置）。

- 评估

评估业务主要包括：按照《危险化学品生产使用企业老旧装置安全风险评估指南》进行全面排查、评估安全风险，确定安全风险等级。

- 整治

整治业务主要包括：按照老旧装置安全风险等级，编制计划和整治方案，结合年度检修计划，进行动态管控，5年内完成整治。

- 利旧

利旧业务主要包括：修旧利废降低成本，促使企业经济效益提升。

- 淘汰

淘汰业务主要包括：老旧装置工艺或设备列入国家相关淘汰目录以及存在其他无法整改的重大风险隐患的，依法依规淘汰退出。

5.4.1.13.7 承包商"三九"规范

承包商"三九"规范能力子域是指：为加强承包商安全管理采取的"三一行动"九个一样管理措施。

- 党建引领

党建引领业务主要包括：一样的党建工作引领。

- 安全质量标准化

安全质量标准化业务主要包括：一样的安全质量标准。

- 文化建设

文化建设业务主要包括：一样的安健环文化。

- 班组建设

    班组建设业务主要包括：一样的班组建设要求。

- 培训考核

    培训考核业务主要包括：一样的安全培训考核。

- 信息化

    信息化业务主要包括：一样的信息化管理。

- 安健环投入

    安健环投入业务主要包括：一样的安健环投入。

- 职业卫生健康

    职业卫生健康业务主要包括：一样的职业卫生健康。

- 职工权益

    职工权益业务主要包括：一样的职工权益保障。

5.4.1.14　碳资产

碳资产能力域（图5-24）是指：碳资产管理是企业贯穿绿色新发展理念，是企业资产保值增值的新领域，对碳转化过程中的使用、消耗等进行管理，实现可持续发展、高质量发展。能力子域描述如图5-24所示。

碳资产								
碳计划			碳足迹		碳减排		碳交易	
配额管理	履约管理	CCUS管理	排放管理	监测报告核查(MRV)	碳平衡	技术减碳	交易计划	交易结算

图5-24　碳资产能力域、能力子域及关键业务图

5.4.1.14.1　碳计划

碳计划能力子域是指：配额计算统计、履约计划提报。

- 配额管理

    配额管理业务主要包括：碳资产账户管理、配额规则学习应用、碳市

场分析。

- 履约管理

履约管理业务主要包括：交易账户管理、履约方式选择。

- CCUS管理

CCUS管理业务主要包括：碳捕集、提纯、液化、运输、封存、利用、在线监测、咸水处理等管理。

5.4.1.14.2 碳足迹

碳足迹能力子域是指：监督碳排放质量控制计划执行，提高碳排放数据质量，配合碳盘查工作。

- 排放管理

排放管理业务主要包括：排放数据采集与统计、排放量计算。

- 监测报告核查（MRV）

监测报告核查（MRV）业务主要包括：提供原始记录、台账、分析化验数据、计量及统计数据，配合现场检查。

5.4.1.14.3 碳减排

碳减排能力子域是指：构建全系统碳平衡网络，通过技术手段推动产业实现碳减排。

- 碳平衡

碳平衡业务主要包括：建立全系统碳平衡网络，分别构建工艺系统和热力系统碳流图。

- 技术减碳

技术减碳业务主要包括：建立化工产业碳排放核算标准体系，推动绿电绿氢与煤化工耦合、CCS/CCUS项目实施，开展二氧化碳制化学品技术的研发与推广应用。

5.4.1.14.4 碳交易

碳交易能力子域是指：制定协调交易对象、数量，准备履约资金。

- 交易计划

 交易计划业务主要包括：计划编制、执行、监控。

- 交易结算

 交易结算业务主要包括：准备履约资金，确认交易结果。

5.4.1.15 采购

采购能力域（图5-25）是指：以合同方式有偿取得物资、工程和服务的行为，包括购买、租赁、委托、雇佣等，不含煤炭、天然气、石油（气）等主燃料或主原料采购。能力子域包括供应商和采购。能力子域描述如图5-25所示。

采购									
供应商				采购					
基础信息	准入退出	短名单	绩效评估	采购需求	采购计划	采购寻源	合同管理	监造管理	调剂调拨

图5-25 采购能力域、能力子域及关键业务图

5.4.1.15.1 供应商

供应商能力子域是指：通过对供应商全生命周期的监督和管理，提高供应商质量，促进供应商为集团提供更好的服务。包括基础信息、准入退出、短名单、绩效评估。

- 基础信息

 基础信息业务主要包括：供应商门户及注册管理、分类管理、台账管理。

- 准入退出

 准入退出业务主要包括：供应商准入管理、资质管理、黑（白）名单管理、退出管理。

- 短名单

 短名单业务主要包括：短名单建立和使用方案、资格预审及现场考

察、结果发布、信息报送与备案、使用维护。

● 绩效评估

绩效评估业务主要包括：绩效评估标准设定、供应商绩效评估。

5.4.1.15.2 采购

采购能力子域是指：对采购全过程管理，提高采购效率效能。包括采购需求、采购计划、采购寻源、合同管理、监造管理、调剂调拨等。

● 采购需求

采购需求业务主要包括：采购需求计划编制、平衡利库、计划审批。

● 采购计划

采购计划业务主要包括：采购方案编制、采购行项目创建、采购标包划分、采购文件编制、采购计划创建、审核、审批。

● 采购寻源

采购寻源业务主要包括：招标采购寻源、采购结果审定；非招标采购寻源、采购结果审定。

● 合同管理

合同管理业务主要包括：合同签订、合同执行、合同变更、合同纠纷处理、合同关闭。

● 监造管理

监造管理业务主要包括：供应商制造过程监督、质量抽查、性能试验、出厂检验、货品运输。

● 调剂调拨

调剂调拨业务主要包括：物资调入方调剂调拨计划提报、审批、物资评估、签署合同、交货验收。

5.4.1.16 物流

物流能力域（图5-26）是指：对商品运输、配送、仓储、包装、搬运装卸、流通加工及相关的物流信息等环节进行全流程管理。能力子域描述如图5-26所示。

图5-26 物流能力域、能力子域及关键业务图

5.4.1.16.1 网络

网络能力子域是指：物流活动的线路和节点。

- 网络布局

网络布局业务主要包括：国内、国际物流网络布局规划、建设、优化。

5.4.1.16.2 物流

物流能力子域是指：厂区外原辅材料、备品备件、生产物资、产品、特种化学品和危险化学品的储存及配送管理。关键业务包括计划管理、发货管理、运输管理、仓储管理、结算管理。

- 计划管理

计划管理业务主要包括：物流运输计划管理。

- 发货管理

发货管理业务主要包括：身份识别、证照审核、提货抬杆、自动计量、出具票据。

- 运输管理

运输管理业务主要包括：汽运管理、海运管理、铁运管理、自备铁路管理、多式联运管理、计量管理、保险管理。

- 仓储管理

仓储管理业务主要包括：出入库管理、盘点管理、货权转移、仓储能力管理、服务商评价。

- 结算管理

结算管理业务主要包括：结算电子化管理，包括物流费用自动获取、运输单价录入、费用自动计算、结算单创建、审核。

5.4.1.17 销售

销售能力域（图5-27）是指：企业所进行的有关产品生产、流通和售后服务等与市场有关的一系列经营活动。包括产品、市场、销售执行、客户。能力子域描述如图5-27所示。

销售													
产品		市场			销售执行						客户		
产品信息	产品审批	市场研究	营销策划	产品宣传	计划管理	价格管理	渠道管理	合同管理	结算管理	贸易管理	统计分析	客户信息	资质准入	客户关系	客户评价

图5-27 销售能力域、能力子域及关键业务图

5.4.1.17.1 产品

产品能力子域是指：销售油化产品信息及上线销售管理，关键业务包括产品信息、产品审批。

- 产品信息

产品信息业务主要包括：销售产品目录、产品分类、产品质量标准、安全技术说明书等信息管理。

- 产品审批

产品审批业务主要包括：产品目录增加及产品上线销售审批。

5.4.1.17.2 市场

市场能力子域是指：市场信息及市场分析管理，关键业务包括市场研究、营销策划和产品宣传。

- 市场研究

市场研究业务主要包括：市场信息收集、展示、检索和分析。包括宏

观政策影响、上游工厂开工率、产品结构、产品价格、国际市场等。

- 营销策划

营销策划业务主要包括：销售方案、销售模式、定价机制、客户管理机制、计划分配机制、境外营销策划等。

- 产品宣传

产品宣传业务主要包括：客户座谈会、展会、宣传手册、行业会议、行业论坛。

5.4.1.17.3 销售执行

销售执行能力子域是指：通过销售计划、价格、渠道、合同、结算等，对销售全过程进行有效的控制和跟踪。关键业务包括计划管理、价格管理、渠道管理、合同管理、结算管理、贸易管理、统计分析等。

- 计划管理

计划管理业务主要包括：销售预测、调运计划、销售计划、客户需求计划管理。

- 价格管理

价格管理业务主要包括：价格形成机制文件管理、价格审批、优惠方案管理、定价模型、价格分析。

- 渠道管理

渠道管理业务主要包括：电子交易、通道销售、终端销售、长协销售、出口销售。

- 合同管理

合同管理业务主要包括：合同审批、签订。

- 结算管理

结算管理业务主要包括：销售结算电子化管理。

- 贸易管理

贸易管理业务主要包括：贸易采购、贸易定价、贸易销售。

- 统计分析

统计分析业务主要包括：日报、月报、库存表统计。

5.4.1.17.4 客户

客户能力子域是指：对油化品内外部客户管理。关键业务包括客户信息、资质准入、客户关系、客户评价。

- 客户信息

客户信息业务主要包括：统一社会信用代码、危险化学品经营许可证、安全生产许可证、开户许可、开票信息、法人身份证复印件、授权委托书等信息管理。

- 资质准入

资质准入业务主要包括：客户资质审核与准入。

- 客户关系

客户关系业务主要包括：客户需求、客户分类、业务往来记录、客户信用管理、境外客户培育。

- 客户评价

客户评价业务主要包括：客户评级评价。

5.4.1.18 服务

服务能力域（图5-28）是指：为提升客户满意度，构建紧密型客户关系，实现可持续的产品销售采取的一系列提升改善等附加活动。包括客户服务。能力子域描述如图5-28所示。

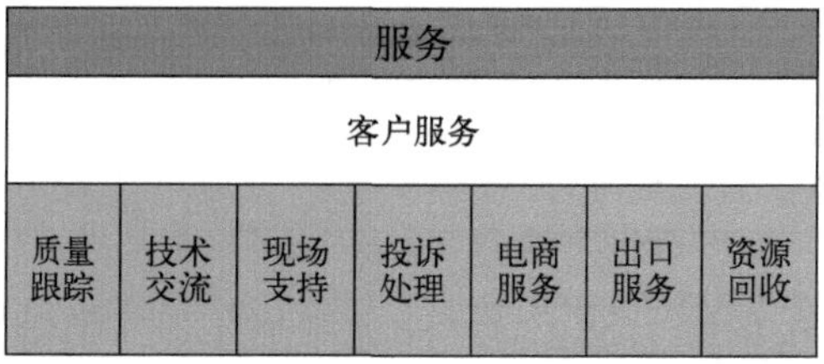

服务							
客户服务							
质量跟踪	技术交流	现场支持	投诉处理	电商服务	出口服务	资源回收	

图5-28 服务能力域、能力子域及关键业务图

5.4.1.18.1 客户服务

客户服务能力子域是指：以提高客户满意度为目标，为客户提供的一系列活动。包括质量跟踪、技术交流、现场支持、投诉处理、电商服务、出口服务、资源回收等。

- 质量跟踪

  质量跟踪业务主要包括：客户反馈、客户走访、客户座谈。

- 技术交流

  技术交流业务主要包括：客户沟通、客户信息反馈、信息收集分析。

- 现场支持

  现场支持业务主要包括：满意度调查表。

- 投诉处理

  投诉处理业务主要包括：投诉、售后服务、质量改进、投诉处理单、信息服务单。

- 电商服务

  电商服务业务主要包括：通道客户、终端客户、长协客户、电子交易客户。

- 出口服务

  出口服务业务主要包括：为境外客户提供出口手续办理、物流和技术服务等。

- 资源回收

  资源回收业务主要包括：产品回收规划研究、产品回收网络建设、回收资源再利用。

5.4.2 品牌

品牌能力要素包括能力域2项，能力子域4项，关键业务12项。

其中，品牌创建能力域包括能力子域2项，关键业务7项；品牌传播能力域包括能力子域2项，关键业务5项。

5.4.2.1 创建

创建能力域（图5-29）是指：在统一品牌战略下，开展化工产业品牌设计，搭建"一主多元"品牌大厦，开展品牌创建工作。包括品牌设计和品牌建设。能力子域描述如图5-29所示。

创建						
品牌设计				品牌建设		
品牌架构	品牌定位	品牌理念	品牌形象	品牌规划	品牌组织	品牌考核

图5-29 品牌创建能力域、能力子域及关键业务图

5.4.2.1.1 品牌设计

品牌设计能力子域是指：在统一品牌战略下，开展化工产业品牌设计，搭建"一主多元"品牌大厦。包括品牌架构、品牌定位、品牌理念、品牌形象。

- 品牌架构

品牌架构业务主要包括：建立产业品牌、公司品牌、产品服务品牌、要素品牌（管理品牌、项目品牌、技术品牌、文化品牌、公益品牌、人物品牌）。

- 品牌定位

品牌定位业务主要包括：进行有效的品牌定位，建立品牌特征及品牌核心价值。

- 品牌理念

品牌理念业务主要包括：提炼和总结品牌理念。

- 品牌形象

品牌形象业务主要包括：品牌形象设计、产品包装设计等。

5.4.2.1.2 品牌建设

品牌建设能力子域是指：按照品牌战略目标开展品牌塑造工作。包括品牌规划、品牌组织、品牌考核。

- 品牌规划

品牌规划业务主要包括：按照品牌设计方案，开展品牌规划研究，明确品牌理念、品牌愿景、品牌目标、品牌主张、品牌口号、品牌个性等。

- 品牌组织

品牌组织业务主要包括：建立品牌组织体系、品牌管理体系，建立品牌行动方案、品牌管理举措、品牌示范基地。

- 品牌考核

品牌考核业务主要包括：品牌考核规则。

5.4.2.2 传播

传播能力域（图5-30）是指：通过实施精准传播和品牌评价分析，提升品牌传播效果和品牌价值。包括品牌传播和品牌价值。能力子域描述如图5-30所示。

传播				
品牌传播			品牌价值	
传播策略	传播内容	传播途径	品牌评价	品牌保护

图5-30 品牌传播能力域、能力子域及关键业务图

5.4.2.2.1 品牌传播

品牌传播能力子域是指：通过一系列传播活动与渠道，实施精准传播，提升品牌传播效果。包括传播策略、传播内容、传播途径三项关键业务。

- 传播策略

传播策略业务主要包括：品牌传播策略研究、品牌宣传推广计划。

- 传播内容

传播内容业务主要包括：品牌形象设计、品牌故事库、品牌案例库、品牌体验载体、品牌影响力活动。

- 传播途径

传播途径业务主要包括：品牌传播载体（宣传片、海报、电视广告、网页、新媒体、论坛、公益活动等）。

5.4.2.2.2　品牌价值

品牌价值能力子域是指：对品牌建设实施效果评价分析。包括品牌评价、品牌保护两项关键业务。

- 品牌评价

品牌评价业务主要包括：品牌评价指标、品牌评价体系、品牌价值评估。

- 品牌保护

品牌保护业务主要包括：商标管理、授权管理、侵权管理、舆情管理、危机处置。

5.4.3　应急

应急能力要素包括能力域5项，能力子域17项，关键业务36项。

其中，预案能力域包括能力子域3项，关键业务6项；值守能力域包括能力子域2项，关键业务4项；资源能力域包括能力子域3项，关键业务6项；消防救援能力域包括能力子域2项，关键业务5项；响应能力域包括能力子域7项，关键业务15项。

5.4.3.1　预案

预案能力域（图5-31）是指：针对可能突发的各种事故事件编制各类预案并确保预案适用有效，包括预案体系、应急演练、预案修订三项能力子域。能力子域描述如图 5-31 所示。

预案					
预案体系			应急演练		预案修订
综合应急预案管理	专项应急预案管理	现场处置方案管理	桌面推演	预案演练	预案修订

图 5-31　应急预案能力域、能力子域及关键业务图

5.4.3.1.1　预案体系

预案体系能力子域是指：针对可能突发的各种事故事件，按照《应急预案编制导则》编制的各类预案，包括综合应急预案管理、专项应急预案管理、现场处置方案管理三项关键业务。

- 综合应急预案管理

综合应急预案管理业务主要包括：预案编制、修订、审批、专家评审、政府报备等。

- 专项应急预案管理

专项应急预案管理业务主要包括：预案编制、修订、评审、审批等。

- 现场处置方案管理

现场处置方案管理业务主要包括：方案编制、修订、评审、审批等。

5.4.3.1.2　应急演练

应急演练能力子域是指：相关组织、单位及人员，依据有关应急预案、处置方案模拟应对突发事件的活动，包括桌面推演、预案演练等两项关键业务。

- 桌面推演

桌面推演业务主要包括：演练计划编制、演练评价、演练总结、问题整改与落实等。

- 预案演练

预案演练业务主要包括：演练计划编制、演练评价、演练总结、问题整改与落实等。

5.4.3.1.3 预案修订

预案修订能力子域是指：根据预案修订要求结合实际演练评价情况对预案进行修改完善。

- 预案修订

预案修订业务主要包括：预案评估、预案修订。

5.4.3.2 值守

值守能力域（图5-32）是指：为及时处理应对可能存在的风险、隐患或事故事件而设置的24小时应急值守联络处置机制，包括战备执勤、值班值守两项能力子域。能力子域描述如图5-32所示。

图5-32 应急值守能力域、能力子域及关键业务图

5.4.3.2.1 战备执勤

战备执勤能力子域是指：应急专职队伍开展的各类战备准备和日常执勤的行为，包括应急能力建设、装备保养检查两项关键业务。

- 应急能力建设

应急能力建设业务主要包括：建设规划、训练计划与执行、档案管理等。

- 装备保养检查

装备保养检查业务主要包括：制订计划、保养检查、建立台账。

5.4.3.2.2 值班值守

值班值守能力子域是指：为满足应急需求而开展的值班值守活动，包括领导带班、干部值班两项关键业务。

- 领导带班

  领导带班业务主要包括：值班计划、值班巡查、问题处置、记录管理等。

- 干部值班

  干部值班业务主要包括：值班计划、值班巡查、问题处置、记录管理等。

5.4.3.3 资源

资源能力域（图5-33）是指：应急管理体系中为有效开展应急活动，保障体系正常运行所需要的人力、物资、资金、设施、信息和技术等各类资源的总和，包括内部资源、外协资源、案例资源三项能力子域。能力子域描述如图5-33所示。

资源					
内部资源			外协资源		案例资源
应急救援装备	应急救援设施	应急救援物资	医疗机构	社会消防力量	案例管理

图5-33 应急资源能力域、能力子域及关键业务图

5.4.3.3.1 内部资源

内部资源能力子域是指：符合应急要求的各类应急救援装备、物资和设施，包括应急救援装备、应急救援设施、应急救援物资三项关键业务。

- 应急救援装备

  应急救援装备业务主要包括：采购、配备、保管、检查保养维护、更新补充、台账管理。

- 应急救援设施

  应急救援设施业务主要包括：采购、配备、保管、检查保养维护、更新补充、台账管理。

- 应急救援物资

  应急救援物资业务主要包括：采购、配备、保管、检查保养维护、更新补充、台账管理。

5.4.3.3.2 外协资源

外协资源能力子域是指：有关协议约定或其他约定的外部救援机构及其所拥有的应急配置资源，包括医疗机构、社会消防力量两项关键业务。

- 医疗机构

医疗机构业务主要包括：协议管理、资源清单及动态更新、协同互助记录等。

- 社会消防力量

社会消防力量业务主要包括：协议管理、资源清单及动态更新、协同互助记录等。

5.4.3.3.3 案例资源

案例资源能力子域是指：可分享的应急救援案例及其相关资料资源，包括案例管理一项关键业务。

- 案例管理

案例管理业务主要包括：案例收集、案例库维护。

5.4.3.4 消防救援

消防救援能力域（图5-34）是指：针对影响人身安全、财产安全、公共安全的生产安全事故、自然灾害、社会安全事件等灾害事故，所进行的以抢救人员生命为主的抢险救援活动，包括消防管理和救援抢险二项能力子域。能力子域描述如图5-34所示。

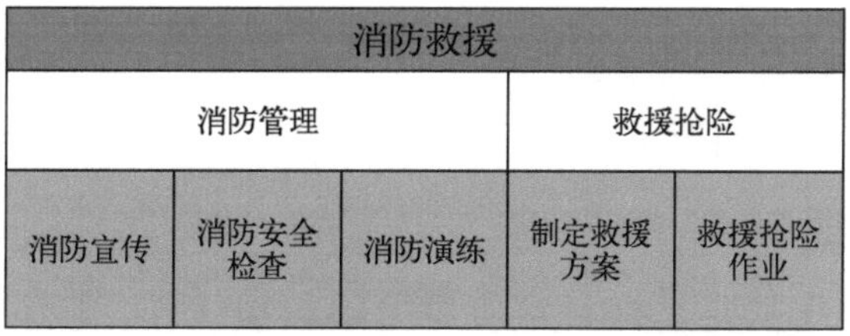

消防救援				
消防管理			救援抢险	
消防宣传	消防安全检查	消防演练	制定救援方案	救援抢险作业

图5-34 消防救援能力域、能力子域及关键业务图

5.4.3.4.1 消防管理

消防管理能力子域是指：预防和控制火灾等的发生所进行的工作，包括消防宣传、消防安全检查、消防演练三项关键业务。

- 消防宣传

消防宣传业务主要包括利用一切媒介，提高化工消防安全意识并掌握各类消防常识的行为和过程。

- 消防安全检查

消防安全检查主要指预防火灾并及时消除消防火灾隐患，包括安全出口和消防通道、消防器材、消火栓、水泵结合器、消防泵房、雨淋阀室、消防标识和应急照明、消防控制室、专职消防队（站）及微型消防站等。

- 消防演练

消防演练指为通过提前演练，提高抵御突发事故、事件的能力，做到事故发生时工作责任制有效落实、应急措施全面有效、人员抢险救灾协调得力、灾情及时上报，最大限度地减轻事故的伤害、损失和影响，充分保障作业人员生命安全。

5.4.3.4.2 救援抢险

救援抢险能力子域是指：救援抢险是指针对在化工园区或厂区范围内发生的影响人员生命和健康、环境和财产安全的紧急事件所采取的抢险、救灾、救助、勤务等紧急处置活动，以及为完成处置活动所作的准备工作，包括制定救援方案、救援抢险作业二项关键业务。

- 制定救援方案

制定应急救援方案指的是针对可能发生的事故，为迅速、有序地开展应急行动而预先制定的行动方案。

- 救援抢险作业

救援抢险作业主要是指日常应急抢险救援工作，应对处置突发事件，维护人民生命和财产安全。

5.4.3.5 响应

响应能力域（图5-35）是指：为及时有效处置事故事件所采取的系列管理行为，包括通信保障、信息报告、预警、响应启动、信息发布、响应终止、应急恢复七项能力子域。能力子域描述如图5-35所示。

响应													
通信保障	信息报告				预警			响应启动		信息发布		响应终止	应急恢复	
通信保障	信息接报	信息处置	研判分析	辅助决策	预警启动	响应准备	预警解除	应急会议	协同指挥	新闻发布	舆情监测	响应终止	善后处置	恢复生产

图 5-35 应急响应能力域、能力子域及关键业务图

5.4.3.5.1 通信保障

通信保障能力子域是指：为应急工作提供通信联络、视频监控、信息安全等保障，确保应急期间应急通信、信息传递及信息网络通畅。

- 通信保障

通信保障业务主要包括：提供信息支持、通信系统维护、建立通信联络、备用通信系统。

5.4.3.5.2 信息报告

信息报告能力子域是指：应急响应过程中产生的信息随发展进展形成的专项信息报告，包括信息接报、信息处置、研判分析、辅助决策四项关键业务。

- 信息接报

信息接报业务主要包括：信息初报、信息接收、信息续报。

- 信息处置

信息处置业务主要包括：信息报告、跟踪关注事态进展。

- 研判分析

研判分析业务主要包括：信息分析、事态研判。

- 辅助决策

　　辅助决策业务主要包括：动态研判、综合决策。

5.4.3.5.3 预警

　　预警能力子域是指：针对触发预警条件的事件进行应急预警的一系列措施，包括预警启动、响应准备、预警解除三项关键业务。

- 预警启动

　　预警启动业务主要包括：发布预警信息、下达决定、启动预警。

- 响应准备

　　响应准备业务主要包括：预防性处置措施、应急准备。

- 预警解除

　　预警解除业务主要包括：事态控制、收到预警解除信息、下达预警解除指令。

5.4.3.5.4 响应启动

　　响应启动能力子域是指：触发应急响应条件，报经应急管理机构批准，进入应急响应状态的行为，包括应急会议、协同指挥两项关键业务。

- 应急会议

　　应急会议业务主要包括：通报事故情况、研究提出救援方案、派出现场工作组、明确工作任务、所需资源分析、确定首次新闻发布时间及形式。

- 协同指挥

　　协同指挥业务主要包括：动态研判事故进展、确保信息动态畅通、下达应急指令、指挥组织应急处置。

5.4.3.5.5 信息发布

　　信息发布能力子域是指：经应急救援总指挥部、化工产业专项应急领导小组授权，及时准确发布生产安全事故信息的行为，包括新闻发布、舆情监测两项关键业务。

● 新闻发布

新闻发布业务主要包括：发布授权、新闻审定、新闻采访、举行发布会、提供新闻稿件。

● 舆情监测

舆情监测业务主要包括：舆情跟踪、舆情引导、舆情管控。

5.4.3.5.6 响应终止

响应终止能力子域是指：生产安全事故直接影响消除，财产和经济损失不再扩大，环境影响得到有效控制，导致次生、衍生事故隐患消除后，相关危险因素排除，事故单位进入恢复阶段。

● 响应终止

响应终止业务主要包括：应急状态确认、发布终止命令。

5.4.3.5.7 应急恢复

应急恢复能力子域是指：应急响应终止后的后期处置工作，包括善后处置、恢复生产两项关键业务。

● 善后处置

善后处置业务主要包括：救治伤员、抚恤家属、救助赔偿、评估损失、环境影响评估、灾后重建。

● 恢复生产

恢复生产业务主要包括：现场恢复、应急物资补充更换、恢复评估、恢复生产。

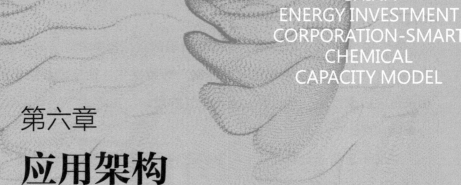

CHINA
ENERGY INVESTMENT
CORPORATION-SMART
CHEMICAL
CAPACITY MODEL

第六章
应用架构

应用架构是企业数字化应用的总体蓝图，是智慧化工国能模型在系统组织管控能力维度的结构化表达，体现了数字化场景的功能与数据关系。根据业务场景的需要，应用架构对数字化需求进行重构，充分考虑业务特点、用户习惯、数据归集、技术耦合等因素，将应用的复杂度控制在合理的水平，指引应用系统的快速研发，保证系统的可用性、可扩展性和可维护性。

6.1 应用架构蓝图

智慧化工应用架构总体上依据国能信息化总体规划的应用架构（图6-1）开展设计。

依据国能信息化总体规划、智慧化工国能模型（CEIC-SCCM）的能力要素，结合化工产业实际，规划智慧化工应用架构蓝图（图6-2）。

智慧化工总体承接国能信息化规划全部统建应用系统，并针对化工产业专业需求，规划建设应用系统共47个，子系统65个。其中，智慧决策类应用系统2个，智慧经营类应用系统5个，子系统13个，生产执行类应用系统20个，子系统52个，过程控制类应用系统9个，状态监测类应用系统11个。

6.2 智慧决策类应用系统

主要包括国能信息化总体规划的5个统建决策支持系统（表6-1）。

表6-1 集团统建智慧决策类系统列表

序号	系统名称
1	决策支持系统（化工产业运营大数据智能分析系统）
2	风险管控系统
3	企业绩效管理（化工精益绩效管理系统）
4	指标统计分析系统
5	竞争情报系统

智慧决策应用，主要包括：决策支持系统、风险管控系统、企业绩效管理、指标统计分析系统、竞争情报系统。

化工产业需要在决策支持系统、企业绩效管理系统建设中，关注智慧化工建设需求，同步建设化工产业运营大数据智能分析系统和化工精益绩效管理系统。

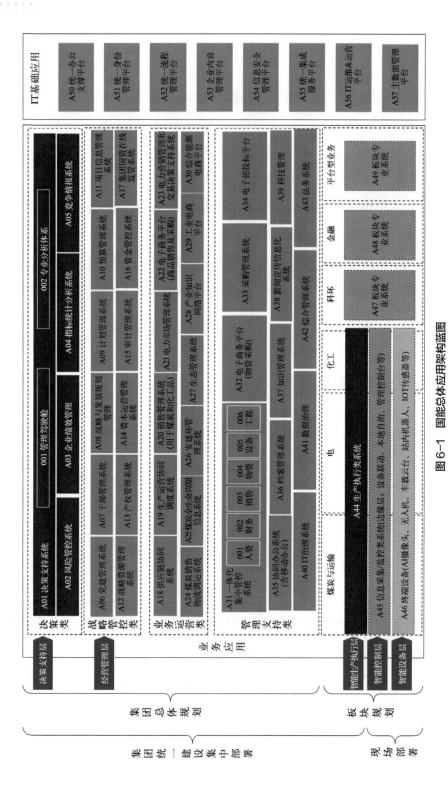

图 6-1 国能总体应用架构蓝图

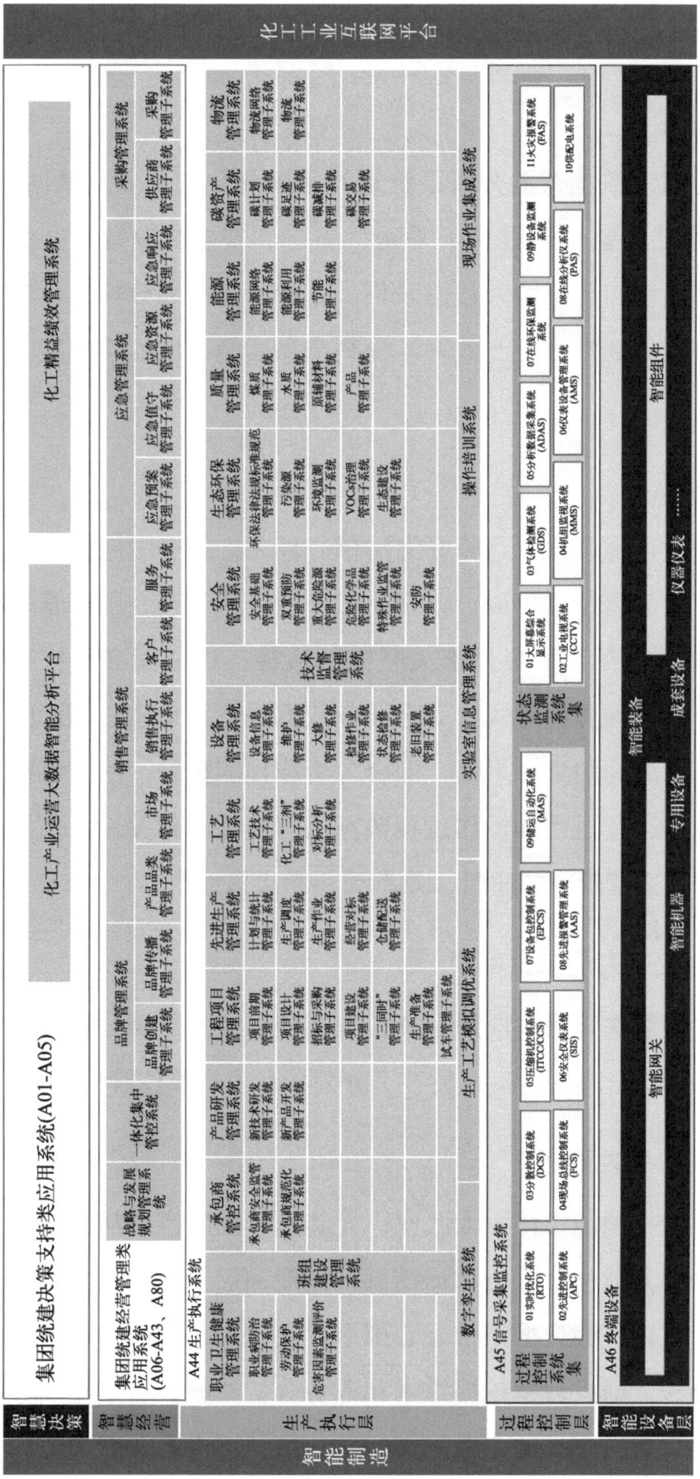

第六章 应用架构

图 6-2 智慧化工应用架构蓝图

6.2.1 化工产业运营大数据智能分析系统

6.2.1.1 系统定位

化工产业运营大数据智能分析系统是基于国能化工工业互联网平台，以化工生产价值链为整体，贯穿于采购、生产、安全、设备、仓储、物流、销售等全部流程和环节的大数据采集、存储、管理和分析，从工业大数据中挖掘价值，达到提升生产效率、提高产品质量、增强管理能力、降低生产成本等目的。

6.2.1.2 建设目标

聚焦先进开放、生态发展、美好生活核心理念，基于国能化工工业互联网平台，应用大数据技术手段，整合化工产业经营管理、生产管理数据及设备运行实时数据等，汇集外部关联数据资源，以全面准确、及时直观、智能高效、协同溯源的方式，对全业务数据进行跨单位、跨部门、跨专业、跨系统、跨时间的集中采集、综合分析和预测预警，挖掘数据资产价值，提高对生产运营过程和操作过程数据的可视性、相关性、预测性管理，提升化工产业运营管理的质量、效率和科学决策能力。

6.2.1.3 组织管控能力层级及用户

本系统是"智慧决策级"应用系统，主要使用者为集团公司领导，化工产业管理人员、安全环保监察人员，子分公司和生产单位管理人员。

6.2.1.4 智能特征能力简述

本系统主要依托国能集团三大底座，尤其是数据底座，从统一数据湖接入化工产业全要素数据，进行数据挖掘、处理和展示，包括大数据分析处理、数据仓库管理、大数据平台综合部署、大数据平台应用软件开发和可视化展现与分析。通过数据挖掘技术和业务分析模型，有效提高数据共享能力，促进实现数据驱动的企业生产运营决策，面向产业发展方向、四重一大、关键业务领域和突出重点问题，结合风险控制、审计、ESG（环境、社会和公司治理）等内外部监管要求，进行中远期运营风险警示。

6.2.1.5 功能简述

化工产业运营大数据智能分析系统功能如表6-2所示。

表6-2 化工产业运营大数据智能分析系统功能简述

功能名称	子功能名称	功能简述
生产重要指标预警模型及应用	主要产品产量/计划完成率指标预警管理	对产品产量/计划完成率指标在报告期内实际产量和计划完成量的比值，产品产量/计划完成率指标的预测预警
	产品收率指标预警管理	对产品收率在投入单位数量原料获得的实际生产的产品产量与理论计算的产品产量的比值指标的预测预警
	产品物料单耗指标预警管理	对产品物料单耗在产品生产或基本建设过程中，实际消耗的单品物料数量指标的预测预警
	主要原辅料库存量指标预警管理	对主要原辅料库存量在企业为了生产加工产品，通过采购和其他方式取得和持有的原材料、零部件的库存量指标的预测预警
	主要产品库存量指标预警管理	对主要产品库存量在生产企业在报告期末实际结存在库的产成品数量指标的预测预警
	厂外物流/仓储成本指标预警管理	对厂外物流/仓储成本在开展仓储业务活动中各种要素投入的以货币计算的总和指标的预测预警
	主要产品销售量指标预警管理	对主要产品销售量在报告期内已办完出库手续的实际销售和拨交有关单位使用的产品数量指标的预测预警
	安全生产成本指标预警管理	对主要安全生产成本指标的预测预警
	综合能耗指标预警管理	对综合能耗指标在报告期内全厂综合能耗指标的预测预警
	主要产品能源单耗指标预警管理	对主要产品能源单耗指标在设备能耗划分为设备结构因素和系统拓扑因素附加单耗，探索揭示设备间附加单耗的耦合关系与依变特性，为主要产品能源单耗指标的预测预警
	主要装置能耗指标预警管理	对主要装置能耗指标在报告期内装置消耗能源总量和所输出能源量的差值与装置产量的比率指标的预测预警
	主要产品生产成本指标预警管理	对主要产品成本指标的预测预警，包括生产和销售产品的过程中所支出的费用总和
	营业收入增长率指标预警管理	对营业收入增长率指标预测预警，包括营业收入增长率、企业本年营业收入增加额对上年营业收入总额的比率
	市场占有率指标预警管理	对市场占有率指标预测预警
	利润及构成指标预警管理	对利润及构成指标在一定会计期间的经营成果的预测预警

续表

功能名称	子功能名称	功能简述
化工产销业务主题模型分析	产量销量预测模型及应用	通过大数据分析、AI分析技术,基于不同的运营模式对各类化工产品的产量和销量,基于产能、市场等因素进行未来一定时间的趋势预测,为产品生产计划和销售计划提供辅助决策依据
	成本预测模型及应用	利用大数据、AI等技术对各子分公司往期成本、同期成本等数据进行统计分析,预测今后一段时间主要化工产品成本趋势,给出中、长期预警提示
化工产销业务主题模型分析	价格预测模型及应用	基于内外部因素的关联性分析,对主要化工产品的价格趋势进行预测分析,通过机器学习、AI分析对商品价格指数的变动做出定性或定量的分析和判断,辅助化工产品销售决策
	生产效益预测模型及应用	依据产量销量预测模型、成本预测模型、价格预测模型、定价机制模型等,通过大数据分析、AI分析技术和算法训练,综合内外部相关因素进行主要化工产品生产效益预测分析,给出中、长期预测预警
	盈亏平衡预测模型及应用	结合成本预测模型、生产效益预测模型,对煤化工产品产销盈亏平衡进行预测分析,通过边际收益与边际成本的预测对比,分析不同企业、不同产品的盈亏平衡决策模式,指导企业产销决策方向
	定价机制模型及应用	依据产销、成本、价格、利润等相关模型的预测分析,经大数据、AI等分析形成定价机制模型,给出多种销售决策建议,达到提升市场占有率、提高利润的目的。给予各子分公司的终端产品到货建议价、出厂建议价、物流成本及长期协议建议价,以及中长期的产品、原料、物流的价格趋势
外部行业及互联网数据管理	外部行业及互联网数据管理	外部行业及互联网数据,通过采集、购买等方式录入系统,并设定合理的指标标准,进行对外部数据的管理、统计、对比、分析等
指标联动分析模型及应用	产供能指标联动分析管理	根据产品产量、库存量和能耗等指标的动态联动,来判断产量、库存量和能耗指标的联动关系,反映企业生产在能耗达标情况下的生产能力
	成本物料单耗指标联动分析管理	根据产品物料单耗、生产成本和能耗等指标的动态联动,来判断成本、物料单耗和能耗指标的联动关系,反映企业生产在能耗达标情况下的物料损耗与成本的关系
	原辅料库存与销量指标联动分析管理	根据主要原辅料库存量、销售量等指标的动态联动,反映库存量和销售量指标的联动关系
	主要产品库存与销量指标联动分析管理	根据主要产品库存量、销售量等指标的动态联动,反映库存量和销售量指标的联动关系
	销售与成本指标联动分析管理	根据销售量、成本等指标的动态联动,反映成本和销售量指标的联动关系
	单位产品碳排/能耗/物耗指标联动分析管理	根据碳排放、能耗指标的动态联动,反映企业单位产品能耗分类之间的联动关系

续表

功能名称	子功能名称	功能简述
指标联动分析模型及应用	主要装置能耗指标联动分析管理	根据碳排放、能耗指标的动态联动，反映企业主要装置能耗分类之间的联动关系
	碳排放与装置产能指标联动分析管理	根据碳排放、单耗、装置能耗指标的动态联动，反映企业能耗分类之间的联动关系
产业价值分析与需求预测	全流程价值分析与优化	对化工产业全流程价值能力的分析，并按照关键节点进行提供优化方案建议
	产业化需求预测	结合生产能力，对企业主要产品需求的分析和预测，用于进行生产优化

6.2.2 化工精益绩效管理系统

6.2.2.1 系统定位

化工精益绩效管理系统是实现分公司、车间、班组、岗位各层级的绩效指标定义，集考核数据采集和计算、薪酬兑现、员工成长评价分析、员工身心愉悦为一体，打造全员性参与、全业务量化、全要素耦合、全过程控制、全方位激励、全时空约束的化工生产运营管理的"目标导向"系统。

6.2.2.2 建设目标

以目标管理为导向，以战略绩效、组织绩效和岗位绩效为内容，着力构建"自上而下目标管理体系、自下而上考核评价体系、自上而下薪酬激励体系、自下而上员工成长体系"，通过系统精准实现目标和激励、提升员工幸福感、提升各级组织的运营能力、促进运营效率提升、降低运营成本，最终实现管理精细、过程可控的低成本、高标准、高效率、高效益的科学发展、和谐共赢的卓越企业目标。

6.2.2.3 组织管控能力层级及用户

本系统是"智慧决策级"应用系统，主要使用者为集团化工产业管理人员，子分公司领导和专业管理人员、生产单位领导和专业管理人员、基层员工。

6.2.2.4 智能特征能力简述

本系统通过对化工生产全要素数据信息的全量采集，实现从计划、生产执行到状态跟踪、闭环改进的全过程数字化管理，通过低代码技术提高系统可扩展性和可维护性，通过多租户设计实现"一级部署、多级应用"，解决一套系统难以适应不同绩效管理模式的难题。

6.2.2.5 功能简述

化工精益绩效管理系统功能如表6-3所示。

表6-3 化工精益绩效管理系统功能简述

功能名称	子功能名称	功能简述
绩效组织维护	绩效组织维护	主要对参与生产精益绩效的组织单位进行维护，分为集团对子分公司的一级绩效组织，子分公司对生产企业的二级绩效组织，生产企业对车间的三级绩效组织，车间对班组的四级绩效组织，生产企业、车间、班组对员工岗位的五级绩效组织等五个绩效管理层级
绩效指标管理	绩效指标来源	绩效指标通过与其他业务系统数据接口，直接获取指标
	绩效指标目标值设定	通过指标数据采集，指定一定周期、不同维度内同一指标数据，根据选定模型算法计算，得出绩效指标动态目标值，使绩效指标目标值根据指标数据周期性变化而变化
	绩效考评算法模型	绩效考评算法是指绩效指标结果值通过与目标值计分模型，得到能够认定为考评得分的结果，即绩效考评得分
	绩效指标发布	组织层级对定义完整需要进行考评的绩效指标，提交发布流程，绩效指标应由上级责任部门进行审批，审批通过后在系统内进行发布
组织层级绩效卡维护		对不同的组织层级建立组织绩效卡并进行维护管理，按照定责任组织、定目标值、定考算法、定指标来源的原则向下建立组织绩效卡
绩效核算管理	制度管理	建立公司所有绩效考评相关制度查询功能，根据各层级分类、定期维护并更新，方便绩效考评时参考与纠正，实现考评管理过程有依有据
	绩效核算	系统依据绩效指标指定考评算法，自动对绩效指标得分进行计算；对难以量化的定性指标进行人工核算形成绩效考评结果，人工对考评结果进行确认与校正
	绩效公布	考评结果在线发布，实现绩效工作的公开透明
	绩效申诉	被考核单位对考核结果存在歧义时，根据事先既定的申诉流程，提交申诉理由及意见
绩效指标跟踪体系	绩效指标跟踪	对绩效指标数据进行采集、跟踪，周期性展示绩效指标数值的变化趋势，便于指导针对某项个性指标的提升与整治
	绩效指标目标值跟踪	周期性展示绩效指标目标值变化趋势，分析判断出周期内同一维度这一绩效指标执行情况

续表

功能名称	子功能名称	功能简述
绩效指标跟踪体系	绩效指标核算日跟踪	对绩效卡内指标拟得分或拟排名情况进行每日核算，查询绩效指标周期范围内排名及得分情况。包括生产运行绩效指标组、操作工艺绩效指标组、设备管理绩效指标组、能源能耗绩效指标组、质量绩效指标组、安全管控绩效指标组、环保监测绩效指标组、成本绩效指标组等类别
绩效分析	指标偏差分析信息	通过绩效指标跟踪，被考评组织对指标偏差较大及异常指标进行指定分析
绩效分析	指标目标值分析信息	指标目标值分析是指通过绩效指标目标值跟踪，对同一维度绩效指标执行情况进行整体性分析
员工成长体系	员工绩效档案	建立员工绩效档案，在奖惩区间内加减分，最终形成员工年度绩效得分并记录形成绩效档案
员工成长体系	员工评价体系	通过多方位评价获取员工各方面综合评价得分，构建成员工个人成长分析数据
员工成长体系	员工诉求	收集员工工作业务相关诉求，集中处理并反馈意见
化工生产精益绩效移动端应用开发		移动端应用支持设备扫码、语音、图片文字的上传功能，主要包括绩效指标定义、绩效指标发布、绩效指标跟踪

6.3 智慧经营类应用系统

主要包括国能信息化总体规划的35个经营管理类应用系统（表6-4）。

表6-4 集团统建智慧经营类系统

序号	系统名称
1	党建管理系统
2	干部管理系统
3	战略与发展规划管理
4	计划管理系统
5	预算管理系统
6	项目信息管理系统
7	战略资源管理系统
8	产权管理系统

续表

序号	系统名称
9	资本运营管理系统
10	审计管理系统
11	资金管控系统
12	集团国资在线监管系统
13	供应链协同系统
14	生产运营协同调度系统
15	销售管理系统（用于煤炭和化工品）
16	电子商务平台（商品销售及采购）
17	安健环管理系统
18	生态管理系统
19	产业知识网络平台
20	工业电商平台
21	综合能源电商平台
22	一体化集中管控系统
23	电子商务平台（物资采购）
24	采购管理系统
25	电子招投标平台
26	协同办公系统（含移动办公）
27	档案管理系统
28	知识管理系统
29	新闻宣传信息化系统
30	科技管理
31	IT治理系统
32	数据治理
33	综合管理系统
34	法务系统
35	品牌管理系统

化工产业需要在战略与发展规划管理系统建设中关注化工工程项目前期管理的需求提出与实施，在销售管理系统（用于煤炭和化工品）建设中关注化工市场营销、客户关系管理、产品管理、客户服务、品牌管理等需

求的提出与实施。

6.3.1 战略与发展规划管理系统

6.3.1.1 系统定位

战略与发展规划管理系统定位为支撑整体战略管理及发展规划管理。战略管理，包括战略目标拟制、研讨，直至达成共识的管理。发展规划，包括集团内相关子公司、职能部门的发展规划的计划、计划执行、过程管控等。

6.3.1.2 建设目标

对集团内的相关业务统一管理，包括集团和子公司、各职能部门在战略与发展规划活动中，按照计划协同行动；支撑战略和发展规划中内容的拉通、一致，子公司和职能部门充分协同，并分解及贯彻集团的战略。

6.3.1.3 组织管控能力层级及用户

本系统是"智慧经营级"应用系统，主要使用者为集团总部战略及发展规划的人员、子公司及职能部门的战略及发展规划人员。

战略和发展规划是化工产业重大工程项目建设前期管理的重点关注内容。

6.3.1.4 智能特征能力简述

本系统将战略与发展规划业务全部线上化运行，覆盖集团、产业、子分公司多级战略规划业务场景，打通战略规划业务全链条，实现战略规划数据全在线、过程全在线、痕迹全在线，解决战略规划业务线外思考、线上录入、线下执行的断点，降低战略规划人员工作量、提高规划科学性和过程数字化管控水平。

6.3.1.5 功能简述

战略与发展规划管理系统功能如表6-5所示。

表6-5 战略与发展规划管理系统功能简述

功能名称	子功能名称	功能简述
战略管理	业务洞察	外部分析,集成竞争情报系统及决策支持系统的系统,并分析业界的实践及战略对标。 自身分析,进行集团的竞争优劣分析
	战略制定	制定战略方向,并达成共识。确定高阶战略目标。 战略方向及高阶战略目标,指导发展规划(中长期规划)的制定
发展规划管理	子公司发展规划	启动发展规划,明确集团内相关业务单元开展发展规划的计划及相关的指导意见,包括公司业务洞察和战略的内容,使子公司及职能部门可以参考。 子公司及职能部门做发展规划,并提交集团的相关部门
	集团发展规划拟制	集团相关部门、子公司及职能部门等,进行研讨,达成集团的发展规划
	发展规划调整	子公司和职能部门分解集团的发展规划,并调整其发展规划。如有问题,反馈到集团,集团总部进行调整
	集团规划形成	发展规划的形成并发布,指导年度计划制定

6.3.2 品牌管理系统

6.3.2.1 系统定位

品牌管理系统为集团化工产业进行产业国际化品牌建设和品牌管理的管理部门或岗位提供一套包括产业品牌识别体系、产品品牌门类体系、品牌创建和管理活动记录、品牌传播载体规范化管理、品牌保护和考核的数字化管理工具。

6.3.2.2 建设目标

面向"品牌卓著"总要求,推进品牌管理手段和模式创新,实现品牌管理规范化、流程化、可视化,助力创建"世界一流"企业。

6.3.2.3 组织管控能力层级及用户

本系统是"智慧经营级"应用系统,主要使用者为化工产业管理人员,子分公司和基层单位相关领导及管理部门品牌管理人员。

6.3.2.4 智能特征能力简述

本系统通过对网络海量信息的自动抓取、主题检测、动态预警,对品牌热度和负面信息进行动态管理;基于大数据技术、组件技术、AI技术平台,实现海量多媒体数据存储、管理和检索调用,支持融媒体制作、发布渠道整合、数字资源存储和检索,助力集团和子分公司品牌创建和传播。

6.3.2.5 品牌创建管理子系统功能简述

品牌创建管理子系统功能如表6-6所示。

表6-6 品牌创建管理子系统功能简述

功能名称	功能简述
品牌设计	支持开展化工产业品牌设计,搭建"一主多元"品牌大厦;建立、维护产业品牌、公司品牌、产品服务品牌、要素品牌,进行有效的品牌定位,提炼和总结品牌理念,建立品牌特征及品牌核心价值
品牌建设	支持建立、维护品牌组织体系、品牌管理体系,建立品牌行动方案、品牌管理举措、品牌示范基地,落实品牌考核

6.3.2.6 品牌传播管理子系统功能简述

品牌传播管理子系统功能如表6-7所示。

表6-7 品牌传播管理子系统功能简述

功能名称	功能简述
品牌传播	维护品牌传播策略、品牌宣传推广计划,通过各类品牌传播载体实施精准传播,提升品牌传播效果
品牌价值	维护品牌评价指标、品牌评价体系,进行品牌价值评估;维护商标管理、授权管理、侵权管理、舆情管理、危机处置信息

6.3.3 销售管理系统

6.3.3.1 系统定位

针对销售业务体系建设，实现从战略到市场、销售、服务管理等全方位的销售能力体系建设，全面提升业务运营支撑，清晰准确全面地了解市场动态、客户需求，进行客户管理、产品管理、价格管理等各项业务，为管理层提供更加有力的决策分析支持。

6.3.3.2 建设目标

为销售人员提供一个先进的、统一的工作平台和管理界面，有效提高集团总部、子分公司及基层单位销售人员工作效率，加强各级销售管理部门对于所属销售业务的管控能力；加强对子分公司销售业务的管控能力，提高对下属销售业务和销售团队的管理水平，有效提升整个销售团队的工作能力和工作效率，充分实现销售利益最大化。

6.3.3.3 组织管控能力层级及用户

本系统是"智慧经营级"应用系统，主要使用者为集团总部及具有销售职能的子分公司。

6.3.3.4 智能特征能力简述

本系统通过营销全场景数字化覆盖扩大销售入口，通过大数据技术挖掘更多市场机会，通过云、大数据和AI结合的线上、手机等多终端更多场景触达客户，通过银企协同、业财协同、线上线下融合、数字化培训与沟通、智能客服机器人等，实现化工产业营销智慧化，有效提升营销能力、客户服务质量，降低营销成本，提高营销管理水平。

6.3.3.5 产品品类管理子系统功能简述

产品品类管理子系统功能如表6-8所示。

表6-8 产品品类管理子系统功能简述

功能名称	功能简述
产品信息	建立产品列表，对产品进行管理；产品基本信息包括产品编号、产品名称、产品类别、产品查询的列表；可以对产品基本信息进行编辑和增删；按销售目录，设定分公司的产品目录，对产品目录进行管理；可以对产品目录进行编辑和增删以及发布管理
产品审批	增加产品审批流程，产品及产品目录增加需在线审批

6.3.3.6 市场管理子系统功能简述

市场管理子系统功能如表6-9所示。

表6-9 市场管理子系统功能简述

功能名称	功能简述
市场研究	实现市场信息收集、展示、检索和分析。包括宏观政策影响、上游工厂开工率、产品结构、产品价格、国际市场等
营销策划	支持销售方案、销售模式、定价机制、客户管理机制、计划分配机制、海外营销策划等
产品宣传	支持客户座谈会、展会、宣传手册、行业会议、行业论坛等宣传展示

6.3.3.7 销售执行管理子系统功能简述

销售执行管理子系统功能如表6-10所示。

表6-10 销售执行管理子系统功能简述

功能名称	功能简述
计划管理	支持销售预测、调运计划、销售计划、客户需求计划管理，记录平衡后的年度计划、月度计划列表，支持从平衡后的年度/月度计划到销售计划的分解，对制定年度订货计划进行决策信息支持
价格管理	支持记录价格管理文件，包括价格形成机制文件，价格发布下达文件等；支持管理各类销售定价的基础数据，通过该体系，为后续销售执行提供定价规则
渠道管理	对渠道商信息管理、渠道商的层级体系和渠道商业务可视化管理；包括渠道协议信息维护，渠道协议的审批管理和协议生命周期管理；对渠道商的销售情况进行管理，包括渠道商客户发展、货物流向、渠道商库存管理。对渠道商绩效进行评估包括渠道商绩效评估体系管理、渠道商绩效评估执行
合同管理	支持在线合同模板制作、发布、引用。支持合同创建、合同审批等业务活动。支持对所有合同按照分类进行汇总查询
结算管理	支持销售结算及查询

续表

功能名称	功能简述
贸易管理	支持贸易采购、贸易定价、贸易销售
统计分析	建立销售报表体系，实现日报、月报、库存表统计等

6.3.3.8 客户管理子系统功能简述

客户管理子系统功能如表6-11所示。

表6-11 客户管理子系统功能简述

功能名称	功能简述
客户信息	对客户信息进行记录，支持统一社会信用代码、危险化学品经营许可证、安全生产许可证、开户许可、开票信息、法人身份证复印件、授权委托书等信息管理
资质准入	支持客户资质审核与准入
客户关系	记录客户细分属性信息；实现对客户分群结果的信息查询和数据导出；通过对现有客户业务跟踪，全面准确地了解客户的业务情况，例如：客户相关订单跟踪管理。梳理客户信用管理流程，建立客户信用评估体系；客户信用规则的管理，并可根据业务需要灵活配置规则；对客户信用进行评估和结果记录，支持对同一个客户多套客户信用等级管理，记录客户信用评估历史；对客户信用使用策略及规则进行维护，支持根据不同客户信用支持不同的销售工作
客户评价	支持设定客户的评价方案，包括评价对象、评价指标、评价定级规则；支持根据业务数据，在考核执行周期内自动计算客户的评价指标值和评价定级

6.3.3.9 服务管理子系统功能简述

服务管理子系统功能如表6-12所示。

表6-12 服务管理子系统功能简述

功能名称	功能简述
质量跟踪	支持用户及客户实时查询、反馈产品的质量指标情况
技术交流	提供一个信息反馈的快捷渠道支持客户沟通、客户信息反馈、信息收集分析
现场支持	支持用户对销售情况、产品质量情况及服务是否到位等方面进行评价，如满意度调查表
投诉处理	支持投诉、售后服务、质量改进、投诉处理单、信息服务单等业务；记录客户的投诉，并分派投诉到相应的责任人
电商服务	支持为通道客户、终端客户、长协客户、电子交易客户提供线上服务

续表

功能名称	功能简述
出口服务	支持为海外客户提供出口手续办理、物流和技术服务等
资源回收	支持资源回收规划研究材料管理、资源回收网络信息维护、回收资源再利用管控流程在线管理

6.3.4 应急管理系统

6.3.4.1 系统定位

应急管理系统定位为集团生产综合调度应急指挥，具体承担紧急状态下，生产现场的第一时间响应、处置和资源调配和应急调度，实现上下协同、实时联动、高效指挥。

6.3.4.2 建设目标

实现对事故位置、现场环境、损失情况、影响范围等情况的全面信息采集，并根据应急预案第一时间启动处置措施，实时联动，结合专家研判和大数据分析系统，科学决策，进行应急指令等信息的有效及时传递，统筹协调应急人员、设备、资源，将事故影响和生命财产安全损失降到最低。

6.3.4.3 组织管控能力层级及用户

本系统是"智慧经营级"应用系统，主要使用者为集团公司领导，化工产业管理人员、安全环保监察人员，子分公司领导、安全管理人员、调度指挥员、现场安全员和操作员、作业人员、应急处置救援、救护人员。

6.3.4.4 智能特征能力简述

本系统通过协议转换、边缘计算等构建精准、实时、高效的安全与应急救援数据采集和分析体系，合理布置边缘算力和模型，支持视频、气体等感知设备在线监测，实时获知工厂运行工况和环境变化状态，全面掌握安全态势；通过采集异常环境数据、安全管理数据、人员位置数据、实时通信数据、标识数据，对智慧化工各系统产生的数据进行统一调度和应用；通过机器学习模型和工业机理模型，进行实时数据仿真模拟，支撑应急实时决策。

6.3.4.5 应急预案管理子系统功能简述

应急预案管理子系统功能如表6-13所示。

表6-13 应急预案管理子系统功能简述

功能名称	子功能名称	功能简述
预案体系	综合应急预案管理	实现预案制修订、审批、专家评审、政府报备、获取等功能
	专项应急预案管理	实现预案制修订、评审、审批、查询、获取等功能
	现场处置方案管理	实现方案制修订、评审、审批、查询、获取等功能
应急演练	桌面推演	实现演练计划、演练评价、演练总结、问题整改与落实、系统模拟实现等功能
	预案演练	实现演练计划、演练评价、演练总结、问题整改与落实、影像资料归档等功能
预案修订	预案修订	实现预案评估、修订、查询、获取等功能

6.3.4.6 应急值守管理子系统功能简述

应急值守管理子系统功能如表6-14所示。

表6-14 应急值守管理子系统功能简述

功能名称	子功能名称	功能简述
战备执勤	应急能力建设	实现建设规划、训练计划与执行、档案管理等功能
	装备保养检查	实现计划制定、保养检查、台账建立、问题查询整改等功能
值班值守	领导带班	实现值班计划、值班巡查、问题处置、记录管理等功能
	干部值班	实现值班计划、值班巡查、问题处置、记录管理等功能

6.3.4.7 应急资源管理子系统功能简述

应急资源管理子系统功能如表6-15所示。

表6-15 应急资源管理子系统功能简述

功能名称	子功能名称	功能简述
内部资源	应急救援装备	实现采购、配备、保管、检查保养维护、更新补充、台账管理等功能
	应急救援设施	实现采购、配备、保管、检查保养维护、更新补充、台账管理等功能
	应急救援物资	实现采购、配备、保管、检查保养维护、更新补充、台账管理等功能
外协资源	医疗机构	实现协议管理、资源清单及动态更新、协同互助记录等功能
	社会消防力量	实现协议管理、资源清单及动态更新、协同互助记录等功能
案例资源	案例管理	实现案例收集、案例库维护等功能

6.3.4.8 应急响应管理子系统功能简述

应急响应管理子系统功能如表6-16所示。

表6-16 应急响应管理子系统功能简述

功能名称	子功能名称	功能简述
通信保障	通信保障	实现应急期间通信联络、视频监控、信息传递及信息网络通畅，信息安全等功能
信息报告	信息接报	实现信息初报、信息接收、信息续报等功能
	信息处置	有关信息报告、跟踪关注事态进展，实现动态和实时更新
	研判分析	信息分析、事态研判、结果智能推送等
	辅助决策	实现动态研判、综合决策等功能
预警	预警启动	实现预警信息发布、下达决定、启动预警、一键管理等功能
	响应准备	实现预防性处置措施、应急准备等管理功能
	预警解除	实现事态控制、收到预警解除信息、下达预警解除指令等管理功能
响应启动	应急会议	实现通报事故情况、研究提出救援方案、派出现场工作组、明确工作任务、所需资源分析、确定首次新闻发布时间及形式等管理功能
	协同指挥	实现动态研判事故进展、确保信息动态畅通、下达应急指令、指挥组织应急处置等管理功能
信息发布	新闻发布	实现发布授权、新闻审定、新闻采访、举行发布会、提供新闻稿件等管理功能
	舆情监测	实现舆情跟踪、舆情引导、舆情管控等管理功能

续表

功能名称	子功能名称	功能简述
响应终止	响应终止	实现应急状态确认、发布终止命令等管理功能
应急恢复	善后处置	实现救治伤员、抚恤家属、救助赔偿、评估损失、环境影响评估、灾后重建等管理功能
	恢复生产	实现现场恢复、应急物资补充更换、恢复评估、恢复生产等管理功能

6.3.5 采购管理系统

6.3.5.1 系统定位

针对采购业务体系建设，实现从采购需求、采购计划、采购寻源、采购订单和管理评价等全方位的采购能力体系建设，全面提升业务运营支撑，为管理层提供更加有力的决策分析支持。

6.3.5.2 建设目标

为采购人员提供一个先进的、统一的工作平台和管理界面，有效提高总部及二级单位采购人员工作效率，加强各级采购管理部门对于所属采购业务的管控能力；加强对子分公司采购业务的管控能力，提高对下属采购业务和采购团队的管理水平，通过对供应商全生命周期的监督和管理，提高供应商质量，促进供应商为集团提供更好的服务，提高采购效率。

6.3.5.3 组织管控能力层级及用户

本系统是"智慧经营级"应用系统，主要使用者为集团总部及具有采购职能的子分公司。

6.3.5.4 智能特征能力简述

本系统基于云服务模式和可信机制，通过网络与供应商企业系统互联互通，打破ERP系统与相关外部系统的信息瓶颈，连接第三方电商平台、政府公共资源交易服务平台、第三方物流、支付和供应链金融服务，连接企业认证和信息服务，连接电子发票和电子合同，实现采购业务全程在线，将采购业务与管理相融合，实现企业的管理场景向商业化和协同化场景的进化。

6.3.5.5 供应商管理子系统功能简述

供应商管理子系统功能如表6-17所示。

表6-17 供应商管理子系统功能简述

功能名称	功能简述
基础信息	实现供应商在线的自助注册、在线信息更新、在线报价，支持用户在线向供应商发布信息，同时实现了对集采、自采供应商的分级管理制度。 供应商管理人员能够对供应商注册时填写的信息进行配置，允许供应商选择所属的行业，填写主要供应商物资品类，不同供应商可以根据自己的行业特点、供应的物料类别、物料编码填写自己的注册信息。 根据集团对供应商的分类管理策略，由集团供应商管理处及各二级单位分别对集采、自采供应商进行分类，并对不同类别集采供应商执行不同的管理策略
准入退出	对符合准入标准的供应商进行资质核实和认证，并更新供应商信息库。 以供应商门户网站的供应商自助注册作为供应商库的基础数据，通过相关部门审批后形成准入供应商，对于准入后的供应商给予采购寻源策略上的倾斜。 支持多种模式的供应商退出。集团总部应能够监控所有的供应商退出业务，供应商退出的最终确认必须由集团物资管理部操作
短名单	通过供应商自荐、分子公司推荐或参加公开招标形式进入认证流程，结合品类管理的细分策略，对需要进行认证管理的物资品类建立认证供应商库，形成供应商短名单后，在采购寻源过程中，将供应商短名单与物料品类进行关联，对采购寻源方式进行控制。 支持短名单建立和使用方案、资格预审及现场考察、结果发布、信息报送与备案、使用维护
绩效评估	按照供应商分级管理的思路，通过预先设定好的关键绩效指标对集采供应商的日常表现进行定期的监控和考核。 系统内的主要功能包括指标库、模板库、权重配置、多维度评估模式（供应商维度/物料维度）、自动关联涉及部门及供应商、模板应用范围可配置、采购信息统计分析、采购客观指标报表、绩效考评结果控制、绩效考评集成等内容

6.3.5.6 采购管理子系统功能简述

采购管理子系统功能如表6-18所示。

表 6-18 采购管理子系统功能简述

功能名称	功能简述
采购需求	支持采购需求计划编制、平衡利库、计划审批等业务
采购计划	支持采购方案编制、采购行项目创建、采购标包划分、采购文件编制、采购计划创建、审核、审批。 采购计划提报及维护功能用于一体化集中管控系统未覆盖单位的计划提报,同时可以自动检查采购计划重要信息是否完整、相关字段的填写是否符合要求、采购计划需求时间是否合理、是否存在其他逻辑错误等。 采购计划汇总功能用于对采购计划进行自动汇总。系统支持按照不同条件(包括:物料类别、计划来源、计划提报组织、计划周期、计划提报时间)对采购计划进行汇总,并按物料编码对数量做汇总统计。 采购计划分解功能支持对采购申请的数量进行在线拆分,使原有一行计划变成多行,并保持其他信息与原计划信息一致
采购寻源	招标采购寻源、采购结果审定;非招标采购寻源、采购结果审定。 采购寻源管理中包括寻源文件的编制及审批、供应商在线投标报价、开评标管理及授标等功能环节,通过这些系统功能,有效地对寻源过程中的重要节点进行管控,保障寻源过程中公平、公正、公开原则的落实,实现整个寻源过程的阳光性及合规性。 采购寻源管理模块包括寻源文件编制及审批、寻源文件发布、供应商在线投标/报价、开评标管理、中标结果审批、授标管理等内容
合同管理	主要实现根据评标结果创建执行合同、合同文本管理和协议类合同管理的过程,具体包含合同签订、合同执行、合同变更、合同纠纷处理、合同关闭等环节
监造管理	针对成套设备采购合同、定制专用设备采购合同等交付方式较复杂的合同,开发合同执行状态监控功能,由业务人员及时跟踪供应商合同完成情况并登记完成信息,在供应商协同功能启动后,可以与供应商协同进行对接实现监造协同。包括供应商制造过程监督、质量抽查、性能试验、出厂检验、货品运输等环节
调剂调拨	支持物资调入方调剂调拨计划提报、审批、物资评估、签署合同、交货验收

6.4 生产执行层应用系统

智慧化工生产执行层应用系统(表6-19)是智慧化工建设的核心内容,覆盖了化工产业生产计划、组织、执行、调度、设备、安健环管理、物流与销售、统计与分析、绩效管理与对标管理的全过程,是化工产业运营管理的基础和集中体现。在生产执行层应用系统基础上,进行数据集成、应用集成和业务集成,大力推进建设化工产业生产运营管控系统。

表6-19 生产执行层应用系统清单

序号	系统名称
1	职业卫生健康管理系统
2	职业病防治管理子系统
3	劳动保护管理子系统
4	危害因素监测评价管理子系统
5	班组建设管理系统
6	承包商管控系统
7	产品研发管理系统
8	新技术研发管理子系统
9	新产品开发管理子系统
10	工程项目管理系统
11	项目前期管理子系统
12	项目设计管理子系统
13	招标与采购管理子系统
14	项目建设管理子系统
15	"三同时"管理子系统
16	生产准备管理子系统
17	试车管理子系统
18	先进生产管理系统
19	计划与统计管理子系统
20	生产调度管理子系统
21	生产作业管理子系统
22	经营对标管理子系统
23	仓储配送管理子系统
24	工艺管理系统
25	工艺技术管理子系统
26	化工"三剂"管理子系统
27	对标分析管理子系统
28	设备管理系统
29	设备信息管理子系统
30	维护管理子系统

续表

序号	系统名称
31	大修管理子系统
32	检修作业管理子系统
33	状态检修管理子系统
34	老旧装置管理子系统
35	承包商规范化管理子系统
36	技术监督管理系统
37	安全管理系统
38	安全基础管理子系统
39	双重预防管理子系统
40	重大危险源管理子系统
41	危险化学品管理子系统
42	特殊作业监管管理子系统
43	安防管理子系统
44	生态环保管理系统
45	环保法律法规标准规范管理子系统
46	污染源管理子系统
47	环境监测管理子系统
48	VOCs治理管理子系统
49	生态建设管理子系统
50	质量管理系统
51	煤质管理子系统
52	水质管理子系统
53	原辅材料管理子系统
54	产品管理子系统
55	能源管理系统
56	能源网络管理子系统
57	能源利用管理子系统
58	节能管理子系统
59	碳资产管理系统
60	碳计划管理子系统

续表

序号	系统名称
61	碳足迹管理子系统
62	碳减排管理子系统
63	碳交易管理子系统
64	物流管理系统
65	物流网络管理子系统
66	物流管理子系统
67	数字孪生系统
68	生产工艺模拟调优系统
69	实验室信息管理系统
70	操作培训系统
71	现场作业集成系统

6.4.1 职业卫生健康管理系统

6.4.1.1 系统定位

化工职业卫生健康管理系统定位于对集团公司内部从业人员职业性健康全流程、系统性管理和监测的智能分析管控系统，能够及时反映出每个阶段从业人员各个方面的职业健康水平和工作场所职业危害水平，并实现职业病三级防护目标，是一套集数据化管理、过程监护、智能分析、智能预警、决策支持的智能辅助管理系统。

6.4.1.2 建设目标

实现劳动防护用品全流程自动化管理，能够提供相关智能预警，为配备标准的修订提供决策支持；能够对从业人员职业健康体检进行记录分析，为职业病防治提供基础管理和技术支持；对固定工作场所职业危害因素检测数据实现在线传输、记录和分析，并进行智能预警和治理管理；对基础管理能够实现数据信息化，逐步向智能化转变，为后续管理提供技术支持，实现信息管理替代和管理减负。

6.4.1.3 组织管控能力层级及用户

本系统是"智慧生产级"应用系统,主要使用者为集团公司领导,化工产业管理人员、安全环保监察人员,子分公司领导、安全管理人员及其他从业人员等。

6.4.1.4 智能特征能力简述

本系统主要结合先进生产管理系统、安全管理系统等使员工在生产过程中免遭或减轻事故伤害或职业危害,对生产过程、生产环境和劳动过程中存在的职业病危害因素进行数字化评估与评价,使员工有更多幸福感和获得感,更加身心愉悦。

6.4.1.5 职业病防治管理子系统功能简述

职业病防治管理子系统功能如表6-20所示。

表6-20 职业病防治管理子系统功能简述

功能名称	子功能名称	功能简述
职业病防治	防治计划	实现计划编制、审批、发布等功能
	危害警示告知	实现职业危害现场警示、职业危害告知等功能
	防治宣传教育培训	实现培训计划、培训记录、培训考核、培训档案管理等功能
	危害申报	实现危害申报、申报变更等功能,与第三方平台建立数据互通共享功能
	职业病报告	实现职业病诊断鉴定,向政府有关部门、集团公司报告,建立台账,病人安置等管理功能

6.4.1.6 劳动保护管理子系统功能简述

劳动保护管理子系统功能如表6-21所示。

表6-21 劳动保护管理子系统功能简述

功能名称	子功能名称	功能简述
劳动保护	防护用品	实现防护用品的发放、登记、回收、处置、存档等功能
	防护设施	实现台账建立、维护保养、处理处置等功能

6.4.1.7 危害因素监测评价管理子系统功能简述

危害因素监测评价管理子系统功能如表6-22所示。

表6-22 危害因素监测评价管理子系统功能简述

功能名称	子功能名称	功能简述
危害因素监测评价	危害因素监测	实现职业病危害因素辨识、检测计划、检测实施、检测报告、结果公示、报告报备等功能
	危害现状评价	实现监测结果分析评价、存档、报备、治理措施效果跟踪评价等功能
健康监护	健康体检	实现健康检查计划、女工保护、新发职业病或疑似职业病报告、职业健康档案管理、职业卫生档案管理等功能

6.4.2 班组建设管理系统

6.4.2.1 系统定位

班组建设管理系统定位于以基层班组为着手和工作落脚点，开展职业健康、技能提升、过程规范化、精细化考核等活动实现精益生产和规范生产，通过制度化建设，规范员工行为，改变工作方式，摒弃不良习惯，从而实现班组管理的现代化、科学化、人性化，激发员工内生动力，在实践中不断地改善各项工作，更加身心愉悦。

6.4.2.2 建设目标

适应建立现代企业制度总体要求，按照安全文明标准化、生产管理精益化、基础管理精细化、班组环境定置化、员工行为规范化和文化引领持续化的要求，抓好企业基层组织管理、基础工作管理和基本技能管理，实现企业安全生产、精益生产、文明生产和员工幸福。

6.4.2.3 组织管控能力层级及用户

本系统是"智慧生产级"应用系统，主要使用者为集团化工产业管理人员、子分公司和基层单位生产管理人员，以及基层班组员工等。

6.4.2.4 智能特征能力简述

本系统主要通过现场移动应用、音视频采集、定位等设备，结合身份识别卡、人脸识别、语音识别、二维码等技术，实现班组管理信息便捷采集、全程采集，实现上级标准或规范的便捷触达，实现一地录入、多地使用，为基层员工减负，并提供一套融合物联网和人工智能技术的便捷数字化应用系统。

6.4.2.5 班组建设管理系统功能简述

班组建设管理系统功能如表6-23所示。

表6-23 班组建设管理系统功能简述

功能名称	子功能名称	功能简述
安全健康环保	安全生产责任制	按照中华人民共和国《安全生产法》的要求，制定安全生产责任制，班组员工安全责任清晰
	风险辨识与评估	作业环境风险和操作风险。对每一项工作的风险评估，确定高风险工作项目并制定防范措施
	班组措施与计划	安全目标控制措施，控制措施可操作性强
	班组安全活动	结合案例及生产事故通报，总结讲评本班组近期安全生产工作，查找安全薄弱环节及设备隐患，并提出改进措施
	班组安规考试	每年两次安规考试，新员工、转岗人员、雇员、承包商人员都要经过安全培训和安规考试合格才能上岗
	班组特种作业证	特种作业人员经过国家有资质部门培训合格后持证上岗
	班组交接班会	班组排班、交接班过程、交接班台账登记管理，班后会，要总结讲评当班工作和安健环情况
	班组不安全事件	发生未遂、违章行为和异常及以上不安全事件要及时进行通报并做好记录，严格按照事故"四不放过"执行
	班组安全检查	季节性检查和专项检查
	班组学习记录	日常学习计划、规章制度、事故预想和反事故安全措施、应知应会课程、材料及学习记录管理
	班组票证台账	班组各种作业票证、工作票等台账的登记与审核、确认、检索管理
技术技能优秀	班组月度工作计划和工作总结	有计划地安排和实施各项生产作业，进行月度总结，形成闭环管理

续表

功能名称	子功能名称	功能简述
技术技能优秀	班组操作规程	各岗位操作规程、岗位操作法等
	班组指令联锁报警	生产调度、车间工艺设备指令、工艺、设备、安全、环保联锁管理、各类自控、报警系统管理
	班组运行分析	进行一次运行分析,做到有内容、有措施、有考核,注重实效
	班组核算及节能减排	生产计划、消耗计划与实际完成产量、消耗量及盈利测算,实时生产班组运行成本。班组核算、竞赛管理办法,建立检查、考核机制。班核算、日统计、月考核,月度对节能减排工作进行总结,分析
	班组检维修	日常维护和计划检修,自检、互检和专检,做到边检修、边检测、边记录
	班组检修质量	采取先进的工艺和技术,提高设备的管理水平。大小修的质量管理,保证检修质量、质量验收单
	班组检修现场	现场的文明生产管理要符合6S可视化管理相关标准文件要求
	班组物资及节能	月度物资材料计划、物资领用、消耗台账。节能减排,修旧利废
	班组基础台账	班组基础工作,建立相应台账,台账清楚记录,数据真实准确
文明进步和谐	班组岗位责任制	岗位责任制,班组成员的职责分工明确
	班组绩效	班组内部人员考核计划、指标、考核记录、评价管理,紧密结合实际工作及日常表现
	班组制度	班务公开制度、班组岗位责任制、班组学习、培训制度、绩效考核制度、考勤管理制度、卫生管理制度、物资材料管理制度、工器具管理制度、技术资料管理制度、定置管理制度、风险评估管理制度
	班组考勤	考勤管理,对于违反劳动纪律的现象,应在班组绩效考核中体现
	班组现场	卫生区分工,生产现场保持整洁、无死角。定置管理。着装管理。班容班貌整洁,更衣室、值班室、控制室、交接班室达到"五净"和"五整齐"。检查材料、现场图片、视频等材料集中电子化管理
	班组技术资料及技术台账	规程、标准、技术台账、技术记录(包括原始记录)、图表、图纸、统计报表等技术资料、台账
	班组工器具及计量器具	各种工器具及计量器具的台账,定期检验工器具和计量器具、合格证粘贴、检验报告
	班组培训活动	班组培训制度和制定班组的年度培训计划、培训记录、培训学时、培训总结等
	班组技能培训	师傅带徒弟、技能鉴定、系统和行业专业培训、研讨、交流活动等,技能考试、培训记录、能力证书管理
	班组活动	劳动竞赛、岗位练兵、QC小组活动、提案

续表

功能名称	子功能名称	功能简述
文明进步和谐	班组员工档案	班组人员结构、年龄、文化程度、职称、技能等级、是否是党员或团员、等级证书、荣誉证书等
	班组文化宣贯	企业文化理念，行为规范，凝炼文化、故事或案例等
	班组文化建设	思想文化、技术文化、安全文化、团队文化、班组特色、班组亮点、班组口号、班徽、班歌等
	班组宣传报道	班组的好人好事，积极参与企业报纸、杂志、电视、广播等媒体的投稿工作和公司各类主题征文活动
	班组政治学习	形势教育、诚信教育、法治教育和社会公德、职业道德、家庭美德教育
	班组文体活动	公司组织的活动、班与班（值与值）之间的活动，如：棋类、球类、摄影、游泳、登山、演讲、卡拉OK比赛等
	班务公开	班组管理事务，包括考核、费用、任命、评优、奖惩、通知、公告信息等的管理
	班务会	班组成员总结上月工作，并提出下一步工作打算，班长点评并就搞好班组建设，增强班组成员凝聚力、向心力，建设一流的班组团队做出工作部署，最终形成班组上月工作总结和下月工作计划
	班组民主	合理化建议、CTPM改善提案、谏言献策、意见箱、网络论坛、调查问卷等方式，班组成员参与民主管理、民主监督、民主决策，渠道畅通，效果好

6.4.3 承包商管控系统

6.4.3.1 系统定位

承包商管控系统定位于为化工企业提供一套规范化的承包商选择、资质管理、安全协议、入厂管理、工程建设、检维修作业、工程技术服务、施工安全、考核评价等方面进行数字化管理系统。

6.4.3.2 建设目标

强化承包商管理，提高供应商选择、工程建设、工程检维修作业、工程技术服务、工程安全等管理水平，规范施工作业，提高供应商服务保障能力。

6.4.3.3 组织管控能力层级及用户

本系统是"智慧生产级"应用系统,主要使用者为集团化工产业管理人员、安全环保监察管理人员,子分公司领导、生产管理人员及其他管理人员等。

6.4.3.4 智能特征能力简述

本系统实现承包商管理员自主进行信息维护,实现数据留痕,并关联身份识别、门禁考勤、现场音视频采集等技术,实现现场安全管理、教育培训管理、电子作业票管理、特种作业资质有效性管理等,提高承包商信息采集的及时性和准确性,全过程、全方位对承包商进行评价与考核,填补承包商管理数字化手段缺失的漏洞与不足。

6.4.3.5 承包商管控系统功能简述

承包商管控系统功能如表6-24所示。

表6-24 承包商管控系统功能简述

功能名称	子功能名称	功能简述
承包商安全管理	台账档案	实现承包商资质及人员档案,全流程台账管理,承包商管理档案集成等功能
	培训教育	实现承包商入场(厂)培训考核、场(厂)内制证发证、持证上岗管理等功能
	安全作业	实现人员出入管理,关键人员变更管理,人员有效性管理,工器具管理,安全检查,应急管理等功能
	考核评价	实现承包商要素评价管理、评价制度执行、奖惩考核机制兑现管理等功能

6.4.4 产品研发管理系统

6.4.4.1 系统定位

产品研发管理系统定位为服务于化工产业专业化研究单位、设计单位、化工生产企业研发部门,开展新技术研发、产品开发,为化工研发管理人员、技术人员提供的统一业务应用系统。

6.4.4.2 建设目标

提升研发单位的沟通和协同工作效率，及时了解研发项目的进度及存在的问题，及时为管理层提供准确的信息，帮助管理者进行科学决策。

6.4.4.3 组织管控能力层级及用户

本系统是"智慧生产级"应用系统，主要使用者为集团化工产业管理人员、子分公司管理部门、专业化研究单位、设计单位、生产企业研发部门的管理人员、技术人员。

6.4.4.4 智能特征能力简述

本系统通过自主研发或套装软件采购，建立一套服务于设计单位和设计人员的通用设计软件工具，包括办公管理类、绘图制图类、三维建模类以及设备设计、工艺设计等专业类研发设计软件，结合自然语言识别，兼容更多主流设计成果数字格式，提高工程设计专业化和标准化水平，与数字化设计和移交管理系统等各类数字化、智慧化应用，实现标准一致、格式一致、接口一致，为建立数字化工厂、智能制造、智慧化工奠定坚实基础。

6.4.4.5 新技术研发管理子系统功能简述

新技术研发管理子系统功能如表6-25所示。

表6-25 新技术研发管理子系统功能简述

功能名称	功能简述
实验室验证	结合技术成果特性开展市场需求调研，确定技术问题定义，进行实验方案设计、实验平台搭建、技术指标验证测试。在实验方案设计与技术指标验证测试中可借助分子模拟、量化计算或工艺模拟等手段协助进行
中试验证	结合实验室验证情况和实际需要进行中试方案设计，筛选、搭建中试平台，组织技术指标中试验证

续表

功能名称	功能简述
工艺包编制	系统梳理实验室验证、中试验证成果，组织撰写说明书、工艺流程图（PFD）、初版管道仪表流程图（P&ID）、建议的设备布置图、工艺设备一览表、工艺设备数据表（附设备简图）、能流图、催化剂及化学品汇总表、取样点汇总表、材料手册（需要时）、安全手册（包括职业卫生、安全和环保）、操作手册（包括分析手册）、物性数据手册以及有关的计算书等资料，并进行先进性、合规性审查

6.4.4.6 新产品开发管理子系统功能简述

新产品开发管理子系统功能如表6-26所示。

表6-26 新产品开发管理子系统功能简述

功能名称	功能简述
开发方案策划	通过问卷调查、销售情况分析等形式开展市场需求调研，分析市场新产品核心需求和装置切合度，组织新产品方案设计、生产方案编制
试生产	组合生产设施，调整生产条件，优化新产品生产线工艺技术，全过程控制新产品质量，及时总结生产异常情况，持续完善直至最优
质量认证	建立健全新产品质量标准，实现新产品进入市场的认证，准备新产品的试销等

6.4.5 工程项目管理系统

6.4.5.1 系统定位

工程项目管理系统定位为化工工程项目（含新建、扩建、技改项目）前期、设计、采购招标、建设、试车、生产准备的全流程监督管理。通过资料档案的完整、标准、及时获取、维护、查阅、提取、对标，实现工程项目合规化、标准化、数字化和智能化管理，有效提高工程质量和上级监管效能，最大限度实现工程项目全流程可控、在控、优化提升。

6.4.5.2 建设目标

建立化工工程项目管理系统，实现三级管理模式下，集团公司、子分公司、项目公司对项目进度、投资、质量和安全等方面的智慧化管理，通过关键指标预警、可视化、人工智能等手段实现过程管控，确保项目按预定目标建设，提升集团公司工程建设质量和管理水平。

6.4.5.3 组织管控能力层级及用户

本系统包含集团公司、子分公司、项目单位三个层级，集团公司、子分公司用户主要是管理人员，项目单位用户包含项目管理人员及设计、施工、监理、主设备供货商等参建方。

6.4.5.4 智能特征能力简述

智慧化工程管理，以计划为龙头、以合同为中心、以投资控制为重点，协同有序开展进度控制、投资控制、质量控制、安全控制、合同管理、文档资料管理等功能。计划的产生借助人工智能、互联网、大数据，通过对设计图纸、工程量、工序和环境的有效分析测算，实现对人员、机械、材料等的合理配置，形成最高效、最经济、最安全的施工组织模式，最科学的施工计划安排，实现整个项目建设在安全、质量、投资、进度的最优化。

本系统主要通过对接产品研发管理系统，或通过自然语言处理，与可信的第三方项目管理软件及设计成果进行互联互通，支持项目建设前开展的基础设计、施工图设计及数字化设计移交管理等功能，并与数字孪生系统对接，对工程项目管理过程及工程成果进行数字化、可视化展示。

6.4.5.5 项目前期管理子系统功能简述

项目前期管理子系统功能如表6-27所示。

表6-27 项目前期管理子系统功能简述

功能名称	功能简述
初步可行性研究	系统固化立项前所需办理的合规性文件及立项条件，录入办理情况、外部条件及边界条件等。线上提报立项申请，系统先行判断是否满足立项条件，对不满足项提出预警，线上审查、审批项目立项申请。实现相关资料编制或获取、上传、维护，并可供查阅、调取
可行性研究	系统固化投资决策所需办理的合规性文件及投资决策条件，录入批复性文件办理情况、外部条件及边界条件等。线上提报投资决策申请，系统先行判断是否满足投资决策条件，对不满足项提出预警，线上审查、审批项目投资申请。实现相关资料编制或获取、上传、维护，并可供查阅、调取

6.4.5.6 项目设计管理子系统功能简述

项目设计管理子系统功能如表6-28所示。

表6-28 项目设计管理子系统功能简述

功能名称	功能简述
初步设计（基础工程设计）	支持文件编制、审核、提交，线上提交初步设计审批申请，审查，批复，文件归档
施工图（详细工程设计）	支持出图计划、出图质量管理、变更管理、图纸移交、图纸借阅、图纸归档（含施工图、竣工图）。相关资料获取、维护，并可供查阅、调取
设计数字化成果	支持数字化设计、审核、评审、交底、移交；虚拟工厂设计、审查、评审、交底、移交。相关资料获取、维护，并可供查阅、调取

6.4.5.7 招标与采购管理子系统功能简述

招标与采购管理子系统功能如表6-29所示。

表6-29 招标与采购管理子系统功能简述

功能名称	功能简述
招标及合同	关联合同包划分原则，非招标及招标文件编制、审核、开标、评标及归档，合同编制、审核、签订、执行、变更及归档。相关资料获取、维护，并可供查阅、调取
采购	采购原则制定、供应商寻源、出厂检验、到货验收。相关资料获取、上传、维护，并可供查阅、调取
出入库	物资清点、入库、保管、出库。相关资料获取、维护，并可供查阅、调取

6.4.5.8 项目建设管理子系统功能简述

项目建设管理子系统功能如表6-30所示。

表6-30 项目建设管理子系统功能简述

功能名称	功能简述
总体计划	总体网络计划编制，以总体网络计划为纲，智能化资源加载，排订图纸交付，设备材料交货，资金、人员、机械到位，施工计划等
施工组织	施工策划、施工方案编制及审批，识别现场开工条件，对未完成开工准备项进行预警，开展开工申请和审批，承包商及服务商管理。相关资料编制或获取、上传、维护，并可供查阅、调取

续表

功能名称	功能简述
安全	建立和审批安全风险预控管理体系，提示专职安全机构设置，辅助落实安全生产责任制，配置管理资源，建立安全培训模块，开展危险源辨识与动态管控，系统建立应急预案与应急演练，开展考核及奖罚管理，环境及职业危害管理。相关资料编制或获取、上传、维护，并可供查阅、调取
质量	建立和审批质量控制体系，建立和审批质量计划、质量控制点。完成过程控制、监督检查、考核、验收。相关资料编制或获取、上传、维护，并可供查阅、调取
造价	提供有效可靠的平台，开展预算、概算编制及审查，造价分析，工程结算。相关资料获取、维护，并可供查阅、调取
工期	进度计划编制、跟踪、预警及纠偏。计划上传、实时跟踪更新进度情况，并能够根据对比数据，提出计划调整建议
变更	变更申请、审查、审批。相关资料编制或获取、上传、维护，并可供查阅、调取
竣工决算	融资筹划、资金管理、税务管理、费用审批、资产管理、竣工决算。相关资料获取、维护，并可供查阅、调取
竣工验收	专项验收完成情况，竣工决算审计情况，竣工验收条件复核，竣工验收报告编制，审查，竣工验收开展及鉴定证书审批。相关资料编制或获取、上传、维护，并可供查阅、调取

6.4.5.9 "三同时"管理子系统功能简述

"三同时"管理子系统功能如表6-31所示。

表6-31 "三同时"管理子系统功能简述

功能名称	功能简述
消防"三同时"	消防专篇编制、提交、审批，消防设施与主体工程同时设计、施工建设并接受检查监督，试生产，专项验收，投产。相关资料编制或获取、上传、维护，并可供查阅、调取
安全"三同时"	安全专篇编制、提交、审批，安全设施与主体工程同时设计、施工建设并接受检查监督，试生产，专项验收，投产。相关资料编制或获取、上传、维护，并可供查阅、调取
环保"三同时"	环保专篇编制、提交、审批，环保设施与主体工程同时设计、施工建设并接受检查监督，试生产，专项验收，投产。相关资料编制或获取、上传、维护，并可供查阅、调取
职业卫生"三同时"	职业病危害防护设施设计专篇编制、提交、审批，职业病防护设施与主体工程同时设计、施工建设并接受检查监督，试生产，专项验收，投产。相关资料编制或获取、上传、维护，并可供查阅、调取

6.4.5.10 生产准备管理子系统功能简述

生产准备管理子系统功能如表6-32所示。

表6-32 生产准备管理子系统功能简述

功能名称	功能简述
生产条件准备	生产准备工作纲要编制、审查、审批及归档；人员准备、技术准备、物资准备、资金准备、营销准备、外部条件准备等复核。相关资料编制或获取、上传、维护，并可供查阅、调取
工程收尾	未完工程和工程尾项清理，整改消缺情况、"三查四定"情况记录。相关资料编制或获取、上传、维护，并可供查阅、调取

6.4.5.11 试车管理子系统功能简述

试车管理子系统功能如表6-33所示。

表6-33 试车管理子系统功能简述

功能名称	功能简述
单机试车及工程中交	单机试车方案确认，试车记录、存档。中交条件检查、确认，工程实物量、资料、调试记录、专用工具、备品备件、材料等交接，中间交接协议书签订上传。相关资料编制或获取、上传、维护，并可供查阅、调取
联动试车	联动试车条件检查、确认，联动试车过程管理。相关资料编制或获取、上传、维护，并可供查阅、调取
投料试车	投料试车条件检查、确认，投料试车过程管理。相关资料编制或获取、上传、维护，并可供查阅、调取
性能考核	性能考核条件确认，性能考核实施，考核评价报告编制，生产遗留问题处理记录，总结、备案、归档。相关资料编制或获取、上传、维护，并可供查阅、调取
移交生产	固定资产清册的编制及审查，资产移交

6.4.6 先进生产管理系统

6.4.6.1 系统定位

先进生产管理系统定位为生产执行层核心系统，是过程控制系统和一体化集中管控平台的桥梁系统。本系统自过程控制层读取DCS等自动控制系统的数据，在系统内进行综合的计划、跟踪、平衡、分析、优化和统计汇总，并向上层应用系统提供可供展示和分析的基础数据和统计数据，为管理决策提供数据支撑。

6.4.6.2 建设目标

通过先进生产管理系统，实现计划、调度、统计、物料、操作、计量、质量、工艺等生产相关业务的信息化全面覆盖，实时掌控生产计划进度跟踪、现场调度、产品质量、工艺参数、中间产品信息、装置运行等情况，提高系统对变化的响应能力，增强生产数据统计分析的及时性、准确性，实现全厂物料平衡，切实服务于生产操作，降低劳动负荷，挖掘生产数据的价值，提升班组管理水平达到生产管控标准化、精细化、可视化和实时化，与能源、设备管理、供应链等系统协同，建立生产一体化优化能力，建立化工产业生产管理新模式。

6.4.6.3 组织管控能力层级及用户

本系统是"智慧生产级"应用系统，主要使用者为集团公司领导，化工产业管理人员，子分公司和生产企业各级领导、生产管理及班组管理操作人员等。

6.4.6.4 智能特征能力简述

本系统基于工业互联网，集成化工生产制造执行过程的全量业务数据，利用数据分析与优化挖掘，实现数据要素驱动的全厂、全产业生产运营数据全程受控、全面覆盖和全时共享。一是全面优化，实现业务表单化、表单数据化、数据无纸化。同时结合物联网技术，快速实现各类生产要素的自动采集，并开发信息展示与发布系统，借助虚拟现实技术，实现信息在全厂的平滑流动及推送服务。建设与业务高度融合的仓储管理自动化系统，降低人工信息录入及检索的劳动强度。丰富常规作业与特殊作业的智能终端应用场景，建设人机交互平台，促进人与智慧化工的融合程度，实现自组织、自适应的生产。智能化生产系统必须实现自组织、自适应的生产，实现向按需调用、柔性生产模式的转变。

6.4.6.5　计划与统计管理子系统功能简述

计划与统计管理子系统功能如表6-34所示。

表6-34　计划与统计管理子系统功能简述

功能名称	功能简述
生产计划	结合企业装置特点、市场需求变化等实际情况，编制装置的年、月、周、日生产计划，配套原辅材料及能源（如煤）的年、月、周、日生产计划、检修计划等。从同比、环比、进度计划完成情况等角度分析生产计划完成率等计划编制、执行质量
统计分析	产品产量、销量、各类原辅料消耗日统计、月统计、年统计

6.4.6.6　生产调度管理子系统功能简述

生产调度管理子系统功能如表6-35所示。

表6-35　生产调度管理子系统功能简述

功能名称	功能简述
生产调度	组织参加调度相关会议确定指令，适时监控调度人员与装置值班、交接班管理保证渠道畅通，对比调度令管理、日常调度报表确保指令执行到位。生产异常工况的及时报警、记录，调度协调异常处置程序的响应、异常工况装置恢复

6.4.6.7　生产作业管理子系统功能简述

生产作业管理子系统功能如表6-36所示。

表6-36　生产作业管理子系统功能简述

功能名称	功能简述
常规作业	编制、修订、发布岗位操作法，组织员工岗位操作培训与实操，对操作过程进行记录、检查与考核，适度介入交接班、岗位巡检过程监管等。编制、审批正常开停工方案并组织实施
异常操作	编制、审批、培训异常状态处置方案（停水、电、汽、风及设备异常等），异常工况下的组织岗位实施应急处置
特殊作业	编制、审批特殊作业方案，组织培训、演练，全过程监控特殊作业前生产工艺交出等关键节点

6.4.6.8 经营对标管理子系统功能简述

经营对标管理子系统功能如表6-37所示。

表6-37 经营对标管理子系统功能简述

功能名称	功能简述
经济竞争力对标	定期进行经营竞争类指标对标（吨产品毛利润、吨产品净利润、吨产品综合销售收入、吨产品完全成本、毛利率、净利率、营业收入利润率、全员劳动生产率、人均利润率、人均净利润、人均营业等），形成报告（包括优劣势分析、建议措施）并推送相关人员
盈利能力对标	定期进行资产负债率、利息保障倍数、成本费用率、营业利润率、净资产收益率、利润总额、净利润、总资产利润率等指标对标，形成报告并推送相关人员
企业现金能力对标	定期进行自由现金流、现金回收率、流动比率、速动比率、现金比率、营运资本比率、研发投入强度等指标对标，形成报告并推送相关人员
资产运营效率对标	定期进行总资产周转率、固定资产周转率、存货周转天数等指标对标，形成报告并推送相关人员
成本指标对标	定期重点开展原辅料生产成本、修理费、管理费用、财务费用、折旧及摊销等指标对标，形成报告并推送相关人员

6.4.6.9 仓储配送管理子系统功能简述

仓储配送管理子系统功能如表6-38所示。

表6-38 仓储配送管理子系统功能简述

功能名称	功能简述
仓库信息	支持仓库名称、面积、储存方式、物资类别等基本信息维护
出入库	支持物资计量（过磅）、卸货、拆包、清点、质量检测、入库验收、单据管理。领用需求、出库（配送）计划、出库（配送）执行、退库管理、单据管理
储存管理	支持台账建立、应急储备、联储共备、代储、货品保养、货品移动、清查盘点、损耗处理。消耗定额、储备定额、闲置物资管理与利用、废旧物资管理与处置
拣货管理	支持动态分拣、拣货确认、审批
配送（领用）管理	配送需求、配送计划、配送执行、配送结算、配送基础数据管理

6.4.7 工艺管理系统

6.4.7.1 系统定位

工艺管理系统主要服务企业车间工艺人员，工艺数据可实时查看及统计，工艺资料集中管理，工艺流程审批线上执行，规范了企业工艺管理流程，也提高了工艺人员工作效率。同时，通过本系统开展化工"三剂"管理与推动企业对标提升活动。

6.4.7.2 建设目标

建设统分结合、上下一体的生产工艺管控系统，实现基于统计分析模型的生产工艺管控可视化展示、自动化预警和分析决策支持功能，实现基于生产管理信息平台的在线审批、报表各取所需、企业内部现场控制层与管理层之间的信息互联互通，推动管理变革、支撑业务发展，建立化工产业生产工艺管控新模式，全面提升企业工艺技术管理效率与水平。

6.4.7.3 组织管控能力层级及用户

本系统主要使用者为化工产业业务分析人员、子分公司和生产企业各级领导、工艺技术管理及操作人员等。

6.4.7.4 智能特征能力简述

本系统主要与生产过程控制、过程状态监测系统集成，及时获取重要点位工艺参数、工况状态量值以及关键计量节点量值数据，结合技术规程、工艺卡片、工艺标定、工艺变更、工艺联锁和工艺台账等关键数据，通过工艺模型测算，为智能排产、物料平衡、能源平衡提供数据支撑，为实时工艺优化提供方案支撑。

6.4.7.5 工艺技术管理子系统功能简述

工艺技术管理子系统功能如表6-39所示。

表6-39 工艺技术管理子系统功能简述

功能名称	功能简述
工艺技术规程	按法规要求、实际需要、文控规定编制、修订、发布工艺技术规程并监控培训与实施，各节点自动监控、提醒

续表

功能名称	功能简述
工艺卡片	按法规要求、实际需要、文控规定编制、修订、发布工艺卡片，各节点自动监控、提醒
工艺标定	编制工艺标定计划、工艺标定方案并严格执行
工艺变更	对原辅材料和介质变更、工艺路线变更、公用工程变更、生产能力变更等按法规要求、实际需要、文控规定进行管理，各节点自动监控、提醒
工艺联锁	建立完善工艺联锁清单；对工艺联锁的投切、变更、修订管理严格执行程序并按节点监控、提醒；实时监控工艺联锁状态、定期调校工艺联锁等
工艺台账	建立完善并定期更新工艺运行参数、工艺考核、技改、工艺指标变更等工艺台账

6.4.7.6 化工"三剂"管理子系统功能简述

化工"三剂"管理子系统功能如表6-40所示。

表6-40 化工"三剂"管理子系统功能简述

功能名称	功能简述
技术准入	建立重点"三剂"技术准入条件，按节点进行"三剂"质量管理
计划与统计	按生产计划匹配重点"三剂"使用计划，自动统计、分析使用量
使用管理	重点"三剂"研发与国产化试用，定期开展使用性能评价，按法规要求、企业制度监控废弃"三剂"收集、储存、转运、处置等

6.4.7.7 对标分析管理子系统功能简述

对标分析管理子系统功能如表6-41所示。

表6-41 对标分析管理子系统功能简述

功能名称	功能简述
工艺技术运行分析	支持对项目运行的工艺技术情况进行月度、季度、年度分析等活动
对标分析	支持对内外部同类型装置原辅料消耗指标、能耗指标、碳排放指标等对标分析，提升项目运行质量

6.4.8 设备管理系统

6.4.8.1 系统定位

化工设备管理系统定位，以设备完整性管理理念为导向，建立完善的全信息数据管理，从设备设计选型安装、日常维护管理、检修作业管理、预测性检维修、改造更新直至报废全生命周期进行科学化管理，以信息系统为载体，数据驱动为核心，对设备进行实时监测、动态管理、事前预警、计划维修等业务进行一体化管控，全面实现化工产业设备管理数字化、模型化、绿色制造、智能制造转型。

6.4.8.2 建设目标

将设备管理业务与现代信息技术深度融合，全面提升设备感知、预测、分析优化能力，与设备状态监测数据有效集成，结合生产工艺指标、智能巡检等信息，为智能分析、智慧决策模型提供有效数据支撑，动态有效掌控设备运行情况，事前预警，制定行之有效的设备管理策略，达到物联与可视化工厂设备的全生命周期智能管理，实现生产设备网络化、数据可视化、文档无纸化、过程透明化、现场作业标准化等先进技术应用。为各企业管理者提供及时、准确、完整的设备管理信息，实现设备管理的智慧化。

6.4.8.3 组织管控能力层级及用户

本系统是"智慧生产级"应用系统，主要使用者为集团化工产业管理人员，子分公司和生产单位专业管理人员、设备技术人员和现场操作人员等。

6.4.8.4 智能特征能力简述

本系统基于大机组和机泵状态监测数据信息，结合专家经验、典型设备故障事故案例及大数据分析技术构建模型，通过参数调优、增加变量、算法升级、人工智能学习等方式不断优化模型，实现多维度描述设备在线健康程度。基于容器和管道监测数据信息，构建材料机理模型，结合腐蚀工况传感器装置跟踪实际腐蚀情况，建立腐蚀规律模型。基于AI、机器学习、聚类分析等先进算法技术，对海量典型设备故障案例和数据挖掘分析，构建设备预测性检维修量化模型，实现自动生成设备预测性检维修周期及维修策略。基于机理模型、知识工程模型、数据驱动模型，结合各模型的特点重点探讨故障监测与诊断中混合建模的思路，建立设备故障树，自动设备维护保养方案。

6.4.8.5 设备信息管理子系统功能简述

设备信息管理子系统功能如表6-42所示。

表6-42 设备信息管理子系统功能简述

功能名称	子功能名称	功能简述
信息管理	设备台账	实现企业各种类型设备的数量、分布情况及变动情况统计
	技术档案	实现文档信息建立、设备、功能位置和设备技术参数等归档

6.4.8.6 维护管理子系统功能简述

维护管理子系统功能如表6-43所示。

表6-43 维护管理子系统功能简述

功能名称	子功能名称	功能简述
维护	动设备	实现动设备开停机状态记录；运行时间统计；润滑油、加（换）油预警；点巡检及记录、缺陷记录及处理；机组特护信息与状态监测数据集成，发现异常及时提醒等功能
	静设备	实现静设备检验检测、防腐蚀、点巡检记录、缺陷记录及处理等功能
	电气设备	实现电气设备预防性试验的计划编制、试验结果记录和技术资料、点巡检记录、缺陷记录及处理等
	仪表设备	实现仪表"四率"自动统计、点巡检记录、缺陷记录及处理等功能
	特种设备	实现特种设备使用合规化、点巡检记录、缺陷记录及处理等功能
	设备变更	实现设备变更、更换与原设备不同的设备、配件和材料代用等功能

6.4.8.7 大修管理子系统功能简述

大修管理子系统功能如表6-44所示。

表6-44 大修管理子系统功能简述

功能名称	子功能名称	功能简述
大修	策划	实现大修停工计划、管理目标、管理框架、各部门任务、监督考核机制等功能
	计划	实现大修计划、设计、物资采购、承包商和项目对接及交底、人员工机具准备、施工方案等功能
	进度	实现大修开停工、安全、健康、环保、进度、文明施工、项目变更、后勤和宣传等功能
	质量	实现大修项目验收、签证、交工资料等功能
	费用	实现大修资金计划及审批、实际资金投入、项目结算等功能
	评价	实现大修项目竣工资料、决算资料、检修总结及评价等功能

6.4.8.8 检修作业管理子系统功能简述

检修作业管理子系统功能如表6-45所示。

表6-45 检修作业管理子系统功能简述

功能名称	子功能名称	功能简述
检修作业	检修任务书	实现检修任务书编制、审批、执行、归档等功能
	检修方案	实现检修方案编制、审批、执行、归档等功能
	检修作业包	实现检修作业包编制、审批、使用等功能
	检修作业票	实现检维修作业票申请、审批、下达、验收、归档等功能

6.4.8.9 状态检修管理子系统功能简述

状态检修管理子系统功能如表6-46所示。

表6-46 状态检修管理子系统功能简述

功能名称	子功能名称	功能简述
状态检修	转动监测	实现基于大机组和机泵状态监测数据信息，结合专家经验和典型设备故障事故案例构建模型，不断通过参数调优、增加变量、算法升级等方式优化迭代模型，实现多维度描述设备在线健康程度等功能

续表

功能名称	子功能名称	功能简述
状态检修	腐蚀预测	实现基于容器和管道监测数据信息，结合专家经验和典型设备故障事故案例构建模型，通过材料机理，解析实际腐蚀现象，建立腐蚀规律模型等功能
	故障诊断	实现基于AI、机器学习、聚类分析等先进算法技术，对海量典型设备故障案例和数据挖掘分析，构建设备预测性检维修量化模型，实现自动生成设备预测性检维修周期及维修策略等功能
	维修决策	实现基于机理模型、知识工程模型、数据驱动模型，结合各模型的特点重点探讨故障监测与诊断中混合建模的思路，建立设备故障树，决定维修计划等功能

6.4.8.10 老旧装置管理子系统功能简述

老旧装置管理子系统功能如表6-47所示。

表6-47 老旧装置管理子系统功能简述

功能名称	子功能名称	功能简述
老旧装置	评估	实现按照应急管理部印发的《危险化学品生产使用企业老旧装置安全风险评估指南》进行全面排查、评估安全风险，确定安全风险等级功能
	整治	实现根据老旧装置安全风险等级，制定"一装置一策"方案，实施改造提升、落实管控措施，开展分级分类治理等功能
	淘汰	实现经评估存在无法整改的重大风险隐患的，依法依规淘汰等功能
	利旧	实现对老旧装置原有设备进行能力、材料强度核算以及风险评估，保证其满足工艺性能及现行法律法规和设计等相关标准规范的要求，重新使用等功能

6.4.8.11 承包商规范化管理子系统功能简述

承包商规范化管理子系统功能如表6-48所示。

表6-48 承包商规范化管理子系统功能简述

功能名称	子功能名称	功能简述
承包商	"三九"管理规范	实现党建工作引领、安全质量标准、安健环文化、班组建设要求、安全培训考核、信息化管理、安健环投入、职业卫生健康、职工权益保障功能

续表

功能名称	子功能名称	功能简述
承包商	培训管理	实现安全教育、技能考核等功能
	人员管理	实现承包商资质及人员相关信息管理、工器具情况上报、预审功能、门禁管理、人员定位等功能
	评价管理	实现承包商表现评估模型，基于承包商资质等级等多方面因素，实现对承包商表现量化评价管理功能

6.4.9 技术监督管理系统

6.4.9.1 系统定位

化工技术监督管理系统定位为在集团侧与工厂侧的专业管理系统，通过现代信息技术和系统集成，对化工生产工艺、设备等关键技术对象进行实时监测和规范化管理，实现化工生产全过程、全维度的技术监督管理。

6.4.9.2 建设目标

依据有关法规、规范和标准要求，充分借助先进技术，建立化工产业三级完善的技术监督网络，实现技术监督信息的高度共享，实现技术监督实现全过程、动态、闭环管理，推动化工产业热电技术监督和工艺技术监督的系统化、规范化、智能化管理，从根本上消除事故隐患。

6.4.9.3 组织管控能力层级及用户

本系统是"智慧生产级"应用系统，主要使用者为集团化工产业管理人员、化工技术监督中心、各子分公司、基层企业各级领导和技术监督管理人员、设备技术人员等。

6.4.9.4 智能特征能力简述

本系统通过建立可灵活配置的监督指标、关键工作项等功能，从过程控制系统、状态监测系统获取实时数据信息，实现技术经济指标在线实时监督。根据各专业监督指标要求，实时显示化工工艺装置当前参数，比如温度、压力、液位等，并能调取指标的历史曲线进行分析；当监测值超出监督指标的设计值或阈值，系统及时进行报警提醒；对各点位的超标数据可进行检索查询，并将所有监测超标数据按超标监测点的超标上限和超标下限进行展示。

建设移动端监督平台，支持设备扫码、语音、图片文字上传、可视化分析及管理功能。

6.4.9.5 技术监督管理系统功能简述

技术监督管理系统功能如表6-49所示。

表6-49 技术监督管理系统功能简述

功能名称	子功能名称	功能简述
专业监督及技术支持管理	专业监督	专业监督包括以下八个专业的监督：工程建设、生产准备和试车、生产运行、设备、电气、仪器仪表、安全环保、热电中心。系统通过专业监督检查评价评分标准来评价各专业的工作和运行情况
	技术支持	为基层企业提供应急技术支持，协助完成故障诊断分析、试验报告及管理数据信息审核；协助基层企业建立技术监督信息数据库
	计划编制	基层企业制定监督计划、告警及问题整改计划，并负责审核相关内容；协助基层企业开展日常运行、检修技改中试验检测项目的分析、审核及技术指导
	重大技术问题管理	协助基层企业完成重大隐患缺陷、事故，以及机组非停等重大技术问题的技术调查分析和复核验收，编制、审核相关报告，根据共性问题编写防范措施及相关汇编
	告警管理	对各类现场查评、技术服务、技术支持或企业自查评等发现的告警问题，提出明确的整改意见和技术措施，协助完成告警问题的闭环管理和复核验收
	技术培训	①线下培训：组织专业监督服务范围内技术监督管理及专业技术人员业务培训，每年至少一次，至少覆盖到班组长及以上人员；②线上培训：与化工安全管控系统集成，通过技术监督管理系统等，实现技术监督人员培训全覆盖。支持维护技术监督相关培训题库、培训考试、培训计划、个人培训工作台（包括学习情况、考试情况及待学习、待考试内容）功能
	再监督服务	协助基层企业完成对外部单位开展技术服务工作的再监督，做好问题反馈及整改建议

续表

功能名称	子功能名称	功能简述
双重预防机制专业监督	风险、隐患和问题排查专业监督	支持对技术监督检查出各个专业的风险和隐患进行告警，重大、较大、一般风险和隐患的告警分别由集团公司、子分公司、基层企业挂牌督办
	风险的辨识、评价、控制和监控；隐患的排查和治理全过程监督	支持对技术监督检查出的风险和隐患进行告警，重大、较大、一般风险和隐患的排查和治理全过程监督
检查评价管理	监督项目检查	根据年初制定的年度监督计划，系统自动提醒，自动统计监督项目完成情况。相关试验报告具备上传系统的功能，重点项目试验报告中的关键数据系统自动存储，为后续趋势分析积累重要试验数据。同时，可以利用系统的该功能，检查各基层企业在基建、生产过程中，是否按照国家标准、规范要求开展检测、检验、检定、试验、化验等工作
	定期工作核查	系统具备定期工作核查管理功能，根据年初制定的定期工作计划，每季度定期统计盘点定期工作开展情况，相关定期工作的凭证均在系统上存储，系统能判断的自动判断。相关检验、化验的定期工作结果系统自动存储
	监督评价	系统具备自动评价功能，按照各专业的检查评价标准，针对指标类、自动统计类等评价条款系统自动判断，给出评价建议分值。预留其他需要人工干预的评分项，可以认为补充完善评价内容，系统自动生成评价报告，自动导出问题统计表，对问题的类型进行统计分析
	问题的闭环整改	系统将不同层级的技术监督检查、定期工作核查、专项检查的问题统计分类，按照"五定原则"统计问题的闭环整改情况，随时统计分析，随时查阅。对未按要求完成整改的问题，进行通报和挂牌督办
在线监测管理	在线监测	按照配置的监督指标，通过化工平台底座获取实时数据信息，实现技术指标的在线监督，当监测值超出监督指标的设计值或阈值，系统及时进行报警提醒
	重点指标的历史曲线	根据各专业监督重点监控指标要求，对化工工艺装置指标的历史曲线进行分析；对各点位的超标数据可进行检索查询，并将所有监测超标数据按超标监测点的超标上限和超标下限进行展示，并进行系统分析判断，给技术监督专家处理异常工况提供依据
	各专业自动告警管理	与化工安全管控系统集成，获取风险隐患相关信息并对其进行监督（重大、较大、一般）。化工技术监督系统支持录入监督检查发现的风险隐患信息，并对其进行监督，同时将相关信息传送给化工安全管控系统，实现系统互通，数据共享，满足技术监督系统对化工产业整体风险隐患的掌握和跟踪。系统提供问题的收入录入功能，分为告警通知单和告警录入单，系统按隐患级别、隐患类型、隐患整改情况等维度进行风险隐患分析，同时对存在隐患问题的单位要进行限期整改，掌握整改情况

6.4.10　安全管理系统

6.4.10.1　系统定位

安全管理系统定位为贯彻落实国家应急部《"工业互联网＋危化安全生产"试点建设方案》《危险化学品企业安全风险智能化管控平台建设指南（试行）》《化工园区安全风险智能化管控平台建设指南（试行）》《危险化学品企业双重预防机制数字化建设工作指南（试行）》等文件的建设要求，以安全生产标准化管理体系、化工企业安全风险预控管理体系为抓手，依托"工业互联网＋"整体架构，运用物联网、大数据、人工智能（AI）等新一代信息技术与安全管理深度融合，推进危险化学品安全管理数字化、网络化、智能化。按照"多层布局、分级管控、多级应用、三级联动"的思路，构建"工业互联网＋危化安全生产"技术体系和应用系统，提升安全生产风险感知评估、监测预警和响应处置能力，有效消除事故隐患，预防和处理突发事件，减少损失。

6.4.10.2　建设目标

通过对安全生产数据进行收集、整理、统计、分析，利用数据和模型辅助预测，给予安全管理决策层、执行层数据支持，化工安全管理从单一安全监管向综合治理转变。通过全方位的人防、技防、物防措施，把安全生产贯穿到企业生产经营全过程，严防风险演变、隐患升级导致生产安全事故发生，增强安全生产工作主动权。建立与现代化相适应的应急管理体系，统一划分综合网格，明确网格管理事项，做好风险评估、风险研判、监测预警、应急处置等应急管理全周期各环节的工作内容，全面实现依法应急、科学应急、智慧应急。借助智能化、数字孪生、智能装备、人工智能、安全监测监控技术，对危险化学品重大危险源、重大安全生产事故隐患及高风险作业实现全过程监测与动态管控，实现安全生产共建共治共享，保障企业生命财产安全。

6.4.10.3 组织管控能力层级及用户

本系统是"智慧生产级"应用系统，主要使用者为集团公司领导、化工产业管理人员、安全环保监察人员，子分公司领导、安全管理人员、调度指挥员、现场安全员和操作员、作业人员、应急处置救援救护人员。

6.4.10.4 智能特征能力简述

本系统集成完整的安全生产相关证照和报告信息，对生产全过程、全设备、全人员进行基础信息标准化管理，对重大危险源、危险品、危险场所和特殊作业环节、关键岗位进行数字化管理，包括实现实时数据监测、智能巡检、现场数字警示牌与数字化锁闭、人员定位、泄漏探测、视频分析、报警、多维分析、电子地图与数字建模，实时（短信）通知等。建立融合视频监控、门禁、生物识别、入侵报警、无线对讲、智能巡更与广播于一体的智能化系统，实现智慧安防，为智慧化工提供技术保安。

6.4.10.5 安全基础管理子系统功能简述

安全基础管理子系统功能如表6-50所示。

表6-50 安全基础管理子系统功能简述

功能名称	子功能名称	功能简述
安全基础管理	安全领导力	实现安全指导、安全关怀、安全控制等管理功能
	安全法律法规标准规范	实现法律法规标准文件收集查询、合规性评价、标准库维护更新等功能
	制度体系	实现制度计划管理、制修订管理、文本有效性管理、培训与执行等功能
	安全责任制	实现责任制的制定与修订、审批与执行、培训管理、绩效管理与奖惩兑现等功能
	安全生产投入	实现安全生产费用计提与使用计划、资金使用及结算记录、计划外资金审批与执行等功能
	安全监控	实现视频监测分析及智能预警管理、智能卡口管理、各类安全报警实时管理、电子围栏管理、人员GPS定位管理、安全监控事故调查与监察管理等功能

续表

功能名称	子功能名称	功能简述
安全基础管理	事故事件管理	实现事故事件分类分级管理、上报程序管理、事故调查与处理、事故"四不放过"核查与落实、事故反思与持续改进等功能

6.4.10.6 双重预防管理子系统功能简述

双重预防管理子系统功能如表6-51所示。

表6-51 双重预防管理子系统功能简述

功能名称	子功能名称	功能简述
双重预防管理	风险分级管控	实现风险辨识与评估、风险评价方法管理与应用、风险分级管理程序与动态更新、高度风险管控方案制修订与执行、各类风险削减措施执行与落实等功能
	隐患排查治理	实现隐患排查计划、隐患排查组织及方法管理、隐患等级评定与确认、隐患分级管理、"五定"治理与验收等功能

6.4.10.7 重大危险源管理子系统功能简述

重大危险源管理子系统功能如表6-52所示。

表6-52 重大危险源管理子系统功能简述

功能名称	子功能名称	功能简述
重大危险源管理	重大危险源辨识评估及备案	实现重大危险源辨识与评估、重大危险源政府备案及回执管理等功能
	重大危险源监测监控	实现重大危险源DCS数据监测、视频监控、报警预警、联动智能处置与应急处置等功能
	重大危险源管控	实现重大危险源档案管理、检查计划与执行管理、隐患排查治理、各类作业升级管控、人员及车辆出入管理、防静电防电磁管理等功能

6.4.10.8 危险化学品管理子系统功能简述

危险化学品管理子系统功能如表6-53所示。

表6-53 危险化学品管理子系统功能简述

功能名称	子功能名称	功能简述
危化品管理	危化品信息登记	实现信息记录填报、审批、备案等功能

续表

功能名称	子功能名称	功能简述
危化品管理	危化品生产管理	实现MSDS管理、生产工艺控制及过程安全管理、漏点管理、依法持证生产管理、检修计划与执行管理、危化品出入库管理、装卸车管理、安全检查管理等功能
	危化品使用管理	实现MSDS管理、危化品采购管理、出入库管理、装卸车管理、安全检查管理等功能
	危化品储存管理	实现MSDS管理、"三库"安全管理、计量管理、出入库管理、装卸车管理、安全检查管理等功能
	危化品运输管理	实现MSDS管理、运具安全检查与管理、装卸车管理等功能

6.4.10.9 特殊作业监管管理子系统功能简述

特殊作业监管管理子系统功能如表6-54所示。

表6-54 特殊作业监管管理子系统功能简述

功能名称	子功能名称	功能简述
特殊作业监管	动火作业	实现作业风险辨识与评价、特殊作业方案编制与审批、作业安全措施制定与落实、作业环境分析、作业票证申请审批、作业过程安全检查、作业后验收关闭等功能
	受限空间作业	实现作业风险辨识与评价、特殊作业方案编制与审批、作业安全措施制定与落实、作业环境分析、作业票证申请审批、作业过程安全检查、作业后验收关闭等功能
	吊装作业	实现作业风险辨识与评价、特殊作业方案编制与审批、安全措施制定与落实、作业票证申请审批、作业过程安全检查、作业后验收关闭等功能
	盲板抽堵作业	实现作业风险辨识与评价、安全措施制定与落实、作业票证申请审批、作业过程安全检查、作业后验收关闭等功能
	高处作业	实现作业风险辨识与评价、特殊作业方案编制与审批、安全措施制定与落实、作业票证申请审批、作业过程安全检查、作业后验收关闭等功能
	断路作业	实现作业风险辨识与评价、特殊作业方案编制与审批、安全措施制定与落实、作业票证申请审批、作业过程安全检查、作业后验收关闭等功能
	动土作业	实现作业风险辨识与评价、特殊作业方案编制与审批、安全措施制定与落实、作业票证申请审批、作业过程安全检查、作业后验收关闭等功能
	临时用电作业	实现作业风险辨识与评价、安全措施制定与落实、作业票证申请审批、作业过程安全检查、作业后验收关闭等功能

6.4.10.10 安防管理子系统功能简述

安防管理子系统功能如表6-55所示。

表6-55 安防管理子系统功能简述

功能名称	子功能名称	功能简述
安防管理	安保管理	实现人员管理、区域管理、视频监测管理、警情管理、安保检查、隐患治理、演练管理、到岗到位管理、值班管理、电子围栏、智能巡检等功能，形成安保基础管理数字化
	门禁管理	通过人脸识别、磁卡关联等技术手段，实现门禁权限管理、出入登记管理、防冲撞管理、防盗管理等功能
	报警管理	通过图像处理技术、电子感应设备等关联应用，实现联动报警、入侵报警、SOS报警、靠近报警、超速报警、轨迹异常报警等功能
	反恐防爆	利用物品识别、流程管理，实现安全检查、人员/车辆定位跟踪等基础管理功能

6.4.11 生态环保管理系统

6.4.11.1 系统定位

化工生态环保管理系统定位于对集团公司内部环境管理需求满足和给予各类环保信息终端支持。结合实际需求，逐步向环境管理各要素应用延伸和扩展，提高环境管理的科学性和主动性。

6.4.11.2 建设目标

对固定源主要污染物排放指标和环保装置运行重要参数（DCS数据）进行实时监测记录、统计分析、数据补遗（缺）和运行监管，实现主要污染物总量控制的在线管理；逐步实现环保视频监控的全覆盖和危废场（厂）库内转移轨迹的全记录，结合实际力争实现环境管理模块的再延伸和再扩展并持续改进，最终实现管理减负和提质增效的目标。

6.4.11.3 组织管控能力层级及用户

本系统是"智慧生产级"应用系统，主要使用者为化工产业管理人员、安全环保监察人员，子分公司和生产单位环境保护专业技术人员及其他有关人员。

6.4.11.4 智能特征能力简述

本系统主要通过各种物联终端对化工生产环境质量在线监测、污染源在线监测、VOCs在线监测、放射源在线监测、噪声监测、环保装置性能监测，并结合第三方监督性监测，实现环保装置正常运行、污染物达标排放，环境保护有效治理、总量可控。

6.4.11.5 环保法律法规标准规范管理子系统功能简述

环保法律法规标准规范管理子系统功能如表6-56所示。

表6-56 环保法律法规标准规范管理子系统功能简述

功能名称	子功能名称	功能简述
环保法律法规标准规范	环保法律法规标准规范	利用数据库管理，实现标准收集查询、合规性评价、标准库维护更新等功能

6.4.11.6 污染源管理子系统功能简述

污染源管理子系统功能如表6-57所示。

表6-57 污染源管理子系统功能简述

功能名称	子功能名称	功能简述
污染源管理	污染源登记	实现污染源填报、审批、登记、备案，排污税校核与登记、总量控制月报、排污许可和环保三同时登记、危险废物场（厂）内转移管理等功能
	环保设施	实现环保主要视频监控管理，环保设施统计、运行、在线检测、开停车备案管理、异常排污管理等功能

6.4.11.7 环境监测管理子系统功能简述

环境监测管理子系统功能如表6-58所示。

表6-58 环境监测管理子系统功能简述

功能名称	子功能名称	功能简述
环境监测管理	环境质量在线监测	包括大气、水、噪声等环境质量监测数据的采集和传输
	污染源在线监测	对全部已设置的污染源在线监测数据和DCS关键运行数据（如：事故池液位、进气量、进出口压力、风机电流等）的采集、传输和二次应用，能够实现污染源自动监控系统数据的导入、导出，对超标数据提示或预警，可进行数据有效性筛查等，满足数据一年期保存要求并可随时调用和生成趋势复核
	放射源在线监测	结合实际列入装备应用计划，实现放射源的位置、源强泄漏情况、靠近提示、周边安全监控等的在线监测和管理
	噪声监测	计划制修订、过程实施、结果公示、超标预警等
	环保装置性能监测	实现环保装置进出口在线数据的采集、传输和在线分析，对污染物去除率、装置在线运行率和运行时长等关键数据进行记录，给出环保装置运行情况判定结果并用于生产预警和运行调整（或APC等）
	第三方监督性监测	结合实际，实现政府第三方监督性监测报告的导入、查看功能，对超标数据的后续处置情况有相应说明的上传审核功能；实现第三方检测或企业自行监测结果查询等

6.4.11.8 VOCs治理管理子系统功能简述

VOCs治理管理子系统功能如表6-59所示。

表6-59 VOCs治理管理子系统功能简述

功能名称	子功能名称	功能简述
VOCs治理	在线监测	实现在线检测运行、异常申报管理、在线数据补遗、超标预警、设备标定验收备案等功能
	评估	实现VOCs防治现状排查，VOCs现状评估等功能
	治理	实现治理方案制定，实施开展VOCs治理，治理效果跟踪评估，治理能力建设等功能

6.4.11.9 生态建设管理子系统功能简述

生态建设管理子系统功能如表6-60所示。

表6-60　生态建设管理子系统功能简述

功能名称	子功能名称	功能简述
生态建设	生态保护	实现生态环境保护与恢复治理方案编制，开展生态调查、统计、监测与修复等功能
	公共环境安全	实现污染物排放信息及治污设施运行情况公开，建立监测预警机制，制定预警方案，公布预警信息，启动应急措施，环保事项（含事故、隐患等）登记与督办，事项事件统计分析，罚没款信息登记与备案，督查检查管理，环保事件调查处理，事件反思与持续改进等功能

6.4.12　质量管理系统

6.4.12.1　系统定位

质量管理系统定位为面向化工生产单位专业管理人员，服务于集团各级质量管理人员的集团统建应用。

6.4.12.2　建设目标

对化工产业各企业产品、原辅料、煤质、水质进行专业管理，通过现代化、智能化信息技术或系统集成，对化工生产过程中涉及的产品、原辅料、煤质、水质进行实时监测和规范化管理，实现化工生产全过程、全维度的质量监督管理。

6.4.12.3　组织管控能力层级及用户

本系统是"智慧生产级"应用系统，主要使用者为集团化工产业管理人员，化工技术监督中心、各子分公司、基层企业各级领导和专业管理人员、生产技术人员等。

6.4.12.4　智能特征能力简述

本系统结合实验室管理信息系统，完成采样、计量、分析检测、自动打印报告、消耗定额等关键业务，实现样品自动采集、识别、感知、制备、转运、封装、写码、存储、分析化验等流程，整个质检流程可查、可循、可控，全流程无人工干预，实现全程人样分离、分单元密封、样品和数据全程加密管控，杜绝人为因素干扰，样品封闭和标识具有唯一性、可追溯性和安全性，使质检数据客观、真实。

6.4.12.5 煤质管理子系统功能简述

煤质管理子系统功能如表6-61所示。

表6-61 煤质管理子系统功能简述

功能名称	子功能名称	功能简述
煤质	计量	对煤炭的计量装置、设备、人员资质以及计量过程等方面进行管理。确保煤炭计量单位统一，量值准确可靠
	采制化	对煤炭的采样、制样和化验的设备、仪器、人员资质进行管理
	配煤	对配煤的方案制定、指标要求、配煤过程、质量验收的全过程进行管理。提升原料煤和燃料煤的转化和燃烧效率，实现安全经济性应用价值最大化，减少污染物排放

6.4.12.6 水质管理子系统功能简述

水质管理子系统功能如表6-62所示。

表6-62 水质管理子系统功能简述

功能名称	子功能名称	功能简述
水质	水质监（检）测	对取水、供水、用水、排水等水系统的水质进行监测，并进行采样分析，根据水质变化调整运行参数及提供决策依据。对水质的采样、制样和化验的设备、仪器、人员资质进行管理
	水平衡及水重复利用率	对各用水单元进行在线水量统计，监控管网漏损率，建立水平衡图表，以此确定水重复利用率，分析图表及相关数据核定水耗并进行行业对比，最终达到节约用水的目的
	加药系统	通过对系统实施的监测和管理，实现精准加药，从而实现节能、节约运行成本以及保证水质达标的目的
	水处理系统	通过实时数据监测，实现对设备生命周期管理、水处理单元及设备投运率进行管理，确保水处理单元及设备投运率达到100%

6.4.12.7 原辅材料管理子系统功能简述

原辅材料管理子系统功能如表6-63所示。

表6-63 原辅材料管理子系统功能简述

功能名称	子功能名称	功能简述
原辅材料	计量	对原辅材料的计量过程进行管理,对计量器具、计量设备等进行管理
	分析检测	对原辅材料的采样分析全过程以及设备、仪器和人员资质进行管理
	消耗定额	支持制定原辅料消耗计划,实施定额管理,跟踪消耗情况,利用技术手段不断降低单耗

6.4.12.8 产品管理子系统功能简述

产品管理子系统功能如表6-64所示。

表6-64 产品管理子系统功能简述

功能名称	子功能名称	功能简述
产品	计量	对中间产品、成品的计量过程进行管理,并对计量器具、计量设备等进行管理
	分析检测	对中间产品、成品的取样、制样和分析检测的设备、工器具、人员资质和工作流程等进行全过程管理。对分析检测项目及检测周期进行管理,并对化验的中间产品、成品的样品进行留样备用
	合格率	通过建立质量管理体系,开展实验室CNAS认可,控制工艺参数,对产品质量关键指标进行管理,不断提高优级品率,确保合格品率达到100%

6.4.13 能源管理系统

6.4.13.1 系统定位

能源管理系统定位为通过对水、煤、电、天然气、汽、风等能源进行产生和消耗的平衡管理,建设具有环境感知、主动预测预警、辅助诊断决策、节能降碳的智慧能源管理系统,实现化工企业能源综合利用,建立科学、合理的能源与生产管理体系,深化管理的精细程度。

6.4.13.2 建设目标

建设以节能为核心目标的能源管理平台,通过能源网络管理、能源计划与统计、能源绩效评价、节能管理等多种手段，合理计划和利用能源，降低单位产品能源消耗，提高经济效益。

6.4.13.3 组织管控能力层级及用户

本系统是"智慧生产级"应用系统，主要使用者为集团化工产业管理人员，子分公司和生产企业各级领导、业务分析人员、统计人员。

6.4.13.4 智能特征能力简述

本系统通过获取能源计量数据，依据化工生产能源流入、加工及流出流程及定额，建立能源产耗数据模型，自动把能源量值平衡分配结果匹配，基于分类结果自动绘制能源平衡表，可视化展示全程能源系统运行状态，包括能源流入、储存，加工转换、输送分配和消耗使用等环节，采用动态监控和数字化管理，改进和优化能源平衡，为指导企业能源的消耗和平衡调度提供了科学的理论依据，助力企业找出影响质量和能源平衡计算的因素，并提供多种能源优化方案比较，以降低损耗，提高能源综合利用水平。

6.4.13.5 能源网络管理子系统功能简述

能源网络管理子系统功能如表6-65所示。

表6-65 能源网络管理子系统功能简述

功能名称	功能简述
供能装置	分类梳理建立台账，对（自备电站锅炉等）供能装置的设计数据、运行参数、装置能效等进行管理
用能装置	按分级分类管理要求对用能装置能源消耗、转换和回收利用等进行管理
能源计量	能源计量器具管理、能源计量数据管理，实现计量器具状态自动监控、提醒，数据按要求入库、加工、推送
能源网络	建立能源平衡模型，构建全厂性和分装置的能量平衡网络，异常工况推送处置提醒通知及建议

6.4.13.6 能源利用管理子系统功能简述

能源利用管理子系统功能如表6-66所示。

表6-66 能源利用管理子系统功能简述

功能名称	功能简述
计划与统计	按生产计划匹配制定企业能源使用计划，对企业用能情况进行统计分析
能效评价	定期从综合能耗、可比能耗、单位产值能耗、产品单位产量能耗等维度对能源利用情况进行评价，形成报告并推送

6.4.13.7 节能管理子系统功能简述

节能管理子系统功能如表6-67所示。

表6-67 节能管理子系统功能简述

功能名称	功能简述
管理节能	定期开展用能设备能效评估、节能诊断、能源审计等工作，形成报告并推送
工艺节能	定期自动生成能源系统用能优化报告并推送，工艺系统节能改造、推广应用先进的节能工艺技术
设备节能	设备节能改造、推广应用先进高效的节能设备

6.4.14 碳资产管理系统

6.4.14.1 系统定位

碳资产管理系统定位为面向化工生产单位专业管理人员，服务于集团各级碳管理人员的集团统建应用。

6.4.14.2 建设目标

对企业原料或燃料、生产过程碳转移或消耗或排放、产品物流交付等过程中的碳足迹进行跟踪计量，并科学核算，制定有效的碳减排措施，并参与到碳汇交易的大生态体系中，助力建立低碳工厂、零碳工厂。

6.4.14.3 组织管控能力层级及用户

本系统是"智慧生产级"应用系统,使用人为集团化工产业管理人员,各子分公司及基层单位碳管理相关人员。

6.4.14.4 智能特征能力简述

本系统将节能管理、碳资产管理、新能源管理与人工智能、物联网、大数据等数字技术深度融合,基于核心的算法库和算法模块,实时跟踪和预测碳排放数据,有效解决能源管理、碳排放管理中存在的系统信息孤岛、信息实时性低、碳核查不清、数据分析不足、管理手段不明确、缺乏智能化手段等方面的问题,提供更全面、更节能、更智慧的碳资产服务。

6.4.14.5 碳计划管理子系统功能简述

碳计划管理子系统功能如表6-68所示。

表6-68 碳计划管理子系统功能简述

功能名称	功能简述
配额管理	管理碳资产账户,学习应用配额规则,分析碳市场
履约管理	管理交易账户,选择履约方式
CCUS管理	按管理流程监控碳捕集、提纯、液化、运输、封存、利用、在线监测、咸水处理等各管理节点

6.4.14.6 碳足迹管理子系统功能简述

碳足迹管理子系统功能如表6-69所示。

表6-69 碳足迹管理子系统功能简述

功能名称	功能简述
排放管理	排放数据采集与统计、排放量计算,多方核对,确保数据的及时性、真实性、准确性
监测报告核查(MRV)	提供原始记录、台账、分析化验数据、计量及统计数据,配合现场检查

6.4.14.7 碳减排管理子系统功能简述

碳减排管理子系统功能如表6-70所示。

表6-70 碳减排管理子系统功能简述

功能名称	功能简述
碳平衡	建立全系统碳平衡网络，分别构建工艺系统和热力系统碳流图
技术减碳	建立化工产业碳排放核算标准体系，推动绿电绿氢与煤化工耦合、CCS/CCUS项目实施，开展二氧化碳制化学品技术的研发与推广应用

6.4.14.8 碳交易管理子系统功能简述

碳交易管理子系统功能如表6-71所示。

表6-71 碳交易管理子系统功能简述

功能名称	功能简述
交易计划	对计划编制、执行、监控进行管理、提醒
交易结算	及时提醒履约资金准备，确认交易结果

6.4.15 物流管理系统

6.4.15.1 系统定位

物流管理系统定位为化工原料与油品物流管理系统，通过自动化、智能化物流仓储设备设施及集成ERP销售模块、电子商务平台等，将销售单位、供应商与客户智能连接，实现物流过程中的运输、存储、包装、装卸、签收等物流管理全过程数字化、可视化、智能化。

6.4.15.2 建设目标

利用物流管理系统及条形码（二维码）、射频识别技术、传感器、全球定位系统等先进的物联网技术，实现化工原料、产成品和物资运输过程的自动化和高效管理，使用户和客户能够掌握货物的运输状态、实时位置、质量跟踪及全程可视化管理，规范异地库管理，降低经营风险。建立基于模型的物流能力和路线优化，指导选择最优运输方式，并确定发运的优先级等。最终通过物联网和数据模型分析，实现物、车、路、用户的最佳方案自主匹配。

6.4.15.3　组织管控能力层级及用户

本系统是"智慧生产级"应用系统，主要使用者为集团化工产业管理人员，子分公司、生产单位和销售单位销售物流管理人员、出入厂/库开票员、计量员、安防人员等。

6.4.15.4　智能特征能力简述

本系统基于区块链技术、成熟组件和代码库，建设数据层、服务层和表示层三层架构，实现化工品仓储、销售、运输、物流全过程自动化、智能化管理，采用前后端分离设计，建立后端服务集群和文件服务，可随使用量增加无缝扩容，满足大用户量、大并发的使用要求，前端界面的灵活选型，可按需适应PC、移动端。基于区块链平台，建立各联盟单位分布式节点，实现化工产品质量与物流信息数据无法篡改、数据透明、可追溯，提高数据公信力，为化工产品数据溯源提供可信保障。利用区块链的加密、智能合约和共享技术，实现化工产品上下游企业数据共享、溯源存证与票据电子化。

6.4.15.5　物流网络管理子系统功能简述

物流网络管理子系统功能如表6-72所示。

表6-72　物流网络管理子系统功能简述

功能名称	功能简述
网络布局	支持国内、国际物流网络布局规划、建设、优化。支持在线显示、查询集团化工产业油化品中物流相关信息，包括在线运输量、中转库存量等信息

6.4.15.6　物流管理子系统功能简述

物流管理子系统功能如表6-73所示。

表6-73 物流管理子系统功能简述

功能名称	功能简述
计划管理	支持在线物流运输计划管理
发货管理	支持身份识别、证照审核、提货抬杆、自动计量、出具票据 实现与MES仓储管理出入库模块及ERP系统在途产品的入库管理集成，自动完成所有相关入库的系统操作
运输管理	支持厂外运输包括汽运管理、海运管理、铁运管理等多种方式的调运全程管理及相关的计量管理、保险管理，运输订单全程反馈运输状态，车辆全程定位跟踪
仓储管理	支持出入库管理、盘点管理、货权转移、仓储能力管理、服务商评价。对接各库房视频监控，可随时查看、远程监控
结算管理	支持结算电子化管理，包括物流费用自动获取、运输单价录入、费用自动计算、结算单创建、审核。 根据销售公司与生产工厂周期内的采购数量，带入买断价格，自动生成结算单，并推送至报账系统进行买断/代理结算审批 根据销售公司与运输单位周期内的发运数量，带入运输价格，自动生成结算单，并推送至报账系统进行运费结算审批 根据销售公司与仓储单位周期内的出入库数量，结合合同价格，自动生成结算单，并推送至报账系统进行仓储费用结算审批

6.4.16 数字孪生系统

6.4.16.1 系统定位

数字孪生系统是实现化工元宇宙的基础技术之一，体现的是智慧化工厂里数字环境访问物理现实的能力，是在全虚拟环境下建立的化工生产物理世界副本，使用者可以借助VR或AR等技术优化物理现实。

作为智慧化工可视化展示的门户平台，数字孪生系统对内、对外提供相应的三维可视化服务，对数字化移交的三维数据进行重构，集成工厂运行数据、维护数据，将各项数据信息汇总到模拟场景中满足数字化化工整体的各个系统展示和模拟需求，实现三维模型与实时生产数据的紧密结合。数字孪生系统实现数字化资产、数字移交成果展示、数字可视化数字管理，为运营决策和生产指挥调度、培训、展示提供有力支撑，让使用者可以通过可视化大屏中的模拟场景查看真实场景中的各种信息，或是在权限内控制真实场景中的各类设施。

6.4.16.2 建设目标

化工产业新建项目按照数字化移交标准来实施，在运项目通过数字化重建，全部完成工厂级及设备管道级建模，实现虚拟现实系统的应用。以此为基础，实现三维模型、智能P&ID、属性数据、图纸、文档关联与展示，实施"虚拟现实+远程协作、操作培训"等数字孪生场景应用，逐步实现化工生产全过程数字孪生。

6.4.16.3 组织管控能力层级及用户

本系统是"智慧生产级"应用系统，主要使用者为集团化工产业管理人员，子分公司和生产单位各级管理、生产调度指挥和运行操作人员。

6.4.16.4 智能特征能力简述

本系统利用化工厂物理数据、运行数据、传感数据等，集成多学科、多物理量的仿真过程，实现物理工厂与虚拟工厂的交互和融合，将实体工厂在虚拟空间中完成映射，保证数字与物理世界的协调一致，从而反映相对应的实体装备的全生命周期过程。包括各种基于数字化模型进行的仿真、分析、数据积累、挖掘，甚至人工智能的应用。本系统可用于化工操作培训、设备检修、工艺方案模拟、全厂安全防范、隐蔽空间和复杂管网多维可视化、有毒有害危险作业场所监测等多种工业场景。通过虚拟现实和增强现实（VR&AR）、区块链、人工智能、云计算等技术，逐渐构建化工生产的工业元宇宙。

6.4.16.5 功能简述

数字孪生系统功能如表6-74所示。

表6-74　数字孪生系统功能简述

功能名称	子功能名称	功能简述
可视化门户		与多种现有应用系统集成，如设备管理系统、腐蚀监测系统等集成应用，作为统一入口
虚拟现实系统开发	数据维护	支持标准类库的导入，并按照类库的规定，配置系统内的工厂对象类、属性、图文档类型，以及它们之间的关联关系，并使用类库定义管理各类数据
	类库管理	类库数据维护：用于描述工厂对象的信息组织结构，包括工厂对象类、属性、计量类、专业文档类型及其关联关系。可根据项目需求，定义数据标准类库，并使用类库定义管理各类数据，并按类库对数据进行质量校验，确保数据的完整性、准确性和唯一性
	工厂分解结构管理	编码规则：化工工厂分解结构的系统编码，参考依照集团化工产业ERP设备管理与项目管理模块推广项目业务标准中功能位置的编码规则。 工厂分解结构管理：根据工艺流程或空间布置，按照编码规则进行组织，形成反映工厂对象的树状结构PBS，系统支持快速建立工厂分解结构，且能对工厂分解结构进行管理，可添加、减删和修改工厂分解结构的节点，并且可根据实际需求灵活重构
	工厂对象类管理	编码规则：化工工厂对象类的系统编码，参考依照集团化工产业ERP设备管理与项目管理模块推广项目业务标准中设备分类的编码规则。 对象分类管理：根据功能或结构特征对工厂对象进行分类，同类别的工厂对象具有相同的属性定义，化工工厂对象类的管理参考依照化工产业设备分类标准表。系统支持快速建立工厂对象类，且能对工厂对象类进行管理，可添加、减删和修改
	工厂对象管理	编码规则：化工工厂对象的系统编码，参考化工产业ERP设备管理与项目管理业务标准中主数据的编码规则。 对象实体管理：构建化工工厂的设备、管道、仪表、电气和建（构）筑物具有唯一编码且可单独识别的工程实体。系统支持快速建立工厂对象，且能对工厂对象进行管理，可添加、减删和修改。 清单管理：清单是设计院整理需要交付的工厂对象清单。清单管理包括工厂对象清单的上传、下载和校验功能
	对象属性管理	编码规则：化工工厂对象属性的系统编码，参考集团化工产业ERP设备管理与项目管理业务标准中设备特性的编码规则。 对象属性数据维护：化工工厂对象属性的数据维护参考集团化工产业ERP设备管理与项目管理中的设备特性表中的数据。系统支持设备特性表的快速导入创建工厂对象属性信息（表格为特定模板），且能够根据实际业务需求对属性信息进行添加、减删和修改的功能

续表

功能名称	子功能名称	功能简述
虚拟现实系统开发	智能P&ID管理	符号管理：系统支持结构化的符号管理，对管道、仪器仪表中所用到的符号信息进行管理，具有添加、减删和修改的功能。 智能P&ID：系统具备集成智能P&ID软件生成的智能P&ID图纸。并能对P&ID图进行删除、添加、更新、修改、映射管理。 系统支持结构化的P&ID数据信息管理，此外可以构建导航树，支持图纸浏览、图纸漫游、图纸复位、图纸跳转、元件检索、工具箱功能
	图文档管理	导航树：管理文档查询目录树，系统支持快速建立图文档目录树，可添加、减删和修改节点，并且可根据实际需求灵活重构。 图文档数据维护：图文档包括了关联图档指在设备三维模型或P&ID图，可挂接与其有关的各类文件，包括图片、图纸、文档、表格。非关联图档与对应的三维模型没有可挂接关系的各类文件，包括图片、图纸、文档、表格。系统具有添加、导入、减删的功能
	配置关联管理	主数据关联：系统能够将化工产业ERP设备管理与项目管理模块中的主数据进行导入管理，该数据是用于工厂对象与属性、各类文档进行关联。 关联规则管理：完成系统中设备管理主数据、工厂对象、文档、三维模型、对象属性信息的关联。可对关联规则进行管理，包括编码的映射、别名。 系统支持自动关联：根据统一的编码标准体系实现自动关联
	系统管理	用户管理：根据员工信息、统一身份认证信息进行系统用户的关联管理。 功能权限：用户可以访问而且只能访问自己被授权功能的操作权限，例如只能查看属性信息，不可对属性信息进行编辑。系统可添加、减删和修改功能权限的管理。 数据权限：用户可以访问而且只能访问自己被授权数据的查看权限，例如某装置管理员只能查看所属装置的三维模型、工程属性及文档。系统可添加、减删和修改数据权限的管理。 操作日志：系统后台自动记录用户的操作，并根据不同操作类型查询用户操作记录前台页面
空间展示	多数据源集成展示	根据展示需求，以合理的展现形式设计呈现不同类型的数据可视化设计原则，结合二维界面、常见数据图形图表、3D虚拟工厂模型，通过搭建不同的数据可视化方案，完成对化工厂数据的可视化呈现。 数据源信息管理：系统建设在虚拟现实三维平台之上，平台底层有三维引擎、地理信息引擎、渲染引擎的支撑，可具备集成多种三维设计软件生成的数据的展示能力，同时也可通过平台底座将其他业务系统数据进行对接。对于这些集成进来的数据源信息可进行管理。系统支持了数据源的添加、减删和修改操作。 三维模型显示管理：系统可以根据业务功能需求，对全厂的三维模型进行显示管理。包括楼层信息管理、图层管理、模型状态管理

续表

功能名称	子功能名称	功能简述
空间展示	空间标记	点位管理：支持空间全热点的标识和管理，可针对特定监测点的热点进行标识、管理，并可作为相关应用系统的展示标识和定位入口。 空间范围管理：作为三维平台基础能力，支持空间范围、空间区域的标识和管理，能够对内外部系统的空间范围、区域勾绘提供服务
	空间分析	作为三维平台基础能力，通过将三维空间目标划分为点、线、面不同的类型，可以获得这些不同类型目标的形态结构。依据屏幕上拾取的坐标位置，经过空间映像的变换，得到三维上空间的坐标值，将空间目标的空间数据和工厂对象属性数据结合起来，可以进行许多特定任务的空间计算与分析。系统支持空间距离测量、坡度测量、面积测量、表面积测量、体积测量、周长测量、剖析测量、视域分析
	漫游与导航	实现对模型数据进行实时浏览，可进行快速查询定位，区域查询、模糊查询。 场景管理：创建不同的场景对其进行管理，便于用户快速地定位场景里面的对象，主要包括场景分类、场景配置、场景切换功能，系统支持场景数据的添加、减删和修改操作。 漫游：漫游是指视口在场景中随意的变化，通过鼠标键盘的交互操作，通过鼠标对三维模型场景进行缩放、平移、旋转，通过鼠标右键菜单完成收藏、抽离、添加批注、保存视角，能够帮助用户查看任意位置的模型并完成相关操作。 导航：导航是指系统支持模糊查询，查询的范围包括：模型对象数据、点位数据、功能路线数据、空间范围数据。通过编号、ID或者名字进行快速索引，然后可快速将视口切换到查询对象上，到达快速定位功能的效果
生产虚拟三维可视化管理	数字档案可视化	二三维同步浏览：通过数据之间的关联关系，系统能够支持P&ID、图文档、属性数据结合三维模型同步浏览。 多维度快速查询：系统支持多维度的模糊查询功能，可进行快速索引进行查找，输入文档名字、设备编号、主数据编码进行快速索引定位。此外支持文档分析，能够输入文档中内容快速定位到对应位置上。 工艺流程可视化：通过管理工厂工艺流程数据，能够结合三维场景对工艺流程进行可视化展示
	运行数据三维可视化管理	在虚拟化工厂三维展示中，对主生产实时监测信息数据进行关联展示，通过该运行数据展示可以查看虚拟化工厂当前运行状态。通过点位标记管理功能定义出生产监测点数据，能够选择接入的数据内容，与设备位置进行关联并设置报警监测规则，实现动态实时监控，直观地获取工厂实时运营状况各类信息
	设备三维可视化管理	设备三维可视化管理，可以直观、真实、精准地展示设备形状、设备分布、设备运行状况，同时将模型与台账、档案数据捆绑，实现设备在三维场景中的快速定位与基础信息查询。具体功能包含设备台账关联管理、特殊标注管理、故障报警联动

续表

功能名称	子功能名称	功能简述
生产虚拟三维可视化管理	检维修辅助作业	盲板分析：系统可接入盲板台账信息，通过空间标记功能支持对盲板空间位置的标绘，对盲板位置进行维护。 流向分析：可通过在三维中选择待分析的管道，根据管道两端的高度差，判断流向并在三维场景中标明，用户可以方便地查看。 断面分析：可在指定位置的管线断面空间分布展现功能，展现内容含管线的实际地理位置、埋深、管径、相对距离、管线类别信息，为管线管理提供科学依据，辅助管线的规划、设计、施工、维护。 连通分析：可通过在三维中选择待分析的管道，或者在管道上任取两点管点，能够进行连通性判断，并对连通的管网数据给出最短路径，在三维场景中标明，辅助管网数据的管理。 区域分析：针对选定的管线、单位、设备设施或其他对象，设定范围参数和查找对象。能够查看一定范围内的相关设施，也可在一定范围内查找目标管线、设施，例如埋地电缆维修查找三通设备；消防抢险查找消防设施。系统支持对范围参数和查找对象的数据项进行维护功能。 物料统计：对管道物料统计数据项进行管理，可根据实际业务需要进行添加。通过选择管线对象，根据管线的组成和拓扑链接关系，自动对管线的物料进行统计，计算出该管线中统计数据项例如弯头、三通管件的规格型号及数量信息，系统支持统计结果以Excel文件的形式导出，用以辅助快速、精准、高效地完成检修计划中的物料统计工作。（该功能仅针对数字化交付装置） 防腐保温量算：防腐保温量算通过设备的几何外形和属性信息，可自动统计出选择的管线、设备的防腐面积以及保温面积、保温体积；并可通过选取管和区域选择的方式，按需统计需要计算的防腐面积以及保温面积、保温体积。（仅针对数字化交付装置） 三维寻阀：可快速找到某一点的同一管道上下游所有阀门，而且能找出所有阀门的相关信息，如大小、规格、材质、设计温度、设计压力。系统支持添加标注，并能够以列表形式抽取出，为工艺管理人员快速关阀，为下一步事故处理提供辅助支持及数据支撑（仅针对数字化交付装置）
	合规性、安全分析与校验	按国标对管线的水平净距、垂直净距、埋深、覆土深度进行测量和分析，检查管线与其他管线在水平与垂直方向是否发生碰撞或最小净距是否符合国标规范，辅助管网的规划与维护
	巡检路线管理	结合巡检任务数据进行巡检路线的编辑，为巡检任务配置巡检路线，用户可查看所有巡检路线及路线上包含的巡检任务点、巡检任务项，系统支持任务路线数据的添加、减删、修改和配置操作
化工生产业务系统三维可视化服务	工厂设备管理三维可视化服务	虚拟现实系统可为设备管理系统提供设备三维可视化管理服务、检维修辅助作业服务，设备管理系统可使用虚拟现实系统所提供的服务进行触发定位事件分析，可定位到具体设备的三维模型上，结合自身业务进行设备可视化查看；现场检维修作业的票证联动

续表

功能名称	子功能名称	功能简述
化工生产业务系统三维可视化服务	MES和三维可视化服务	虚拟现实系统可为生产执行制造系统提供空间定位服务，生产执行制造系统可使用虚拟现实系统所提供的服务进行触发定位事件分析，定位到具体设备的三维模型上，结合自身相关业务进行可视化查看
移动应用开发	空间展示	多信息源展示：根据展示需求，在移动端上以合理的展现形式设计呈现不同类型的数据可视化设计原则，结合二维界面、常见数据图形图表、3D虚拟工厂模型，完成对化工厂数据的可视化呈现。 空间量算：在移动端上实现空间距离测量、坡度测量、面积测量、表面积测量、体积测量、周长测量、剖析测量、视域分析。 漫游与导航：在移动端上实现对模型数据、热点、标注等进行实时浏览，可进行快速查询定位、区域查询、模糊查询
	数字档案可视化	二三维同步浏览：在移动端上实现P&ID、图文档、属性数据结合三维模型同步浏览。 多维度快速查询：在移动端上实现多维度的模糊查询功能，可进行快速索引进行查找，输入文档名字、设备编号、主数据编码进行快速索引定位。此外支持文档分析，能够输入文档中内容快速定位到对应位置上。 工艺流程可视化：在移动端上实现能够结合三维场景对工艺流程进行可视化展示
	生产虚拟三维可视化管理	运行数据三维可视化管理：在移动端上实现工厂实时运营状况各类信息展示。 设备三维可视化管理：在移动端上可实现设备在三维场景中的快速定位与设备关联的图文档、P&ID、台账查询
	检维修辅助作业	流向分析：在移动端上实现流向分析功能。 断面分析：在移动端上实现断面分析功能。 连通分析：在移动端上实现连通分析功能。 区域分析：在移动端上实现区域分析功能。 物料统计：在移动端上实现物料统计分析功能。（该功能仅针对数字化交付装置） 防腐保温量算：在移动端上实现可通过选取管和区域选择的方式，按需统计需要计算的防腐面积以及保温面积、保温体积。（仅针对数字化交付装置） 三维寻阀：在移动端上可快速找到某一点的同一管道上下游所有阀门，而且能找出所有阀门的相关信息，如大小、规格、材质、设计温度、设计压力
	合规性、安全分析与校验	在移动端上实现按国标对管线的水平净距、垂直净距、埋深、覆土深度进行测量和分析，检查管线与其他管线在水平与垂直方向是否发生碰撞或最小净距是否符合国标规范，辅助管网的规划与维护
	三维虚拟巡检管理	在移动端上实现用户以第一人称视角在虚拟化工厂中进行巡检，在巡检过程中，通过交互对工厂设备运行状态、生产状态、能耗状态以及视频监控进行查看

6.4.17 生产工艺模拟调优系统

6.4.17.1 系统定位

工艺模拟调优系统定位为依据化工生产过程条件，对相应的工艺过程进行物料平衡、能量平衡、相平衡及化学平衡的计算，从而预测生产过程中可能发生的现象，指导科研、设计、生产等部门的工作。

6.4.17.2 建设目标

通过模仿工艺过程，预测生产过程中可能发生的现象，从而解决生产问题，提供改造方案、优化生产流程与装置操作。工艺模拟调优系统根据观测操作参数等变化，指导各厂级单位实际生产操作。

6.4.17.3 组织管控能力层级及用户

本系统是"智慧生产级"应用系统，主要使用者为集团总部高层领导、各部门领导和业务分析人员、二级单位领导和业务分析人员。

6.4.17.4 智能特征能力简述

本系统通过对工艺单元或全系统的过程仿真，从分子模拟、单元过程模拟及流程模拟三个层次，构建化工过程的数学模型。根据不同原料物化特征、实际生产工艺和产品市场需求情况，基于仿真技术、优化算法制定生产过程智能优化模型，结合生产调度规则知识库和工艺机理模型，给出最优或可行的原料配比、工艺路线和调度方案。

6.4.17.5 功能简述

生产工艺模拟调优系统功能如表6-75所示。

表6-75 生产工艺模拟调优系统功能说明

功能名称	功能说明
流程设计	建立所需模拟的工艺流程

续表

功能名称	功能说明
物性库管理	包含多种有机物、无机物、固体、水溶电解质的基本物性参数，并通过调用基础物性进行传递性质等计算，同时可定义物性集，以及物性分析、估算等
单元模拟	用于模拟各装置单元在实际生产中的反应，通过模块与模型的组合，可模拟用户所需的流程
流程选项与模拟分析	通过设置不同的流程与模拟分析方式，用户可预测变量值在变化后的变化情况，以及同一流程在不同操作工况下的运行结果
工艺流程模拟	用于对一个完整的工艺流程进行模拟
原材料采购优化	通过建立煤炭理化性质与煤炭液化、煤基制甲醇装置的优化模型，提高煤制油、煤化工产品收率，维护煤制油化工装置的安全与稳定

6.4.18 实验室信息管理系统

6.4.18.1 系统定位

实验室信息管理系统定位为以数据库为核心的信息化技术与实验室采制化操作需求相结合的数字化采制化作业工具。

6.4.18.2 建设目标

以实验室为中心的分布式管理体系的线上操作平台，实现检验数据网络化共享、无纸化记录与办公、资源与成本管理、人员量化考核，实现实验室的智能化管理。

6.4.18.3 组织管控能力层级及用户

本系统是"智慧生产级"应用系统，主要使用者为子分公司和生产单位实验室管理专业技术人员。

6.4.18.4 智能特征能力简述

本系统基于设备物联的全套数字化的设备管理和环境监控，连接实验室内的全部硬件设备，保证生产的全流程的质量数据记录和在线分析设备管理，实时在线对实验关键节点进行监控和审核，提供从样本采集到制样、化验、结果分析的采制化全过程全要素智能化管理，实现可感知、可追溯的采制化管理，解决大量实验室管理依靠人工、复杂低效的痛点，将实验人员最大限度从重复烦琐的劳动中解放出来，提高采制化效率和采制化精细化管理水平。

6.4.18.5 功能简述

实验室信息管理系统功能如表6-76所示。

表6-76 实验室信息管理系统功能说明

功能名称	子功能名称	功能说明
产品质量	中间产品	法规与标准、质量指标、检验任务调度、采样、制样、化验、实验资源管理、质量风险管理、质量报告管理、数据分析、指标考核、TQC全面质量管理、台账管理
	产成品	法规与标准、质量指标、检验任务调度、采样、制样、化验、实验资源管理、质量风险管理、质量报告管理、数据分析、指标考核、TQC全面质量管理、台账管理
原辅材料	原材料	法规与标准、质量指标、检验任务调度、采样、制样、化验、实验资源管理、质量风险管理、质量报告管理、数据分析、指标考核、TQC全面质量管理、台账管理
	辅助材料	法规与标准、质量指标、检验任务调度、采样、制样、化验、实验资源管理、质量风险管理、质量报告管理、数据分析、指标考核、TQC全面质量管理、台账管理
煤质管理	入厂煤	法规与标准、计量、质量指标、检验任务调度、采样、制样、化验、实验资源管理、质量风险管理、质量报告管理、数据分析、指标考核、TQC全面质量管理、台账管理
	入炉煤	法规与标准、计量、质量指标、检验任务调度、采样、制样、化验、实验资源管理、质量风险管理、质量报告管理、数据分析、指标考核、TQC全面质量管理、台账管理
水质管理	取水管理	法规与标准、计量、质量指标、检验任务调度、采样、制样、化验、实验资源管理、质量风险管理、质量报告管理、数据分析、指标考核、TQC全面质量管理、台账管理
	供水管理	法规与标准、计量、质量指标、检验任务调度、采样、制样、化验、实验资源管理、质量风险管理、质量报告管理、数据分析、指标考核、TQC全面质量管理、台账管理
	用水管理	法规与标准、计量、质量指标、检验任务调度、采样、制样、化验、实验资源管理、质量风险管理、质量报告管理、数据分析、指标考核、TQC全面质量管理、台账管理

续表

功能名称	子功能名称	功能说明
水质管理	排水管理	法规与标准、计量、质量指标、检验任务调度、采样、制样、化验、实验资源管理、质量风险管理、质量报告管理、数据分析、指标考核、TQC全面质量管理、台账管理
催化剂管理	研发	标准、实验室验证、中试、推广应用、采样、制样、化验、实验资源管理、数据分析、指标考核评价、质量风险管理、质量报告管理、台账管理
催化剂管理	入厂	采样、制样、化验、实验资源管理、质量报告管理、技术资料、台账管理
催化剂管理	使用	采样、制样、化验、实验资源管理、质量报告管理、技术资料、台账管理
助剂管理	入厂	采样、制样、化验、实验资源管理、质量报告管理、技术资料、台账管理
助剂管理	使用	采样、制样、化验、实验资源管理、质量报告管理、技术资料、台账管理
溶剂管理	入厂	采样、制样、化验、实验资源管理、质量报告管理、技术资料、台账管理
溶剂管理	使用	采样、制样、化验、实验资源管理、质量报告管理、技术资料、台账管理

6.4.19 操作培训系统

6.4.19.1 系统定位

操作培训系统是建立在对主要生产装置工艺操作进行高度仿真模拟的基础上，为各类岗位操作人员提供装置开停车、正常操作、故障处理的操作培训。

6.4.19.2 建设目标

通过在仿真培训系统上进行开停车、正常运行及事故处理等操作，提高企业员工技能素质，确保企业生产安全、稳定、清洁运行，为持续有效发展打下坚实的基础。

6.4.19.3 组织管控能力层级及用户

本系统是"智慧生产级"应用系统，主要使用者为子分公司和生产单位专业技术人员、班组长、内操人员和外操人员。

6.4.19.4 智能特征能力简述

本系统依托数字孪生系统，结合人员个性、心理分析评估模型、知识模型、认知模型、情景模型等，通过VR/AR技术、二维码技术、多媒体融合技术等，向各级生产管理、运营管控、现场作业和装置操作人员提供适配性、场景化的培训方式。

6.4.19.5 功能简述

操作培训系统功能如表6-77所示。

表6-77 操作培训系统功能简述

功能名称	子功能名称	功能简述
仿真模型管理	模型操作	通过选择合适的计算方法，进行装置搭接（即建立模型）、参数设置与辨识、模块测试、模型调试和运行等
	初态操作	用于存取初态操作，具体为： ① 取：冷态开停车操作及其他状态； ② 存：其他初态。 当读入一个初态后，模型存盘时将自动存初态
	模型调试	主要用于对已存模型的修改、调整、复位，以及运行和冻结
	模型总览	显示模型所有模块的总体信息
	监视管理	用于监视系统的运行状态和学员的操作情况
	指令管理	通过时标设置、事故设置等指令，控制教学的进度和内容
在线仿真	画面调度	在线仿真功能运行时，用户在各种标准画面之间的显示、切换工作
	数据库	将过程控制系统，包括DCS、CCS、PLC等系统中的过程实时数据从接口服务器内的实时数据库传递到系统服务器内数据库
	通信管理	上下位机的数据通信，可实现多任务数据交换，并保证数据通信的可靠性、实时性和安全性
	算法库	完成模仿DCS系统的各种控制算法
	报警管理	支持各种DCS系统中可能发生的报警
	历史数据管理	保存DCS的历史数据，实现数据重演功能，并能实现与DCS的趋势曲线比较

6.4.20 现场作业集成系统

6.4.20.1 系统定位

现场作业集成系统定位为通过现场作业移动终端实现作业现场人、机、环境和管理各应用的高度集成。通过智慧化工生产执行层MES、工厂设备管理、安全管控等系统与现场作业智能终端的广泛互联，实现作业流程标准化、规范化和数字化。

6.4.20.2 建设目标

现场作业集成系统实现生产单位专用移动终端、个人移动终端、智慧化工业务APP离线及在线应用的统一管理，提供智慧化工移动基础框架、现场业务移动端工作台等功能。现场作业集成系统以移动作业终端搭载智慧化工MES、安全管控、工厂设备、能源管理等业务系统，以现场移动作业为主线，围绕化工生产作业过程管理，实现现场作业业务的移动化和数字化，全面提升现场作业人员工作效率。

6.4.20.3 组织管控能力层级及用户

本系统是"智慧生产级"应用系统，主要使用者为子分公司和生产单位各专业管理人员、生产调度人员、各岗位专业技术人员、现场作业人员和安全防护人员。

6.4.20.4 智能特征能力简述

本系统整合各类化工生产现场作业场景下的数字化应用，构建统一的移动端APP，融入多端采集、边缘计算、有序可视、多方协同等能力，融合终端智能手机APP、移动类采集工具如智能安全帽和固定类采集工具如摄像头等，实现一致的、可靠的、符合HSE标准的现场作业智能化管控。基于集成的SOP（标准作业程序）实现现场操作、设备维护、安全作业、现场安防保卫、特种作业许可、现场应急处置联动等行为过程的数字化管理，实现现场作业过程远程可视、可控，现场作业人员也可获得正确的、及时的、统一的信息支持和操作指导，真正实现现场作业监控无死角、智能运营与指挥、现场作业全程可视化。

6.4.20.5 功能简述

现场作业集成系统功能如表6-78所示。

表6-78 现场作业集成系统功能简述

功能名称	功能简述
用户登录/注册	用户登录包括统一身份认证、化工作业身份认证和令牌刷新功能。用户登录包括统一身份认证中心认证和化工作业身份认证
设备扫码	结合智慧化工MES、安全管控、工厂设备等业务系统的需求，对设备、设施、区域或位置的二维码、NFC编码、地理信息编码等智能标签进行扫码识别，识别二维码的业务编码后，解析编码显示相关设备信息、设施信息、区域信息、位置信息、相关作业风险等详情，并动态匹配编码所属业务应用，支持直接打开应用处理相关业务，同时移动端APP也可单独扫一扫识别直接处理业务
作业公告	结合智慧化工业务系统，实现作业公告和通知等信息编辑、发布等功能，支持富文本、图文、视频等。管理员将消息推送到现场作业移动终端工作台的消息中心，支持消息已送达、已阅读等状态反馈
任务待办	与智慧化工业务系统统一待办集成，展示需要现场完成的相关作业任务中的待审批、待确认消息提醒，如作业票的现场审批、作业现场执行过程的确认，调度指令的查阅和反馈等。同时对于被提醒人，在获取人员位置信息的前提下，增加"身份核验"过程，防止代签和不到现场签发，以满足安全特殊作业强制要求
现场签到	现场作业人员到达指定作业区域内，基于人员定位信息，实现现场签到，并记录详细位置信息、时间等
作业地图	可视化显示全厂的现场作业区域分布图，支持查看各作业区正在执行的现场作业信息，包括作业区域名、作业类型、作业名称、单号、时间窗口
作业图片库	与智慧化工统一文档库集成，在现场作业时可以上传作业图片，同时可以下载浏览作业标准信息及相关文档，默认按时间排序，支持删除功能
作业清单管理	清单管理模块主要包括现场作业活动清单、现场作业人员清单、现场重大危险源清单
天气预报提醒	集成显示天气预报数据信息，获取生产单位局部天气情况进行预报和信息展示，并结合现场特殊作业情况给予天气提醒
通讯录	在现场作业过程中发生紧急情况时，查阅应急响应人员联系方式和值班人员联系方式

续表

功能名称	功能简述
一键拍照	用户可以在打开工作台中直接使用拍照功能，拍照完成后可以提供存储、上传操作，支持用户直接选择指定应用打开处理相关业务。拍照功能使用加密的存储方式，图片保存在本地与系统相册进行隔离，保护业务场景的图片信息安全
应用磁贴	应用磁贴即为企业内部智慧化工微应用商店，集中展示平台推送给该用户的全部应用，应用较多的情况下还可以进行微应用分类，用户可集中进行微应用安装包的更新、下载等操作，确保应用随时可用
作业文库	移动工作台的作业文库支持多级目录管理并添加文件，文件可通过组织、用户、用户标签进行分配，将文件发布到移动终端，并可设置文件锁、阅读方式（强制/非强制阅读）、支持设置文件的下发范围及阅读有效期、支持为重要文件分发文件水印策略
现场巡检	通过使用移动式智能终端设备，对关键设备、管线、作业区域等进行日常巡检管理，将设备巡检、生产巡检、三违查处等现场作业业务融合集成，记录巡检中发现的设备、管线、人员不安全行为等异常信息，绘制巡检路线及到位情况
现场作业票办理	通过使用移动式智能终端设备，实现检修作业、动火作业、受限空间作业、盲板抽堵作业、高处作业、吊装作业、临时用电作业、动土和锻炼作业、工艺交出卡等电子票证的全程办理，通过票证起票、审票、现场验票、作业结果反馈，实现作业票证跨业务域的流程审核及执行检查
现场安全作业	通过使用移动式智能终端设备，对现场作业中的人、物、环境因素状态的管理，有效地控制人的不安全行为和物的不安全状态，结合智能终端的定位及电子围栏等功能，实现作业前的安全教育，作业中的不安全行为预警/报警、违章检查、人员定位、作业视频监控、缺陷/故障提报、隐患管理，实现全过程作业安全管控和追溯
现场操作管理	通过使用移动式智能终端设备，实现交接班日志、开停工操作执行、操作指令下达和操作指令确认、调度指令的全流程管理及相关业务域的联动
现场作业统计管理	对现场作业任务完成情况进行统计分析，对工作任务的已完成数量、总数量、完成率进行统计。同时进行"非计划作业统计""节假日作业统计"，节假日作业是事故高发时段，现场作业管理的一项重要内容就是防止事故发生
移动工作台与业务	现场业务移动工作台为智慧化工现场作业移动端的统一门户，实现与智慧化工MES、安全管控、工厂设备、能源管理等相关业务系统的融合，实现化工现场
应用协作	业务应用在移动端的统一入口、统一呈现、协作共享、灵活使用
移动端文档扫描	提供移动端文档扫描功能组件（OCR），支持移动门户和作业应用调用，方便实现现场纸质文档的内容扫描、数据录入或制作成完整记录文档
化工小助	提供化工小助（暂定名）智能语音助手，实现语音识别和语义识别，支持现场作业终端或物联网终端上业务应用的语音启动和任务安排
移动端远程控制/协作	应支持管理员对移动终端的远程控制，便于进行移动终端和物联网设备的远程维护，协助现场作业人员排查设备和应用问题，实现调取现场作业终端和物联网终端上的屏幕内容，了解现场作业终端运行情况和运行参数等信息
移动端监控平台	移动端监控平台可监控移动应用服务的运行情况，方便管理员进行现场作业运维。平台可监控各作业现场的安全运营情况，可调取现场作业数据、现场作业视频等，方便管理员通过移动终端随时查看业务现场

续表

功能名称	功能简述
移动端应用行为分析	实现对用户使用移动端业务应用的行为进行分析，协助管理员了解现场各岗位用户使用移动应用的习惯和频次，以便及时调整各现场应用的产品设计和功能设计
物联网设备资源可视化	实现物联网设备及设备资源的信息和计算资源的数据收集、数据分析、数据接口和大数据可视化
物联网设备指纹和认证	通过终端密码运算，将物联网设备信息、网络信息和位置信息等形成设备指纹，作为设备身份的唯一ID，并实现设备身份的统一认证和密钥传递
物联网设备协同作业框架	提供智能物联设备的安全接入、协同交互、数据传输、低功耗连接等协同作业框架
物联网应用集成开发环境	提供物联网应用集成开发环境，方便应用实现对物联网设备的功能调用，包括物联网设备功能开发平台、开发工具、传输协议和API接口
自由跨端开发框架	自由跨端开发框架支持实现业务应用一次开发，即实现多端部署，让业务应用实现在移动终端、物联网终端上的自动兼容
分布式软总线	开发物联网连接软总线技术，提供设备软总线协议，实现物联网设备之间的连接、组网/拓扑管理，提供时钟同步、任务总线、数据总线等功能
超级终端	在统一协同作业框架和分布式软总线的支持下，将移动作业终端和部分现场物联网设备进行组合和业务协同，形成超级终端，对外提供特定的现场作业功能
流程自动化助手	流程自动化助手可以模拟人员在移动端的手动操作，将现场作业现场中规则清晰、批量化、高频次、重复性、涉及多个业务应用的业务流程进行任务编排和管理，实现现场作业任务的自动化处理

6.5 信号采集类监控系统

现代化的化工生产过程中的智能控制，包括监测和控制两个方面。

控制系统是指以计算机为控制工具，利用现代控制理论，进行工艺逻辑判断和时序调整，通过信号报警、指令参数、生产调度、安全管理、自动开停车等进行装置操控。另外，对化工生产装置可能发生的危险进行快速响应和联锁保护的自动化仪表控制系统是化工过程控制系统的重要组成部分，其作用是保障企业的安全生产，避免人身伤害及重大设备损害。

监测系统是指通过化工生产装置运行状态监测与预警对工艺流程和设备运行的实时状态进行动态监测，通过动态诊断以及分析，快速了解化工设备故障发生的位置以及原因，以及工艺控制指标或额度偏差，从而科学合理地为后续评估、分析、决策以及调整控制指令、转换工艺方案、避免意外事故事件奠定坚实的基础。

过程控制系统和状态监测系统是现代大型化工企业生产的基础系统。智慧化工在过程控制系统集和状态监测系统集中的智能特征主要表现在实时优化系统和先进过程控制系统。

实时优化系统是专门针对复杂化工生产过程的优化控制技术，以企业经济效益最大化为目标，基于严格稳态模型和模型预测控制算法，通过边缘传感装置和边缘算力，对生产工况进行实时监测和优化计算，实时优化生产装置运行参数，生成工艺参数调整指令，下发给先进过程控制系统，使整个生产系统运行并维持在最佳状态。

先进过程控制系统采用先进控制理论和方法，以化工工艺过程和复杂模型为核心，以工控网络为载体，直接对生产装置实施优化控制策略，保障装置始终运转在最佳状态，通过卡边操作，把效益指标落实到仪表和阀门。

智慧化工智能控制的过程控制系统、状态监测系统与生产执行层、智能装备的关系如图6-3所示。

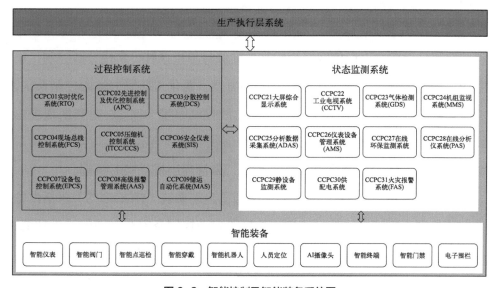

图6-3 智能控制及智能装备系统图

6.5.1 化工生产过程集控系统集

6.5.1.1 系统定位

化工生产过程集控系统集包括实时优化系统（RTO）、先进控制系统（APC）、分散控制系统（DCS）、现场总线控制系统（FCS）、压缩机控制系统（ITCC/CCS）、安全仪表系统（SIS）、设备包控制系统（EPCS）、先进报警管理系统（AAS）和储运自动化系统（MAS）等。

实时优化系统（RTO）：实时优化系统（RTO）是基于稳态机理模型或反馈信息结合生产大数据、机理知识，对工艺过程进行实时优化，将优化结果作为APC或者PID的目标值，实现闭环优化的技术，是一种解决复杂流程工业过程优化与控制的有效手段。

先进控制系统（APC）：先进控制系统（APC）是在DCS基础控制之上优于常规PID控制效果的系统，通常采用预测控制、推断控制、统计过程控制、模糊控制、神经控制、非线性控制、鲁棒控制、软测量等技术，以工艺控制方案分析和数学模型计算为核心，实现过程优化控制和工艺卡边操作，提高自动化水平，提升经济效益。

分散控制系统（DCS）：分散控制系统（DCS）是由过程控制部分和过程监控部分组成，以通信网络为纽带的多级计算机系统，实现分散控制、集中操作、分级管理、配置灵活以及组态方便，是化工装置的核心控制系统。

现场总线控制系统（FCS）：现场总线控制系统（FCS）是利用现场总线控制通信网络将现场控制器和现场智能仪表设备互连的实时网络控制系统，实现数字化的分散控制、双向通信，为管理层提供实时数据。

压缩机控制系统（ITCC/CCS）：压缩机控制系统（ITCC/CCS）包括汽轮机调速控制、压缩机防喘振控制、汽轮机负荷控制及安全联锁保护等功能。

安全仪表系统（SIS）：安全仪表系统（SIS）是指用仪表实现安全功能的系统，在化工生产中起到重要的联锁保护作用，对可能发生的危险或不当措施状态进行及时响应和保护，以保障人员、设备和生产装置的安全。系统由传感器、逻辑运算器、最终执行元件、配套软件及通信网络等组成。

设备包控制系统（EPCS）：设备包控制系统（EPCS）是指控制成套设备的综合系统。通常由可编程控制器、人机交互（HMI）、网络设备组成。

先进报警管理系统（AAS）：先进报警管理系统（AAS）是对化工装置中的过程和系统报警信息进行整理、分析、过滤及优化的智能管理系统，用于提高过程报警的安全性和有效性，提升报警管理水平。

储运自动化系统（MAS）：储运自动化系统（MAS）是储运控制系统、生产销售管理功能的综合集成，能够提高物料输送的自动化水平和安全管理水平，从而实现控制和管理的系统集成，数据共享。

6.5.1.2 建设目标

应用成熟的先进技术，广泛使用智能化调节器，采用以位总线（bitbus）、现场总线（fieldbus）技术等先进网络通信技术为基础的新型DCS和FCS控制系统，通过控制与管理结合，向低成本自动化和智能化方向发展。同时兼顾生产过程控制任务和企业管理任务，服务于复杂的工艺过程，实现优质、高产、低消耗，以及安全生产、绿色生产。

坚持自主创新，实现关键核心技术自立自强，自主研发统建核心系统，自建的智能控制应全面实现国产化替代，推广应用国能智深DCS产品、技术，保障核心工控系统安全。

6.5.1.3 组织管控能力层级及用户

生产过程集控系统集是"智能控制级"应用，主要使用者为集团生产单位专业管理人员、中控人员和操作人员。

6.5.1.4 技术要求

化工生产过程集控系统集技术要求如表6-79所示。

表6-79 化工生产过程集控系统集说明

系统名称	智能化要求
实时优化系统（RTO）	实现装置生产过程自动寻优，把工艺装置不断推向可行域内最优操作点。 以实现生产效益最大化为目的，基于可行域内计算最大效益，年产出投入比应不低于1.0。 应实现基于稳态机理模型的全局最优和局部寻优。 宜全面兼容各类APC和DCS，实现在线闭环优化。 模型收敛速度快，每次优化计算时间不宜超过15分钟。 系统应具备良好的可维护性，鲁棒性高，全面覆盖历史工况，模型整体收敛率不低于95%。 企业应根据自身的生产装置特点和条件，对实时优化系统进行定制化规划和实施
先进控制系统（APC）	先进控制及优化控制宜适用于具有多变量、强耦合、大时滞、有约束等复杂的化工生产过程的平稳控制和动态优化，在约束条件下，实现装置的卡边操作，实现装置性能的局部稳态优化。 提升自控率，APC投运后，正常工况下DCS自控率应大于等于95%。 提升平稳率，APC投运后关键工艺参数波动标准偏差率应下降30%以上。 APC投运后控制器投用率应大于等于95%。 系统具备良好的开放性，软硬件符合行业标准和国际标准。软件环境和界面便于使用和维护，设备选型要满足现在和将来扩充的需要，现场检测仪表及控制阀应达到APC的智能优化控制要求。 系统和DCS常规控制应实现无扰切换、应急处理，保证在APC异常时可以迅速平稳切换到常规控制方式。 APC应是一套功能完整的系统，包括数据采集、实时数据库、PID整定、控制建模、效果评估等。 使用单位应根据自身的生产装置特点和条件，对重要工艺生产装置进行APC定制化实施，在产品收率、能耗等关键指标提出具体明确的要求
分散控制系统（DCS）	数采要求： DCS系统应具有独立的过程数据接口（OPC DA）和报警及事件数据接口（OPC AE），宜具有智能仪表、阀门的通信接口。过程数据接口（OPC）服务器作为高级应用或管理的数据接口，能对DCS网络中的过程数据进行采集和传输； 过程数据接口服务器应按操作分区或第三方服务器分别配置； 过程数据接口服务器网络接口带宽不宜小于1Gbps，其硬件应根据存储的数据量进行配置，充分满足实时数据交换的要求。 PID整定要求： PID控制回路自动投用率应大于等于90%。 新建的PID监控诊断系统应采用技术成熟、有大型项目应用案例的产品，功能要求如下： PID监控应具备数据采集、指标监控、统计分析的功能； 应具备PID控制回路的执行器故障诊断、变送器故障诊断、事件报警与自动通知的功能； PID整定应具备智能化自动整定，给出合理建议参数的功能； PID维护应具备回路中被控对象特性变化诊断、控制器性能的智能评价与辅助维护决策功能

续表

系统名称	智能化要求
现场总线控制系统（FCS）	支持增加或改造现场设备。 可监控设备的性能和状态。 支持系统扩展、故障诊断，便于维护。 支持总线供电，可实现危险区应用，无需现场配电。 FCS系统应具有独立的过程数据接口（OPC DA）和报警及事件数据接口（OPC AE）。过程数据接口（OPC）服务器作为高级应用或管理的数据接口，能对FCS网络中的过程数据进行采集和传输
压缩机控制系统（ITCC/CCS）	ITCC/CCS系统应具有Modbus RTU等标准通信接口和独立的OPC，满足与DCS或其他系统通信要求。 OPC接口服务器网络接口带宽不宜小于1Gbps，其硬件应根据数据传输量进行合理配置，充分满足实时交换要求。 应具有压缩机调速控制、防喘振控制。 应具有一键开停机功能。 对已有机组逐步改造、新建机组一次性建成的方式使机组具有性能控制功能。 宜具备机组防喘振测试功能
安全仪表系统（SIS）	SOE应具备第一事故原因区别。 安全联锁系统的投入和切换。 应具有独立的操作站，便于操作和管理。 手动紧急停车。 安全联锁复位。 具有Modbus RTU等标准通信接口，满足与DCS或其他系统单向通信要求
设备包控制系统（EPCS）	设备包控制系统（EPCS）使用的PLC、触摸屏等系统应满足国家及行业的相关标准规范。 应满足成套设备的控制要求。 具有Modbus RTU或PROFIBUS-DP/PA等标准通信接口，应满足与DCS或其他系统单向通信要求
先进报警管理系统（AAS）	先进报警管理系统（AAS）应满足智能工厂总体建设的需求。 AAS通过OPC协议从DCS获取报警信息，DCS的OPC服务器应支持标准OPC DA和OPC AE通信协议。 减少无效报警数量，在系统正常投运后，建议无效报警率小于5%。 提升报警有效性，在系统正常投运后，建议S值应在6~12范围内（S=报警数量/操作岗位/小时），保证每个报警都能得到操作岗位的有效响应和管控。较好的完整性，系统应是集软件、硬件、网络为一体的独立完整的系统，软件功能应包括实时/历史报警查看、统计分析、报警搁置、报警审计、多工况报警、报表发送等功能。 统计分析功能应具备统计报警产生频率、报警泛滥、报警优先级、年月周分析等功能。 宜建立报警诊断分析与措施应对知识库。 AAS应能把数据上传至生产执行层，系统出口要加装网络安全设备，保证系统安全性

续表

系统名称	智能化要求
储运自动化系统（MAS）	应具备物料输送自动化系统，包括自动装卸车系统。 应具备物料信息管理模块，具有专用的储罐数据管理单元（进行罐容计算和管理）。 应具备物料输送订单管理模块。 应提供标准通信接口及通信协议，与DCS实时通信。 应配备信息化系统标准接口，以满足与MES的接口要求。 针对成品罐区宜有产品调合的功能

6.5.2 化工生产状态监测系统集

6.5.2.1 系统定位

化工生产状态监测系统集包括大屏幕综合显示系统、闭路电视（CCTV）、气体检测系统（GDS）、机组监视系统（MMS）、分析数据采集系统（ADAS）、仪表设备管理系统（AMS）、在线环保监测系统、在线分析仪系统（PAS）、静设备监测系统、供配电系统、火灾报警系统（FAS）。

大屏幕综合显示系统：大屏幕综合显示系统是综合运用计算机、网络通信、信号控制、视频监控等技术，建设集信息采集、传输、显示和分析处理功能于一体的显示系统，是智慧化工建设内容的对外展示、显示窗口。建设内容包括工厂级大屏，企业级大屏和集团级大屏。

闭路电视（CCTV）：闭路电视（CCTV）主要由摄像机（或AI摄像头）、传输网络、存储系统、服务器等设备组成，用于监视生产场所和环境，为智慧化工各应用系统提供视频数据和基于视频相关服务的视频监控管理系统。

气体检测系统（GDS）：气体检测系统（GDS）用于检测、监控生产装置及储运设施中泄漏的可燃、有毒、有害气体，及时发出报警，预防人身伤害、中毒窒息、火灾与爆炸事故发生。

机组监视系统（MMS）：机组监视系统（MMS）是基于各类探头传感

器对动设备运行状态进行监测与故障诊断的系统,包括大机组监视和机泵群监视,为设备预测性维护提供数据支持。

分析数据采集系统(ADAS):分析数据采集系统(ADAS)是用于在线分析仪表数据采集和设备管理的系统,实现数据采集、在线监视、分析统计、存储校验、预防维护等功能,系统可降低设备维护成本,延长分析仪使用寿命,提升产品质量,提高分析仪可靠性和管理效率。

仪表设备管理系统(AMS):仪表设备管理系统(AMS)是对基于多种总线通信协议的智能仪表、智能阀门定位器等设备进行远程在线组态、校验管理、故障诊断、数据库事件记录等管理的系统。

在线环保监测系统:在线环保监测系统包括在线污水监测系统、在线废气监测系统。

在线污水监测系统:在线污水监测系统主要由传感器网络管理、智能计算、智能预警等模块组成,有效提高水质检测的快速性、准确性和稳定性,实现高效安全检测。

在线废气监测系统:在线废气监测系统由气态污染物(SO_2、NO_x、O_2、可扩展CO、CO_2、HCl、HF等)监测子系统、烟尘(颗粒物)监测子系统、烟气参数(流速、温度、压力、湿度等)监测子系统以及数据采集与处理子系统构成。

在线分析仪系统(PAS):在线分析仪系统(PAS)是成套分析仪系统,由采样单元、采样预处理单元、分析器单元、回收或放空单元、微处理器单元、通信接口、显示器和打印机等设备组成,并统一进行管理。

静设备监测系统:静设备监测系统包含设备在线腐蚀监测、泄漏风险源在线泄漏监测、换热器性能监测等内容。

设备在线腐蚀监测是对设备、管线(及附件)的腐蚀量、腐蚀速率、坑蚀、焊缝腐蚀、冲蚀等情况进行在线监测。

泄漏风险源在线泄漏监测是对有泄漏风险的设备进行监测，对泄漏趋势进行预判，为决策提供支持。

换热器性能监测是针对换热器结垢、管束泄漏等情况进行监测，为生产提供决策；针对水冷换热器循环水中油的实时动态监测。

供配电系统：供配电系统是运用智能终端掌握设备性能，运用软件提供运营决策、维护建议以及周期性评估，实现高效电能管理，提升配电设备整体数字化管理水平。

火灾报警系统：火灾报警系统由火灾警报装置及其他辅助功能的装置组成，根据工程的要求同各种灭火设施和通信装置联动，形成中心控制系统。

6.5.2.2 建设目标

采用有效的检测手段和分析诊断技术，及时、准确地掌握设备运行和环境状态数据，保证设备的安全、可靠和经济运行。

6.5.2.3 组织管控能力层级及用户

化工生产状态监测系统集是"智能控制级"应用，主要使用者为生产单位专业管理人员、中控人员和操作人员。

6.5.2.4 化工生产状态监测系统集技术要求

化工生产状态监测系统集技术要求如表6-80所示。

表6-80　化工生产状态监测系统集说明

系统名称	智能化要求
大屏幕综合显示系统	屏幕应优选各类技术先进的液晶屏幕或全彩高清LED屏幕，易于拼接、操作和维护。 系统应具备显示各种类型视频图像格式的功能。 系统应具备3D展示、可设计的智能交互等功能。 集团级大屏宜优先选用云屏技术，可海量视频IP接入，方便与各类应用系统平台集成

续表

系统名称	智能化要求
闭路电视（CCTV）	应满足现场监控需求，合理增加/替换为数字摄像头，优化视频监控管理系统。 视频监控管理系统应与厂区内的安防监控、电力监控、环保在线等相关系统整合成一个平台，将整个厂区视频监控系统进行统一管理，保证视频的完整性、流畅性、稳定性。 应将全厂视频监控源集中管理，历史和实时视频图像可提供给不同用户、不同显示终端、其他第三方平台。 应充分考虑视频智能分析、视频智能运维管理等视频监控行业的最新技术，通过智能图像分析处理能力，将识别出的异常信息和图像证据上传至相关系统，提高管理效益，变事后追溯为事前预警，提升管理的现代化水平。 统一视频监控管理系统应具备良好的二次开发特性，可提供功能完善的二次开发接口（SDK），可被三维平台、应急指挥系统等其他相关系统集成，具备移动视频的接入能力。 视频监控管理系统建设宜积极加大创新技术应用，如地图叠加、AD域整合等，并对鹰眼、热成像等最新行业产品进行尝试
气体检测系统（GDS）	应具有独立的操作站，可与第三方系统通信，便于操作和管理，通信协议应满足行业常用协议，如Modbus RTU等标准通信接口。 可为智慧化工其他应用系统提供泄漏监测数据。 各类检测器的数量应满足生产运行的实际需要，同时还应满足最新的标准规范要求，系统应独立设置。 新增/替换传感器时，在满足现场检测要求下应遵循节约实用的原则。 应将GDS系统集中管理形成数字资产，可提供给不同用户、不同显示终端、其他第三方平台
机组监视系统（MMS）	应具备数据感知、数据采集、状态监测、数据分析、故障诊断、专家决策支持功能，实现以故障预警驱动和状态监测为基础的预测维修模式，提升设备管理水平。 机泵群监控应优先使用无线网络传输设备实现机泵智能化、数字化管控监测。机泵维护从计划维护、故障维护逐步过渡到预测性维护，实现机泵全生命周期管理。 应提供多维度、多角度、多种形式的数据统计分析，支持报表导出。 应提供开放式数据接口，可与设备管理系统、安全管控系统等集成。 应与已建成的各类动设备状态监测系统之间具备良好的接口能力，兼容各类探头传感器，宜将相关系统整合成一个平台，进行统一管理。 应将MMS系统形成数字资产，可提供给不同用户、不同显示终端、其他第三方平台
分析数据采集系统（ADAS）	应能够与不同品牌分析仪实现数据通信，支持多客户端访问，支持数据上传到生产执行层。 应支持手/自动校验，灵活配置校验参数（如响应时间、标准气体参考值、控制/报警临界点设置、校验规则选择等）等功能，提升检测有效性。 应具备良好的人机界面、集中监控、性能评价、故障辨识、远程操作、安全校验及标定、建立故障库等功能。 宜具备质量控制统计功能。 企业应根据自身的生产运行特点和条件，对其进行定制化实施

续表

系统名称	智能化要求
仪表设备管理系统（AMS）	应具备仪表组态、对比下载。 应具备在线诊断、标定、故障报警监控。 应支持HART/FF等各类主流通信协议。 应支持OPC Server/Web Services等服务管理软件开发。 宜具备分析历史设备报警、判断设备故障等级、制定停车检修计划。 宜具备装置停车前后现场仪表组态比较，辅助开车
在线环保监测系统	宜采用群体智能技术优化传感器网络。 对于重要且难以检测的关键指标，利用工艺机理和大数据等技术，宜采用软测量方法，实现检测准确性。 在异常工况发生前，宜根据运行工况特征，运行工况预警模型，对异常工况风险等内容进行自动预警。 数据采集应统一取自生产实时数据库系统，在线监测数据可安全地传输至职能监管部门
在线分析仪系统（PAS）	在线分析仪应带有标准协议通信接口，通过工业以太网（TCP/IP协议）或串行通信接口（Modbus RTU）等与DCS/FCS、ADAS等系统进行数据通信。 企业应根据自身的生产运行特点和条件，对其进行定制化实施
静设备监测系统	设备、管线（及附件）在线腐蚀监测： 腐蚀过程监测宜采用电化学探针、电感探针等技术； 腐蚀结果监测宜采用超声测厚、pH、FSM电场矩阵等技术； 应自动获取现场数据，实现数据显示、超标报警、绘制腐蚀深度曲线、给出区间腐蚀速率、曲线数据对比分析、建立损伤知识库、完善维修策略库、定期生成监测数据报告和风险分析报告； 应采用一体化解决方案，实现在线腐蚀的风险感知、实时监测、预警。 泄漏风险源在线泄漏监测： 宜充分使用泛在感知、红外技术等，对不可达密封点进行泄漏监测、泄漏预测及预警； 宜对重要设备进行定点监控，对危险区域进行阵列监测，对厂区边界进行光学监测； 应实现检测数据融合，报警诊断分析，建立维修和应急处置策略库。 换热器性能监测： 可采用紫外荧光法、红外荧光法等方法对水冷换热器水中油含量进行在线监测和早期报警； 可应用人工智能（AI）识别和分析换热网络的历史运行数据，建立该网络的动态结垢模型，评估换热网络的历史效能，预测未来运行效能
供配电系统	应能实现数据采集，实现全面监控。 宜通过大数据分析实现专家分析和诊断。 应通过智能仪表等设备，逐步实现开关柜数字化，可将各种运行参数、状态等数据上传至电力监控系统，用于电气设备的健康状态监测。 应具备模块化设备即插即用及预测性维护等功能。 大型变压器应逐步实现在线油色谱分析及上传监测数据功能。 应实现预警早期故障，快速定位故障的功能。 应具备电能能耗统计分析、智能五防系统功能，能够实现远程管理。 应通过标准通信将监控数据上传至智慧化工执行层

续表

系统名称	智能化要求
火灾报警系统（FAS）	应监视并储存全部消防设备主要运行状态、操作人员的各项操作记录。 应具有自诊断、自恢复及在线修复功能。 应能控制消防救灾设备的开停机，显示运行状态。 应能向综合监控系统及相关消防联动系统或设备发布火灾模式。 FAS系统应集中将报警信息（报警点位、描述、状态）及时提供给企业内部用户、不同应用平台（如智能安防系统、安全管控系统、应急指挥系统等）、不同展示平台（CCTV系统、手机、电脑、屏幕等）

6.6 终端设备

智能化的终端装备是智慧化工的建设基础，各单位应结合企业生产实际，积极推进智能化的终端装备与技术在重点、痛点、难点场景（表6-81）下的应用。

表6-81 智能设备应用场景推荐列表

应用场景推荐列表（包含不限于）
设备跑冒滴漏、破损、腐蚀
现场明火检测、火炬监测、烟雾监测、漏油检测
温度、压力、流量等智能读表、管线压占识别、指示灯识别、阀门开闭识别、空气开关状态识别
两重点一重大监测、气体泄漏可视化监测及溯源、热成像装置隐患监测
安全作业管控识别（安全帽、劳保服、吸烟、个人防护装备、动火作业灭火器、动火点、作业特征、人员离岗、人员倒地等作业安全识别）
进出厂人员、现场作业人员、承包商人员、叉车司机等人脸识别
危化品车辆合规监测（车牌识别、车辆超速、不按专用危化车道行驶、违停）

6.6.1 应用范围

智能化的终端装备主要包括智能仪表、智能阀门、智能机泵、声学成像仪、智慧照明、工业网闸、工业防火墙、智能点巡检装备、智能穿戴装备、智能机器人、智能终端、AI摄像头、智能门禁、电子围栏、人员定位等。

6.6.2 通用要求

研发和应用智能化的终端装备，必须满足使用环境的要求，包括防火防爆、防电磁干扰、防辐射、防腐蚀、防尘防水等相关要求。必须符合国家及行业的制造标准。必须符合国家及行业的通信标准。数据接口标准必须遵循标准化通用化原则。技术选型原则上优先选用新一代成熟产品，充分考虑国产化。

此外，装备智能化改造应根据装备的重要性进行分级分步改造，应制定改造方案，明确目标、方法、途径等。宜选择有经验的设备制造（集成）商实施技术改造，改造后的设备，应能够根据感知的信息调整自身的运行模式，使其处于最优状态，实现环境自适应、功能自适应、操作自适应。

6.6.3 网络接口及应用协议

智能化的终端装备作为物联网的重要组成部分，应遵循GB/T 34068—2017《物联网总体技术 智能传感器接口规范》要求，以IP化、无线化为应用目标，根据具体业务要求装备支持广覆盖、高带宽、低时延、安全、大并发，支持NB-IoT（窄带物联网）、4G和5G协同的移动物联网技术，支持各种主流的工业协议，支持工业以太网及工业PON等主流通信网络技术，实现工业数据的采集与传输。

6.6.4 智能仪表技术要求

6.6.4.1 智能仪表

仪表是测量工艺过程参数诸如温度、压力、流量、物位和化学成分等的设备。

智能仪表建立在微电子技术发展的基础上，将CPU、存储器、A/D转换、输入/输出、甚至PID控制组件等功能集成在一块芯片上，与控制系统之间进行数字通信，大大提高数值精度和可靠性，避免了模拟信号在传输过程中的衰减，解决干扰问题，还节省了大量电缆、安装材料和安装费用。功能上具有以下优点：①操作自动化；②具有自检功能；③具有数据处理功能；④具有友好的人机对话能力；⑤具有可编程操作能力。

应根据现场高温、高压、高真空、超低温、界面（密度差）、泡沫、混合物料、气液两相、含粉粒、湿气体等复杂工况合理科学选择合适的智能仪表，满足长周期、工艺关键点的测量要求。支持相关标准通信协议（Hart、FF等），应支持与设备管理系统的数据交互，应根据仪表设备的原理及使用需求选用具有自诊断、自整定、自清洗、自标定等智能化功能的产品。

智能仪表应按照SH/T 3005—2016《石油化工自动化仪表选型设计规范》的要求进行选型和安装，同时充分考虑以下要求：

> 现场仪表选型应考虑检修、维护方便。

> 现场仪表选型应考虑经济合理。仪表选型不是一味追求高端，在满足工况要求的情况下，选择经济合适的仪表。

> 不考虑特殊要求的情况，尽量选择质量比较有保证的国内厂家。

> 避免只根据数据表选型、盲目选用新型仪表或厂家、未按照安装要求进行安装、安装后不对参数进行标定等多种仪表使用误区。

> 在现有仪表智能化改造过程中，应优先考虑在不改变一次表的情况下，将二次表或软件升级为带自诊断、自整定等智能功能的仪表，满足与设备管理系统等交互的功能。

> 智能仪表的更新，应不降低原有的安全完整性等级。

6.6.4.2 智能阀门

阀门是化工生产中重要的设备，阀门的智能化是智慧化工的重要体现。阀门智能化是通过定位器/控制器的智能化来实现，定位器应具备：

➢ 实现阀门开度、动作次数、动作速度、输出力矩、工作温度、断电频次等信息实时双向传输。

➢ 可远程设定阀门的开度范围、改变阀特性、调整死区及远程调校。

➢ 应具备PID参数自整定功能。

➢ 应具备远程诊断和自我诊断功能，诊断结果可导出生成标准格式文件。

➢ 针对关键阀门应具备在线诊断、特性测试、性能诊断功能。

➢ 针对SIL认证的阀门宜具备阀门部分行程测试功能。

➢ 宜具备可扩展的阀门全生命周期管理功能。

6.6.5 智能终端技术要求

6.6.5.1 智能点巡检

基于地理信息（GIS）、射频识别技术（RFID）、位置服务（LBS）、网络通信（5G）、蓝牙等多种新技术，运用智能终端，打造智能化、科学化、可视化的移动点巡检系统，实现巡检任务自定义、巡检路线自定义、巡检历史轨迹查看、巡检对象信息自动上传等功能。

6.6.5.2 智能穿戴

根据现场实际需要配置可穿戴设备，包括智能安全帽、智能巡检眼镜、智能手环、智能手表、智能执法仪、智能耳机、智能胸牌等。

智能穿戴设备应为工业级产品，满足作业环境需要，应配置无线通信模块，具备通信能力及远程数据传输能力。

手环/手表类穿戴设备应具备人体健康特征信息采集功能，采集信息包括血压、体温、心率等，可根据人体健康特征信息判断健康状况。

6.6.5.3 智能机器人

（1）无人机

工业级无人机受民航系统无人机飞行区域管控限制和产品本身防爆技术瓶颈限制，目前相关使用规定如下：

按照《无人驾驶航空器飞行管理暂行条例》第二十七条规定，生产、储存易燃易爆危险品的大型企业和储备可燃重要物资的大型仓库、基地以及周边100米范围的上方，发电厂、变电站、加油站和大型车站、码头、港口、大型活动现场以及周边50米范围的上方，未经批准，微型无人机禁止空域飞行。

其他区域无人机应可方便灵活搭载各类智能传感设备，实现数据的实时采集处理、分析决策、预警传送；无人机本身可手动/自动飞行、具有定位等功能，满足管线/电网巡检、消防侦查/灭火、地理测绘/测量、应急处置等应用场景的需求，实现三维实景建模与测绘、垂直登高特种作业、设备设施高空巡检、大范围气体泄漏及定位、热成像巡检等应用。

（2）巡检机器人

化工巡检机器人在特定环境中部分代替人工巡检，减少工作人员、降低劳动风险、提高生产安全性。

巡检机器人应具有智能识别、音频分析、环境探测、温度探测分析、语音对讲指挥、数据查询、导航定位、自主避障等功能。

巡检机器人典型应用场景：

- ➢ 智能识别现场的阀杆位置、指示灯状态、仪表数据等信息。
- ➢ 对现场声音采集，智能分析异常声音。
- ➢ 智能识别现场有毒有害气体含量，及时判断设备泄漏情况。
- ➢ 通过红外技术检测设备的发热情况，预警设备温度异常。

（3）变电站智能巡检机器人

变电站智能巡检机器人对输变电设备进行全天候巡检、数据采集、视频监控、温湿度测量、气压监测等，提高输变电站内设备的安全运行水平，在发生异常紧急情况时，智能巡检机器人可作为移动式监控平台，代替人员及时查明设备故障，降低人员安全风险。

变电站智能巡检机器人典型应用场景：

- 高压设备红外温度监测。
- 变压器和电抗器噪声监测。
- 设备发热缺陷检测。
- 开关刀闸状态识别。
- 设备仪表数值读取等。

（4）无人搬运车（AGV）

无人搬运车（AGV）基于磁条引导、激光引导、射频识别引导等方式，在仓库、物料转运车间、跨车间物流配送等区域实现自动化搬运输送，配合智能物流系统可以有效地提高工作效率和作业安全。

AGV应具有自动充电、24小时连续工作的能力；应通过机器视觉、力反馈等技术融合实现决策控制，有较好的柔性和拓展性；应具有路径规划、速度控制、精准定位停车等技术，有较好的可靠性；应通过智能交通管理实现多级警示、安全避碰、紧急制动、故障报告等功能，有较高的安全性。

（5）消防机器人

消防机器人应具有接受无线遥控，高清图像拍摄及无线传输，原地转向，多角度灵活喷雾、喷水、喷射泡沫进行火灾扑救，有毒及可燃气体检测，自动避障，照明及适应现场恶劣路况等功能。

消防机器人可在危险情况下代替消防救援人员进行灭火、侦察、排烟、救援、洗消、照明、防爆、排爆作业，保证消防人员人身安全。

6.6.5.4 人员定位

基于智能终端、智能穿戴设备、定位标签等设备，企业根据实际情况能够对人员、移动设备进行识别记录，实时识别和监控厂区人员分布，划定活动区域，监测人员异常状态，实时记录、分析人员的移动轨迹，定位超速移动、快速跌落或长时间静止等异常情况，可实现主动报警或由人员主动触发定位标签报警按钮，实现远程报警。

通过5G、蓝牙、北斗、UWB、Zigbee、NB-IoT等主流精准定位技术，实现三维的人员位置信息、SOS报警信息、历史轨迹信息实时上传；定位精度小于3米，定位延迟小于1秒。

6.6.5.5 智能终端

企业根据实际情况和相关业务系统合理配置需要的智能终端，智能终端应满足流程处理、身份识别、人员定位、信息采集、作业指导、巡检等工作场景的需要，应具备的关键技术标准如下：

➢ 配置不低于800万像素高清摄像头，可拍照记录点检现场信息，并存储在相应点检任务中。

➢ 应配置人员定位系统，实现人员作业位置的实时精准定位及轨迹跟踪。

➢ 应配置网络通信模块，具备基于通用或特定频段的移动通信能力。

➢ 应支持射频识别技术（RFID），具备有源、无源RFID标签识别能力。

➢ 应具备标准巡点检作业管理能力，能够依据特定的巡点检作业规程，完整、准确地执行特定的巡点检任务。

➢ 应具备云存储能力，支持云端应用部署。

➢ 根据现场需要，可灵活增加各类使用功能，如视频语音交互、测温、测振、测速、气体检测、一键求助等。

➢ 应在企业的专网中运行，确保企业的信息安全。

6.6.5.6 AI摄像头

AI摄像头可部署在企业的重要监控场所，基于视频和图像技术，通过人工智能算法实现人/物流的统计、警戒、识别、轨迹定位等功能，为智慧化工业务系统提供远程可视、数据采集、人物流管理等技术支撑。AI摄像头功能与智慧化工其他系统的AI功能互为有益补充。

6.6.5.7 智能门禁

智能门禁系统应运用人脸识别、指纹识别、虹膜识别、指静脉识别等图像识别技术，对生产现场、重要区域人和车辆进行出入管理控制，包括人员信息、车辆信息、门禁状态信息、门禁报警信息、门禁出入记录信息、车辆进出记录信息上传，区域出入授权许可管理、通道进出权限的管理，实现时段控制、实时监控、远程授权、出入记录查询、周界防护、网络设置、逻辑开门、紧急逃生等精细化智能管理，可对门禁进行远程控制，保证人员车辆进出便利性。

6.6.5.8 电子围栏

电子围栏按照安防领域"威慑为主，报警为辅"的最新理念，运用激光对射、振动光纤、脉冲、微波等技术，在厂界、生产现场、重要区域等位置进行安装，实现阻挡、威慑、报警，与其他安防报警系统联动，报警信息上传等功能，具有物理屏障、主动反击、延迟入侵、准确报警等特性，实现周界安防全天候智能化安全保障。

6.7 生产主设备智能化

生产设备是指直接或间接参与生产过程的设备，主要包括成套设备，系统、单台机械，装置等。生产主设备指的是化工生产中承担主要工艺工序的设备。

生产主设备智能化，是构建数字化、智慧化新型生产力和生产关系的基础，主要是指生产主设备应具有实时网络互联、分布式信息共享的能力。智能化的生产主设备，一般应配套数字化软硬件、高精度智能传感器、高保真信号采集系统、低功耗无线通信系统、云端数据汇聚及分析系统、机器学习建模与预测算法、人工智能决策系统、跨平台APP及人工智能系统等组件，满足泛在感知、精准获取、海量存储、高速传输、智能处理等要求。

对于新建工程项目，在项目需求分析、可行性研究、方案规划和设备选型过程中，应要求生产主设备配套具备联网、数据采集和传输、边缘控制等智能化终端、软件包等。

对于运营期工程项目，有序推进在不停车或利用维修窗口期，在确保安全条件下，进行主设备智能化终端安装、更换等原位改造与升级。鼓励企业针对服役期的传统设备进行智能化终端、工业模型及软件包等创新研发。

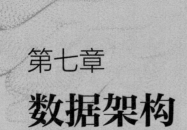

CHINA
ENERGY INVESTMENT
CORPORATION-SMART
CHEMICAL
CAPACITY MODEL

第七章

数据架构

数据架构是企业业务和数字化应用的核心要素,与应用架构共同构成总体信息架构,支撑智慧化工全部数字化场景。在国能智慧化工建设过程中,数据要素和数字技术的结合,为企业带来生产方式的变革、商业模式的变革、管理模式的变革、思维模式的变革,推动产业数字化转型发展。

7.1 数据架构总体要求

7.1.1 数据治理体系框架

依据GB/T 36073—2018《数据管理能力成熟度评估模型》，国能数据治理体系框架为CHN-EDGF171体系框架（图7-1）。

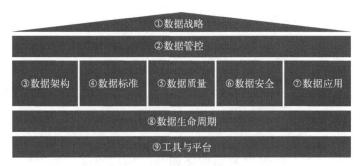

图7-1 国能数据治理体系框架

图7-1中，①是基于企业发展战略，确立数据资源战略并推动落地实施，保障数据治理目标的达成。②是承袭数据战略，从企业数据治理组织、数据制度建设、数据流程建设三个方面推动整体机制的有效运转。③是从企业数据模型设计、数据分布、数据集成与共享方面形成一套规范的数据架构。④是定义并维护企业全产业的主数据、指标数据、交易数据、生产数据等的数据格式标准及交换标准，为系统建设提供规范化、标准化的依据。⑤是开展企业的数据质量需求收集、数据质量检查、数据质量分析等工作，确保数据满足用户的使用要求。⑥是开展数据资产使用过程中认证、授权、访问、审计等数据安全工作。⑦是为企业的经营管理活动提供数据决策分析、数据开放共享、数据价值管理及定制的数据增值服务。⑧是包括企业数据需求管理、数据采集、数据加工、数据存储、数据分析挖掘、数据退役等日常运行及其维护过程。⑨是在企业IT系统建设的基础上，构建一个综合、统一、集中的企业数据资源管理平台，全面支撑企业数据治理体系。

7.1.2 数据主题域架构

国能站在全业务的整体视角，基于业务价值链的高度提炼，对战略发展、业务运营、管理支持等各领域中持续产生价值、可重复利用的数据做高阶抽象，形成数据主题域框架，覆盖全产业板块，指导并应用于各类信息系统建设、数据指标要求及编码等相关工作。设计数据主题域体系框架，涵盖战略发展、业务运营、管理支持和数据业务等4个一级主题域，以及34个二级主题域和160个三级主题域，具体内容如图7-2所示。

7.1.3 数据标准

按照数据分类，数据分为结构化和非结构化数据，数据标准主要针对的是结构化数据。数据标准分别包含指标数据标准、交易数据标准、主数据标准、通用基础数据标准和生产数据标准。

国能制定了全产业数据标准体系框架（图7-3）。业务数据标准（business data standards，BDS）用于描述公司层面需共同遵守的数据属性数据含义和业务规则，是公司层面对某个数据的共同理解，这些理解一旦确定下来，就应作为企业层面的标准在企业内被共同遵守。

数据标准包括数据三类属性的要求和规则，即业务属性、技术属性、管理属性。业务属性包括主题域分组、主题域、业务对象、业务属性、业务定义及用途、业务规则等。技术属性包括数据类型、数据长度、是否允许值列表等。管理属性包括业务规则责任主体、数据维护责任主体、数据监控责任主体。业务术语是公司内部对特定一类的业务对象统一定义。业务、IT共同引用统一的业务术语，以方便人员之间交流、IT系统之间信息的集成，以消除歧义、提高沟通效率。例如概念数据模型、逻辑数据模型、物理数据模型都属于IT领域的术语。

第七章 数据架构

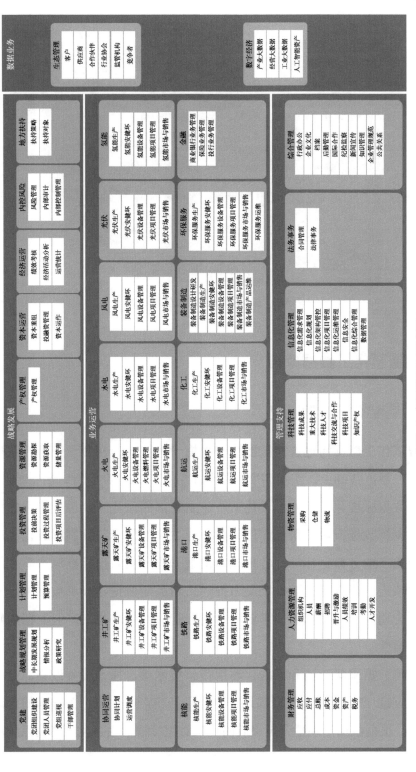

图 7-2 国能数据主题域框架

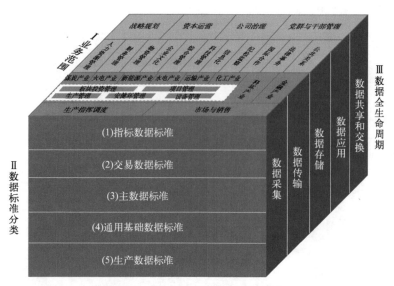

图7-3 国能全产业数据标准体系框架

7.2 智慧化工数据架构

7.2.1 智慧化工数据治理

智慧化工数据治理遵循国能统一数据管理要求，在企业统一的数据管理制度、规范基础上，实现高质量的化工数据"采、存、管、用、易"。

在数据标准化管理方面，化工产业主管部门和化工单位应作为数据所有者，发挥数据权威的角色作用，由产业主管部门牵头编制形成化工产业的统一生产业务数据标准，各化工单位根据统一的数据标准对本单位的具体数据项进行详细的元数据定义与描述，相关的数据标准及数据项定义纳入集团公司统一的数据治理平台进行统一管理，确保化工产业数据的唯一性、准确性。

完善数据采集范围和手段，利用传感技术等，提升设备设施、业务活动、供应链/产业链、全生命周期、全过程乃至产业生态相关数据的自动采集水平。根据数据治理平台定义后的化工数据标准，由各化工建设系统项目组进行数据寻源、数据采集，并根据业务需求性质及数据存储要求，实现在云端及边缘端数据平台的数据存储，为各级单位提供数据共享、分析及应用。

各化工业务系统建成后，应用系统的数据资产信息提交集团数据治理平台。开展数据资产盘点后，纳入统一的数据资产目录管理，实现化工产业全业务数据的可视化、可查询、可申请应用等，形成化工数据的全闭环治理与应用。

7.2.2　数据主题域架构

化工数据架构（图7-4）在国能数据架构框架下，在业务运营一级主题域下对化工二级主题域开展扩展设计，包括化工产品研发、项目、生产、工艺、技术监督、安全、职业卫生、环保、能源、设备、碳资产、采购、物流、销售、品牌、应急等数据。

智慧化工以集团公司数据底座为基础，集团公司数据平台作为统一管理平台，对数据结构进行统一管理。

7.2.3　智慧化工数据技术架构

数据技术架构是开展数据治理、汇聚、服务的载体，智慧化工的数据技术架构严格遵循国能信息化总体规划的数据底座（图7-5）要求开展建设与应用，化工主数据、指标数据、生产实时数据的数据标准、数据资产目录都纳入集团数据治理平台治理与运营，各类数据资源汇聚到集团统一的数据湖，由集团的统一数据湖提供数据应用、共享、分析和服务。

此外，对于化工边缘侧的数据技术平台在集团统一的数据底座基础上，采用云边融合的方式，并遵循统一的技术管理架构体系进行部署与建设，形成逻辑统一的数据资源汇聚、数据治理，在确保集团云侧数据技术平台与化工边缘数据技术平台的一致性基础上，加强云/边上下统一融合，不断激发数据要素资源内容扩充、数据要素活力与价值发挥。

品牌管理		应急管理				
品牌创建	品牌传播	应急预案	应急资源	应急值守	消防救援	应急响应

职业卫生	班组建设	承包商安全管理	研发	项目	生产	工艺	技术监督	安全
职业病防治	班组建设	承包商安全管理	新技术研发	项目前期	计划与统计	工艺技术	技术监督	本质安全
劳动保护			新产品开发	项目设计	生产调度	化工"三剂"		风险管理
危害因素监测评价				招标与采购	生产作业	对标分析		重大危险源
				项目建设	经营对标			危险化学品
				三同时	绩效评价			作业许可
				生产准备	仓储配送			公共安全防卫
				试车				体系安全审核与持续改进

环保	质量	能源	设备	碳资产	采购	物流	销售	服务
环保法律法规标准规范	煤质	能源网络	设备信息	碳计划	供应商	网络	产品	客户服务
污染源	水质	能源利用	完好性管理	碳足迹	采购	物流	市场	
环境监测	原辅材料	节能	大修	碳减排			销售执行	
VOCs治理	产品		检修作业	碳交易			客户	
生态建设			状态检修					
			老旧装置					
			承包商"三九"规范					

化工业务运营

图7-4 智慧化工专业主题域架构

第七章 数据架构

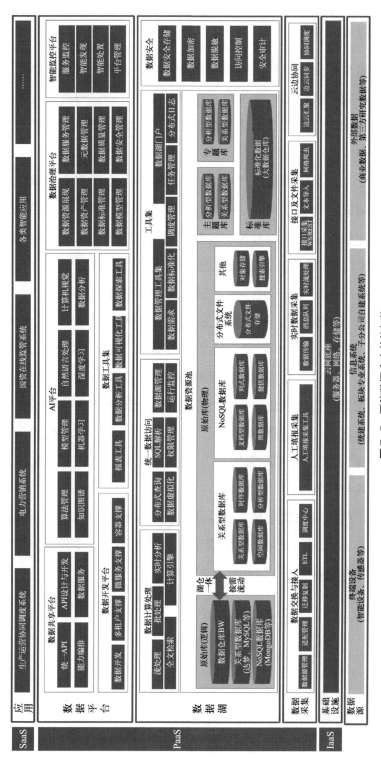

图 7-5 国能数据底座总体架构

7.2.4 智慧化工数据标准

遵循国能全产业数据标准体系框架及要求，开展化工全业务数据标准体系建设，编制形成化工产业主数据标准、化工生产指标数据标准、化工生产测点编码规范等，并纳入集团数据治理平台统一管控，支撑智慧化工数据应用需要。

化工产业主数据标准是在产业层面统一规范主数据相关术语定义和主数据名称、定义、编码规则、业务与技术属性规范、业务分类编码等。化工产业主数据根据业务域划分为化工生产、化工安健环等。其中化工生产包括生产组织、物料管理、生产设施、生产运行、能源管理、质量管理等；化工安健环包括安全管理、职业健康管理和环保管理等。

化工生产指标数据是在产业层面统一规范化工产业生产运营指标相关术语定义和指标名称、定义、维度、处理逻辑（计算公式）、业务属性、技术属性、管理属性等，包括基础项指标、复合项指标和派生类指标三类，指标数据内容覆盖化工生产计划管理、化工生产调度管理、化工生产物料管理、化工生产质量管理、化工生产运行管理、化工安全管理与监控、化工健康管理、化工环保管理与监控、化工应急管理、化工设备管理、化工市场与销售等。

化工生产测点编码规范是在产业层面统一规范生产实时数据采集点相关术语定义和测点编码规则、属性规范、分类代码等。主要测点包括测量点、控制点两大类别。

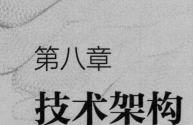

第八章
技术架构

CHINA
ENERGY INVESTMENT
CORPORATION-SMART
CHEMICAL
CAPACITY MODEL

技术架构是企业数字化转型的技术载体,是数字技术的总构成。数据架构是智慧化工国能模型实现智能特征能力维度的基础底座。技术架构连接业务需求和技术实现,包括技术分层、框架、组件以及非功能性需求技术程序、硬件部署策略等。

8.1 信息化规划技术架构

国能信息化总体规划明确了未来信息化技术架构愿景，即：厚平台、薄应用、大共享、双模式、云转型、服务化、全在线、优体验。

● **厚平台、薄应用**：构建统一应用、数据、云网底座平台，做厚平台服务能力，使应用可以更加聚焦业务逻辑实现，降低开发成本，业务应用更轻巧、更敏捷，响应速度快。

● **大共享、双模式**：提供基础、通用的技术服务平台，统一技术标准，构建能力共享中心，实现技术能力共享，并面向应用领域建设应用使能平台，以同时满足国能传统业务（稳态-瀑布式）和数字业务需求（敏态-敏捷式）。

● **云转型、服务化**：基于虚拟、弹性、可拓展的云化基础设施，提升IT资源自助服务能力，应用系统以服务化、可编排的方式支持业务场景，增强应用灵活性和响应能力。

● **全在线、优体验**：使生产、运营、管理等业务全在线、数字化运作，汇聚全过程数据，并通过计算、整合、分析进一步洞察、优化业务运行，简化业务操作，从用户角度不断优化使用体验。

技术架构是一个支持业务目标实现的框架，它指导国能投资和设计决策，并为IT资产的运用和管理制定标准、接口和公共服务。可以建立未来已知体系和满足未知需求的解决方案的环境。总体技术架构为业务应用提供统一的技术构件服务，有助于技术选型。技术架构（图8-1）主要包含平台底座、云网底座、数据底座、业务中台、应用层、渠道层、信息安全和信息化标准体系等八个部分内容。

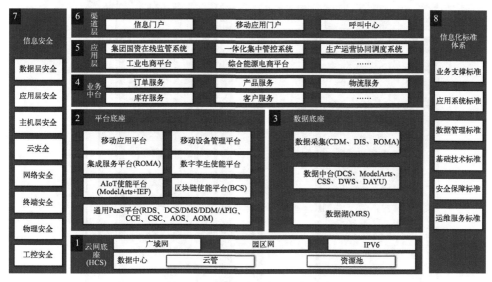

图 8-1 国能信息化应用技术架构

8.2 智慧化工技术架构

智慧化工技术架构（图8-2）遵循国能总体技术架构，各统建应用系统依托国能信息技术云网底座、平台底座、数据底座实现统一应用的开发与实施。

智慧化工建设依托国能集团三大底座——云网底座、数据底座、平台底座进行建设。智慧化工应用系统所需硬件计算资源由云网底座分配。智慧化工应用系统使用平台底座分配数据库服务、中间件服务及其他技术支撑服务进行建设。依托数据底座实现实时数据治理、实时数据采集、存储及提供访问服务；智慧化工业务数据按需入湖。智慧化工应用系统使用数据底座中数据中台提供AI服务进行智能模型的训练、下发、执行。智慧化工提供化工板块的通用的业务微服务，提供各系统使用。

智慧化工统建应用按照规划进行设计建设，自建系统由企业按照相关标准自行建设，通过化工平台底座进行整合集成。

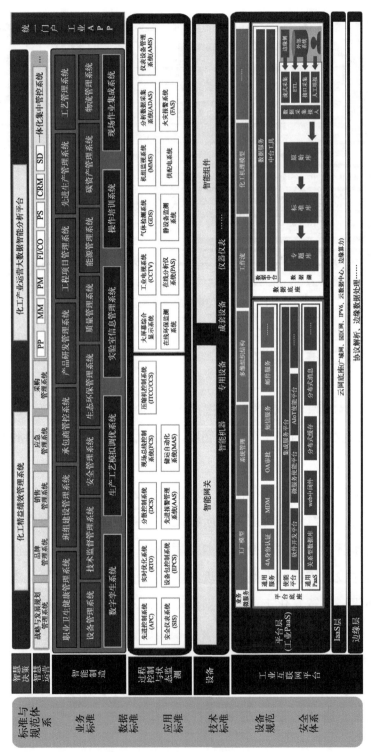

图 8-2 智慧化工应用技术架构

智慧化工技术架构提供PC端、移动终端等使用入口，为集团、子分公司、工厂三级使用。

智慧化工技术架构纳入国能整体信息安全防护体系，在应用、数据、主机、网络、终端、云平台、工控、物理等层面均遵循相关安全防护要求。厂侧工业控制网与集团管理网、与外部公共网络通过网闸隔离实现单向数据传输，厂侧物联网通过物联协议实现到集团管理网的单向数据传输。

8.3 化工工业互联网平台

化工工业互联网是国能工业互联网的有机组成部分，化工工业互联网平台是集团工业互联网平台在化工领域的应用和实施，针对化工产业特点开展建设。

- SaaS层

SaaS层面向智慧化工生产层先进生产制造业务全生命周期的数字化管理，提供工业软件的操作应用与数据共享服务。一是面向智能工厂、智能物流、远程专家诊断等业务领域，提供新产品研发、工程项目、生产、能源、安全、环保等专业化工业级应用软件；二是围绕智慧化工行业全产业链，打造覆盖研发设计、生产优化、运营管理、采购、销售等过程的全面生态合作类工业软件；三是依托智慧化工行业领军优势、科技优势、专家优势，构建数据与知识的生态圈，对外提供技术指导、远程诊断、安全环保咨询等知识图谱服务。

SaaS层主要业务应用包括：

一是化工门户和工业操作台。打造智慧化工统一门户，支持多租户管理，支持PC和移动端多设备接入。建设化工工业操作台，对智慧化工的所有业务进行功能融合，实现一体化操作、一体化运营，针对不同类型、不同权限的用户，提供相应的"千人千面"的页面和功能展示，改善用户体验，持续提升核心业务指标。

工业操作台包括WEB工作台和移动工作台，WEB工作台作为智慧化工PC端统一入口，支持组件化、模块化自定义设置和显示。移动工作台作为化工作业移动端统一入口，可通过应用磁贴、快捷应用和应用组件进行化工作业移动应用管理和业务操作，还支持实现与已有移动应用、产品的集成和扩展。

通过工业操作台，为用户集中整合化工工业APP的导航、消息提醒、待办事项、作业应用/微应用、快捷应用、应用组件及存量应用的集成，并实现对平台用户、租户和各模块及服务的统一运营管理、监控和统计分析。

二是化工工业APP。化工工业APP具有轻量化、定制化、专用化、灵活和复用的特点，本质是化工专业生产知识和技术诀窍的模型化、模块化、标准化和软件化，能够有效促进知识的显性化、公有化、组织化、系统化，有力促进工业知识的应用和复用。工业用户复用工业APP而被快速赋能，机器复用工业APP而快速优化，化工企业复用工业APP实现对制造资源的优化配置，从而创造和保持竞争优势。

智慧化工工业APP体系框架由工业维、技术维和软件维三个维度构成，在智慧化工建设过程中由行业专家、工业用户、各类研发技术人员根据科研需要，确定业务目标、应用场景、技术路线和综合解决方案。

工业维：该维度涉及研发设计、生产制造、运维服务和经营管理四大类工业活动，在每一个工业活动中，都可以细分为若干小类的活动，都可以开发、应用到不同技术层次的工业APP。

技术维：根据工业产品体系的层次关系，并映射形成工业APP的三大层级结构，即由机械、电子、光学等原理性基础工业技术形成了基础共性APP。

软件维：按照工业技术转换为工业APP的开发过程以及参考软件生命周期，该维度分为体系规划、技术建模、开发测评和应用改进四大阶段的软件活动，每个软件活动可以细分为更具体的软件活动。

智慧化工提供PC端、移动终端等使用入口，为集团、子分公司、工厂三级使用。

- PaaS层

化工PaaS层是在国能通用PaaS层基础上，面向智慧化工建设需求进行的化工行业专业技术平台建设，目的是有效支撑智能应用和服务的运行、开发、运营与维护。化工PaaS基于工业物联、工业数字化、工业大数据和AI、工业实时优化等工业引擎，建立工厂模型、工艺过程模型，提供各类专用业务服务、通用业务服务和技术服务组件，持续优化升级设备、物料、三剂、物流、安全等工业机理模型，提升数据全局共享、融合、互通、判断、预测、决策支持等能力，实现化工全业务域的技术支持、数据共享。

- IaaS层

智慧化工工业互联网平台的IaaS层主要依托国能统建IT基础设施资源服务，通过租用的方式获取向各级生产组织提供的基础设施服务，包括服务器、存储和网络等，以及高效的组织、低成本运营，以及在人才、技术、资源、安全等方面的优势。

- 边缘层

边缘层提供设备接入与连通、协议解析与转换、边缘计算与分析应用等功能，通过全面感知与互联互通形成泛在的工业环境，实现化工厂内物料、产品、设备、环境和人员的感知、识别和控制，是工业互联网平台在边缘侧的设备接入和数据采集基础。

智慧化工工业互联网纳入国能整体信息安全防护体系，在应用、数据、主机、网络、终端、云平台、工控、物理等层面均遵循相关安全防护要求。厂侧工业控制网与集团管理网、与外部公共网络通过网闸隔离实现单向数据传输，厂侧物联网通过物联协议实现到集团管理网的单向数据传输。

第九章
网络安全体系

CHINA
ENERGY INVESTMENT
CORPORATION-SMART
CHEMICAL
CAPACITY MODEL

在智慧化工建设过程中,企业一方面敏锐抓住数字技术发展的历史机遇,释放数据活力,享受技术红利;另一方面,也需要面对着无边界、零信任、不对称和动态化的网络信息安全形势。如何以安全保发展,以发展促安全,搭建坚固的信息安全壁垒,是企业必须予以重视并分析研究的重要课题。

9.1 信息化规划安全防护体系

智慧化工安全体系在信息安全层面遵循国能统一的网络安全与信息化规划要求，按照一体化安全管理整体架构（图9-1），包括总体安全目标及愿景、分项目标、安全保障框架、信息安全项目四部分构成。

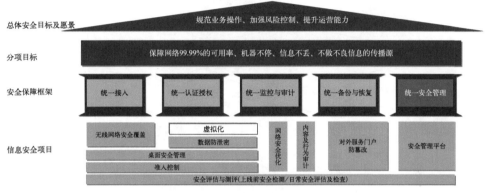

图9-1　国能一体化安全管理整体架构规划

一体化安全管理平台能力架构由无线网络安全覆盖、安全管理平台、数据防泄密、准入控制安全、虚拟化安全、内容及行为审计、对外服务门户防篡改、网络安全优化、桌面安全管理及安全评估与测评十部分构成。

网络安全域建设思路为分域/分层的网络安全架构，集团和板块公司各自负责自己数据中心内的安全，如图9-2所示。

· 安全域：以POD（业务单元）为安全边界划分；

· 安全分层：DC边界、DMZ域、POD域、业务域、租户Web/App/DB、虚机；

· 安全防御维度：POD内横向安全、DC内纵向安全、虚机虚拟化安全、广域网传输安全；

· 安全技术：Firewall/IPS/IDS/LB、vFW/vIPS/vLB、VPN/VRF/VLAN/ACL；

- 为确保物理安全和逻辑安全统一，资源池物理分为互联网域安全等级保护三级以上和三级以下资源池两个。

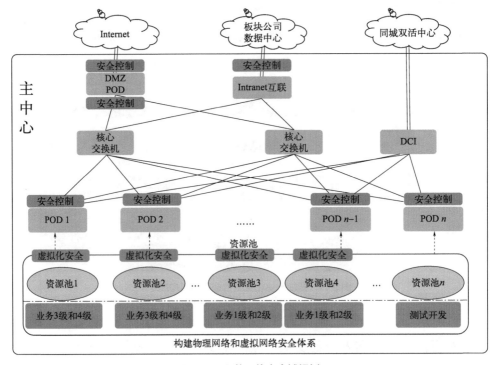

图 9-2　国能网络安全域规划

9.2　智慧化工网络安全防护体系

智慧化工网络安全防护体系采用国能统一的网络安全防护体系，并遵守集团公司网络安全架构。智慧化工建设的网络部署依据互联网域安全等级保护定级为二级，并参照等级保护二级相关要求展开系统安全方面设计。

- **物理环境安全**

完善化工数据中心机房管理规范和应急预案，保障机房日常人员出入、电力供应、通风制冷、防火防盗、环境监控等管理安全。制定虚拟化安全管理策略，做好虚拟化资源池、虚拟主机的访问控制、安全审计、隔离防护、传输加密、备份恢复、病毒防护和安全监控，实现云平台的安全运行。

- 网络通信安全

按照"安全分区、网络专用、边界隔离、综合防护"的总体技术原则，进一步优化完善化工信息网络，提升网络应用综合防护能力，实现网络的实时监测、事后审计和边界安全防护。

- 应用与数据安全

制定智慧化工应用开发与建设安全规范，从技术架构、身份识别、访问控制、配置管理、数据加密、备份与恢复等方面提出明确的系统安全要求，全面规范和指导应用系统建设。

- 安全管理

建立健全化工信息安全管理规范、防护策略和管理平台，完善入侵检测、安全审计、日志管理、防火墙、网闸、实时监控等各类防护措施，引进先进信息安全技术与产品，强化网络攻防演练，及早发现、暴露和解决安全问题，持续提升智慧化工信息安全主动防御能力和应急响应能力。

CHINA
ENERGY INVESTMENT
CORPORATION-SMART
CHEMICAL
CAPACITY MODEL

第十章
工控安全体系

　　智慧化工工业控制系统安全防护对象包括智能装备层、智能控制与监测层的工业控制资产。工控安全体系是化工产业稳定可持续发展的数字化基础屏障，筑牢工控安全体系必须大力实施工业控制系统安全保障能力提升工程，制定完善工业信息安全管理等政策法规，健全工业信息安全标准体系，建立工业控制系统安全风险信息采集汇总和分析通报机制，组织开展重点行业工业控制系统信息安全检查和风险评估。

　　建设智慧化工，需要面向自主可控，逐年加大工业控制系统国产化比例，确保化工企业工业控制系统控制安全、运行安全、运行维护安全、网络信息安全。

10.1　工控安全防护管理要求

根据国家等保2.0工业控制系统安全扩展要求，制定智慧化工工控设备与专用信息安全产品规范、工控系统软件外包保密规范，结合工控安全特点，完善工控安全运维管理和安全事件处置能力。

依据GB/T 36323—2018《信息安全技术 工业控制系统安全管理基本要求》，智慧化工工控安全防护管理要求包括管理团队、应急预案、监测评估和事件响应、教育培训等。

管理团队方面，化工产业各生产单位应成立跨部门、跨职能的工业控制系统安全联合管理组织，团队成员至少包括IT人员、控制工程师、控制系统操作员、网络和信息化系统安全专家、企业领导班子成员、工控系统关联装备及区域的安全管理人员。

应急预案方面，化工产业各单位需要建立工控系统安全评估检查表，应针对不同环境及危害做出识别，并制定应急处理预案，并明确到所有相关人。

监测评估和事件响应方面，化工产业各生产单位需要建立对工业控制系统的日常监测及健康状态评估机制，事件发生时第一时间与企业安全生产管理体系对接，形成一体化安全生产防护体系。

教育培训方面，化工产业各生产单位需要加强对所有人员关于工业控制系统安全防护意识、防护制度与流程、防护技术、应急预案方面的教育与培训，提高防范意识，以及事故预判、紧急处置的能力。

10.2　工控安全防护技术要求

依据GB/T 40813—2021《信息安全技术 工业控制系统安全防护技术要求和测试评价方法》，依据机房、中心控制室、现场控制室应避免设在建筑物高层或地下室以及用水设备下层或隔壁，应避开火灾危险程度高的区域，应避开产生粉尘、油烟、有害气体源及存放腐蚀、易燃、易爆物品区域，应避开强振动源或强噪声源，应避开强电磁干扰。以上如无法避免，应采取相应措施。

化工产业各单位机房、中心控制室、现场控制室出入口应由专人值守或配备电子门禁系统，人员进出记录保存至少六个月以上。外部访客进入出入口应履行审批手续，由内部专人陪同并限制和监控活动范围。

机房、中心控制室、现场控制室应按照国家相关标准做好防雷、防火、防水、防潮、防静电、防爆、防鼠害等保护措施，防护标准按GB/T 40813—2021《信息安全技术 工业控制系统安全防护技术要求和测试评价方法》高标准执行。

10.3 工控安全防护保障要求

机房、中心控制室、现场控制室应按照国家相关标准做好温湿度控制、电力供应、电磁防护、工业主机防护、网络通信安全防护、通信传输、网络设备防护、网络边界安全防护、数据安全防护等保护措施，防护标准按GB/T 40813—2021《信息安全技术 工业控制系统安全防护技术要求和测试评价方法》高标准执行。

自行开发的工业控制系统软件，开发过程应进行安全性测试，软件安装前应对可能存在的恶意代码、漏洞进行测试，可自行测试形成测试报告，也可委托具有相关资质的第三方测试机构进行安全性测试并出具测试报告。外包开发的工业控制系统软件，应要求开发方提供软件源代码，并委托具备相关资质的第三方机构进行测试并出具测试报告。

采用工业隔离网闸与办公网络进行物理隔离，做好边界防护和安全防御，确保设备远程访问和控制安全。工控系统网络设备、主机和系统，应制定管理程序，严格控制外部设备，包括电子设备和非电子设备接入，严格控制移动存储媒体接入权限，禁止非法接入和随意写入或复制数据。

完善工控设备及系统安全管理规范，工业控制网络应与内部办公网络进行安全隔离，并原则上禁止与外部互联网进行网络通信与连接。遵循系统功能和组件最小安装原则，关闭不必要端口，及时升级、修复系统漏洞，加强工控安全审计，有效提升工控系统运行安全。

制定化工生产物联网应用统一通信协议标准，强化终端接入设备身份认证识别和口令安全，做好信息传输加密和流量监测分析，有效保障传感器、RFID、智能卡、条码、生物识别等大量感知数据的实时采集安全。

针对化工安全生产业务特点，做好防反处突应急预案，提高安全生产"免疫力"。加强重点部位的安全保卫，有效处理各类突发治安事件，提高在遭遇外部破坏袭击时防破坏的能力，及时、有序、高效地开展抢险工作，最快速度终止及防范风险进一步蔓延、有效做好事故处置并快速恢复秩序，最大限度地减少人员伤亡、财产损失。

CHINA
ENERGY INVESTMENT
CORPORATION-SMART
CHEMICAL
CAPACITY MODEL

第十一章
组织管控体系

数字化时代，如何实现数字技术下的组织变革？围绕数字化的业务场景应用，国能智慧化工建设同步推进企业管理变革，包括组织变革创新、管理机制创新等方面，鼓励员工定位由"操作工"向"领域专家"转变，作业流程由"流水线"向"一张网"转变，使人人能参与企业的决策，人人成为价值创造的中心，共同构建共治、共赢、共享的生态共同体。

11.1 信息化规划管控体系

国能明确提出了集中管控、技术与业务融合的数字化治理策略及管控体系（图11-1），促进数据资产统一管理，实现内部数据联合运用，以及和生态伙伴的数据共享和交换；促进业务技术一体化管理，培养敏捷交付能力；促进数字化生态建设，实现向数字经济延伸发展。

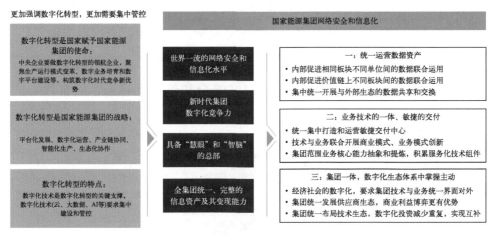

图 11-1 国能信息化管控体系

在集团公司建立职责清晰、保障有力的网络安全和信息化组织，确保集团总部、子分公司及专业化信息队伍等相互协同，全面推进信息化的建设。

国能网络安全和信息化组织（图11-2）包括网络安全和信息化领导小组、集团信息化部、总部职能部门、产业运营管理中心/服务支持中心、子分公司、内部专业化公司。

网络安全和信息化领导小组是网络安全和信息化决策层，总体定位是承担网络安全和信息化"决策"职能；核心职能是集团总部网络安全和信息化发展思路的确定、重要决策的审批。

集团信息化部是网络安全和信息化归口管理部门，总体定位是承担集团网络安全和信息化"管理"职能；核心职能包括落实网络安全责任制，落实领导小组决议，编制集团公司信息化规划，负责信息化年度计划和预算管理、信息化项目立项管理、架构与标准管理、统建系统建设与运维管理、统一共享的基础设施建设、统筹集团数据综合治理、信息化绩效管理、推进两化融合工作、推进企业数字转型。

总部职能部门、服务支持中心、子分公司作为业务需求责任主体和信息化使用者，是网络安全和信息化建设的业务发起人，主要负责提出业务需求、计划、预算、项目立项、业务标准编制、项目建设全过程工作。

内部专业化公司是信息化项目建设和运维队伍，承担网络安全和信息化"建设、运维"的职能，负责网络安全和信息化建设、运营和维护工作。

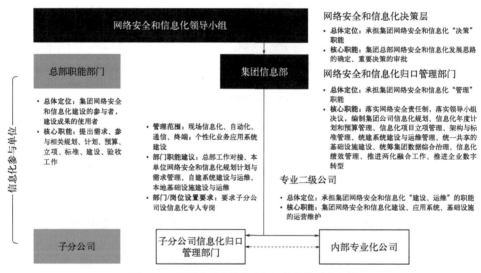

图11-2 网络安全和信息化组织的总体工作定位

集团信息化部与相关部门统筹推进各类项目实施，依据管控要求（图11-3）、工作界面（图11-4、图11-5），共同完成信息化建设目标。

类别		统一规划	统一标准	统一投资	统一建设	统一管理	统一运维	集中部署
集团公司统一建设类网络安全和信息化项目(一类项目)	集团统一	集团总体信息化规划	集团统一标准、统一下发	• 网络安全和信息化工作领导小组以总经理常务会的形式审批所有一类项目	集团统一产品造型和建设	集团统一数据标准、统筹协调跨系统问题	集团统一委托内部专业化公司执行运维	一级部署于集团数据中心
	板块统一	产业板块信息化规划	板块统一标准、集团统一下发					
集团公司管理标准子分公司自主建设类网络安全和信息化项目(二类项目)		—	—	• 集团公司网络安全和信息化工作领导小组审批所有一类项目以及大于(含)500万元的二类、三类项目	—	—	—	—
子分公司其他自主建设类网络安全信息化项目(三类项目)		—	—	• 集团公司信息部审核投资金额小于500万元二类、三类项目的备案申请	—	—	—	—

图 11-3　三类信息化项目对应的具体管控要求

		集团信息部	总部部门/中心
战略规划		• 集团信息部统一牵头组织制订集团总体信息化规划和产业板块信息化规划	• 相关部门/中心：配合信息部，制定集团公司总体信息化规划和产业板块信息化规划 • 战略规划部：负责将批准后的集团公司总体信息化规划纳入集团公司整体规划汇总管理
计划和预算		• 负责编制集团公司统一建设类项目年度投资计划和预算 • 组织子分公司报送自建类项目年度投资计划和预算 • 组织集团公司各业务相关管理中心和部门对子分公司自建类项目年度计划和预算进行会审	• 相关部门/中心：参与对子分公司自建类项目年度计划和预算的会审 • 战略规划部：将审核通过的网络安全和信息化年度计划纳入年度整体投资计划 • 财务产权部：将审核通过的网络安全和信息化年度预算纳入年度整体预算
数字化转型		牵头制定数字化转型的顶层设计和企业数字化转型总体方案	相关职能中心/子分公司：配合制定智慧企业顶层设计，共同推进企业数字化转型落地
工业互联网		负责集团信息化和工业化深度融合管理工作，构建智能制造体系标准体系	相关职能部门/子分公司：配合落地，共同推进
网络安全	工控安全	联合落地，共同推进	
	舆情	提供技术支持和保障	新闻与传媒中心：舆情与网络意识形态内容管理
	保密	提供技术支持和保障	办公厅：保密规范制定、保密内容管理

图 11-4　国能信息化部门与相关部门的主要工作界面（一）

集团信息部	总部部门/中心/子分公司
运营数字化	相关职能部门/中心/子分公司： • 承担运营数字化的主要责任，配合信息部，按照规则、建设节奏等建设数字化运营 • 按照实际需求，和信息部协同探索、开展数字化运营的工作
生产智能化	相关职能部门/中心/子分公司： • 承担生产智能化的职责，配合信息部，按照规则、标准等开展生产智能化的工作 • 依照实际需求，和信息部协同探索、开展生产智能化的工作
智慧企业建设	相关职能部门/中心/子分公司： • 承担智慧企业建设的主要责任，配合信息部，按照规则、建设节奏等建设智慧企业 • 按照实际需求，和信息部协同探索、开展智慧企业建设的工作
数据管理	相关职能部门/中心/子分公司： • 负责本业务领域数据架构、数据标准、方案设计及落地。负责本领域数据质量测评，及输出数据质量改进方案并推动数据质量提升 • 支撑数据工具、平台的建设。支撑数据分析

图 11-5　国能信息化部门与相关部门的主要工作界面（二）

11.2　智慧化工管控体系

依据国能《网络安全和信息化"十四五"总体规划》要求，结合智慧化工在建项目实施情况，智慧化工管控体系包括项目管控、组织变革、人才培养三个部分。

11.2.1　项目管控

智慧化工建设的项目管控体系（图11-6），总体上依据国能信息化总体规划要求。集团化工产业管理部是智慧化工建设的业务牵头负责单位，与信息化管理部共同总体负责建设智慧化工。

集团化工产业管理部、信息化管理部牵头建立化工总体团队、企业团队、专业团队三位一体的智慧化工组织管控体系。总体团队主要由集团化工产业管理部、信息化管理部以及智慧化工规划专家、架构专家组成，按照集团信息化总体规划要求，负责智慧化工规划架构管理，负责智慧化工项目建设总体管理。企业团队主要由集团化工产业管理部、化工产业子分公司和基层生产单位构成，负责化工业务优化与管理提升，并承担项目管理办公室（PMO）职责：集团化工产业部负责集团侧化工产业管理规范化、标准化提升；产业各子分公司负责企业侧管理规范化、标准化提升，负责智慧化工统建项目业务需求确认、实施配合和业务验收评审，负责智慧化工自建项目立项、实施、上线与验收。专业团队主要由集团内部专业技术单位——数智科技公司和外部专业技术单位组成，负责智慧化工统建、自建项目的研发、实施。

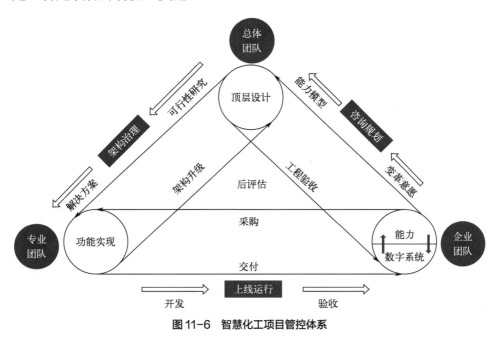

图 11-6　智慧化工项目管控体系

11.2.1.1　统建项目管理

统建项目由集团统一推动立项并进行项目统筹管理，子分公司负责确认业务标准和需求，并配合在本单位的工程实施和验收。

统建项目费用由集团统一核定，各项目使用企业分摊研发和工程实施费用，并按使用情况承担运行维护费用。

11.2.1.2 自建项目管理

自建项目由化工企业按照集团统一规划要求,在智慧化工总体团队的统筹管理下,企业自行立项并进行项目管理。遵循集团管控要求和标准,明确业务需求,并完成在本单位的工程实施和验收。

自建项目由化工企业根据集团项目管理程序核定费用,并承担研发、工程实施和运行维护费用。

11.2.1.3 项目过程管理

智慧化工项目按照国能信息化总体规划、信息化项目、科技项目、技改项目等专项管理办法执行可行性研究、立项、实施、验收等管控程序。项目具体过程按照集团公司和化工产业各单位信息化管理部门、科技项目管理部门要求有序推进。

应用软件开发过程,由智慧化工项目管理办公室依据CMMI 2.0(能力成熟度模型集成)进行管控。

智慧化工项目在设计、建设阶段,应对项目运行期维护工作做好总体谋划,确保业务、技术成果的知识转移,为运维团队执行运行维护任务奠定知识基础。

项目各参建方应保证技术团队人员基本稳定、做好知识沉淀及转移工作。

集团内部的信息化专业服务单位,既是智慧化工建设的主体,也是智慧化工运行维护的主体,应组建一支稳定、专业的技术团队,既做好规划、设计、研发和实施工作,也需要做好长期运行维护和创新升级工作。

基于明确的项目管理组织权责建立有效的考核体系,智慧化工项目管理办公室应设立价值导向和项目过程控制指标,对各项目进行公开透明化的绩效管理与考核,由集团信息化管理部、化工产业管理部推动将考核结果纳入对相关责任单位的绩效考核指标体系。

11.2.2 组织变革

化工产业各单位应积极落实国家相关政策和国能有关要求，根据自身发展水平，面向数字化管理的创新场景，逐步从组织、制度、流程等方面，主动推进化工产业现有生产关系和组织方式的变革，建立起与智能制造、数字化转型特点要求相适应的业务模式和运营模式，实现智慧化工数字化管理，实现更加安全、环保、绿色、智慧化的生产运营。

集团公司依托化工产业各级单位调度中心、中央控制室等资源，逐步建立集团化工产业运营监测中心，对化工产业实时生产数据和运行状态进行集中动态监测和统一管理。依托集团内部专家、优质厂商和科研院所等资源，逐步完善化工产业智慧化建设专家库，建立集团化工产业专家诊断中心，对控制系统和核心装备运维、现场急难险重问题和重大智能化技术创新应用提供专家诊断和支持。依托集团现有内部专业化单位，建设智慧化工联合创新中心，负责智慧化工规划、建设、运行维护、网络和信息安全保障等工作，服务化工产业智能化系统优化升级、工业模型开发、智能控制系统研发及数据治理等能力持续提升。整合物资采购、物流服务、营销与客户服务等资源，建立化工产业供应链服务中心，统筹客户资源和市场政策，更好发挥集团一体化产业链供应链优势，服务创建新业态新模式。

化工产业子分公司及基层单位应建立信息化、数字化、智慧化专业管理部门，统筹本单位网络建设发展工作，包括规划、预算、可研、设计、实施、后评估、考核等全过程。

化工产业各基层单位应积极创建智能化创新工作室，释放一线工程师技术创新热情，建设工程师创新文化，提高获得感，释放基层员工创新活力。

集团内部的信息化专业服务单位，应设立专门机构，培养并保持智慧化工项目参建团队人才队伍稳定、知识落地传承，更好地承担智慧化工项目建设、系统运行维护、网络安全保障等任务。

11.2.3 人才队伍

依据《国家能源集团化工产业"十四五"专项人才发展规划》，通过外部引进、内部培养、联合办公等方式，加强化工产业智慧化人才培养。

建好四支人才队伍，一是管理专家队伍，二是科学家队伍，三是化工专业工程师队伍，四是数字化运营支持队伍。培养和引入更多具有数字化思维和创新能力的人才进入管理专家队伍；通过智慧化工项目建设，大力培养更多一线工程师成为工艺生产和数字技术兼备的复合型人才，同时与更多高校、研究机构联合，适度引入更多工艺、设备、安全数字化领域科学家，不断充实企业科学家队伍。通过智能装备规模化应用，逐步减少现场内操、外操工程师比例，鼓励工程师成长为有诊断、分析、优化能力的管理专家和领域科学家。

CHINA
ENERGY INVESTMENT
CORPORATION-SMART
CHEMICAL
CAPACITY MODEL

第十二章
能力评估体系

　　建设智慧化工是一个长期、复杂和系统性的工程。智慧化工国能模型的战略构想、能力要素和架构体系，能否全面、完整地在具体项目建设中得到落实，见到实效，真正起到定全局、管长远和支撑可持续发展的作用，很大程度上取决于能否建立起有效地能力评估机制。

　　能力评估体系，是智慧化工国能模型的重要组成部分，是智慧化工实现闭环管理的关键环节，是指导化工企业数字化转型的可靠保障机制。通过能力评估，企业可以准确掌握企业智慧化发展水平，及时发现项目建设中存在的问题和短板，定位企业先进制造能力现状与不足，进一步提高对智慧化建设的重视程度，统一思想，聚焦目标，明确智慧化建设能力层级。智慧化工能力评估体系，将加速推动企业进一步提升治理能力现代化水平。

12.1　评估依据

开展智慧化工建设成效评估是不断提升化工智能化应用水平的重要内容。化工企业和智慧化工项目建设参建单位应科学组织、认真谋划，合理评估工程建设成果和价值，稳步助力产业升级。

能力评估的主要依据是智慧化工国能模型的管理思想和方法、能力要素和架构体系。同时，GB/T 39116—2020《智能制造能力成熟度模型》、GB/T 39117—2020《智能制造能力成熟度评估方法》、国能《网络安全和信息化"十四五"总体规划》、国能《智慧化工规划建设指南（2022—2030年）》、CMMI 2.0（能力成熟度模型集成）等，也是智慧化能力评估工作的重要参考。

对化工企业智能制造能力成熟度进行评估，有助于对企业智能制造能力的差距识别、方案规划和改进提升。通过能力评估，智慧化工国能模型将引导企业基于现状合理制定目标，有规划、分步骤地实施智慧化建设工程，开展智能制造能力管理活动，优化资源配置，将数字技术应用于企业生产环节的全过程。

12.2　评估内容

化工企业智慧化能力评估的主要内容是智慧化工国能模型（CEIC-SCCM）的战略构想、能力要素和架构体系。

一是战略构想。智慧化工国能模型的"一个愿景、三大理念、三大价值、五大领域、六项特征"战略构想，指导着智慧化工建设的全过程。评估中，应以总体发展战略为引领，秉承先进开放、生态发展、美好生活的理念要求，围绕决策支持、经营管理、生产执行、过程控制和智能装备等领域，系统性评估各数字化项目的价值和效益；对数字资源、感知物联、预测预警、动态优化、泛在应用、生态协同六项数字化能力进行识别、评估和评价。

二是能力要素。在智慧化工能力评估过程中，需要对智慧化工国能模型的产品生命周期能力、组织管控能力和智能特征能力三个维度及其能力要素、能力域、能力子域、关键业务、关键活动等五个层级的各项要素进行逐一检视，并给出能力水平描述，对整改项提出整改建议，确保智慧化工国能模型的全部能力要素有效落实。

三是架构体系。智慧化工国能模型的业务架构、应用架构、数据架构、技术架构，以及网络安全体系、工控安全体系、组织管理体系、能力评估体系的执行情况，以及架构体系与能力要素的映射关系，都是能力评估的重要内容。要对智慧化建设项目与模型四大架构和四大体系的偏差，进行原因分析，并给出改进方向，以确保智慧化工国能模型在执行过程中不偏向、不变通、不走样。

12.3 评估组织

智慧化工评估工作应聘请外部第三方专业评估机构进行，也可以由企业上级单位根据智慧化工建设和运行情况，组织内部专业化单位开展。通过以评促建、以评促用，企业得以持续提升企业智能制造水平。

在开展能力评估工作时，要对评估的组织与过程进行科学、周密和详细的准备。一是要明确评估范围。凡是开展智慧化工建设的企业都要纳入评估范围，做到不遗不漏。二是要制定严谨的评估流程。可以按照企业自诊断、第三方机构预评估、正式评估、发布现场评估结果、培训与改进提升的过程开展评估工作。要通过能力评估，推动企业智慧化能力迭代升级，从一个级别向更高级别不断演进，企业智能制造能力实现层层递进和不断发展完善。

每次能力评估的过程也是智慧化工知识转移的过程。国能数智科技公司在参与企业智慧化能力评估的过程中，将能力培训作为提升企业数字化能力的重要工作。通过培训，帮助企业快速培养一批通晓化工工艺与数字化技术的复合型人才，培育一支本地化的专业服务队伍。

评估与培训同时，评价与考核同步。国家能源集团通过能力评估，确保化工企业智慧化建设始终在智慧化工国能模型的总体框架内不偏离、不走样。

智慧化工国能模型，可以成为企业强化数字化理念、实施数字化转型的重要抓手。化工企业可以将智慧化工国能模型的管理思想和方法、工具和技术应用于企业实践，积极营造氛围，与国能数智科技公司等有经验的智慧化规划、设计、评估单位建立联系，建立联合团队，在数字化转型过程中不断实践，不断总结完善，不断迭代升级，通过科技创新，快速构建企业智慧化、生态化发展的新格局。

附录1 图目录

图 4-1	智慧化工国能模型框架	035
图 4-2	国能智慧化工能力领域	035
图 5-1	国能业务架构蓝图	052
图 5-2	智慧化工业务架构蓝图	052
图 5-3	组织战略能力域、能力子域及关键业务图	065
图 5-4	人员技能能力域、能力子域及关键业务图	066
图 5-5	职业健康能力域、能力子域及关键业务图	066
图 5-6	数据能力域、能力子域及关键业务图	068
图 5-7	集成能力域、能力子域及关键业务图	069
图 5-8	信息安全能力域、能力子域及关键业务图	069
图 5-9	装备能力域、能力子域及关键业务图	070
图 5-10	网络能力域、能力子域及关键业务图	071
图 5-11	职业卫生能力域、能力子域及关键业务图	073
图 5-12	班组建设能力域、能力子域及关键业务图	075
图 5-13	承包商安全管理能力域、能力子域及关键业务图	076
图 5-14	研发能力域、能力子域及关键业务图	077
图 5-15	项目能力域、能力子域及关键业务图	078
图 5-16	生产能力域、能力子域及关键业务图	083
图 5-17	工艺能力域、能力子域及关键业务图	087
图 5-18	技术监督能力域、能力子域及关键业务图	089
图 5-19	安全能力域、能力子域及关键业务图	090
图 5-20	环保能力域、能力子域及关键业务图	097
图 5-21	质量能力域、能力子域及关键业务图	099
图 5-22	能源能力域、能力子域及关键业务图	102
图 5-23	设备能力域、能力子域及关键业务图	104

图 5-24	碳资产能力域、能力子域及关键业务图	108
图 5-25	采购能力域、能力子域及关键业务图	110
图 5-26	物流能力域、能力子域及关键业务图	112
图 5-27	销售能力域、能力子域及关键业务图	113
图 5-28	服务能力域、能力子域及关键业务图	115
图 5-29	品牌创建能力域、能力子域及关键业务图	117
图 5-30	品牌传播能力域、能力子域及关键业务图	118
图 5-31	应急预案能力域、能力子域及关键业务图	120
图 5-32	应急值守能力域、能力子域及关键业务图	121
图 5-33	应急资源能力域、能力子域及关键业务图	122
图 5-34	消防救援能力域、能力子域及关键业务图	123
图 5-35	应急响应能力域、能力子域及关键业务图	125
图 6-1	国能总体应用架构蓝图	130
图 6-2	智慧化工应用架构蓝图	131
图 6-3	智能控制及智能装备系统图	209
图 7-1	国能数据治理体系框架	229
图 7-2	国能数据主题域框架	231
图 7-3	国能全产业数据标准体系框架	232
图 7-4	智慧化工专业主题域架构	234
图 7-5	国能数据底座总体架构	235
图 8-1	国能信息化应用技术架构	239
图 8-2	智慧化工应用技术架构	240
图 9-1	国能一体化安全管理整体架构规划	245
图 9-2	国能网络安全域规划	246
图 11-1	国能信息化管控体系	253
图 11-2	网络安全和信息化组织的总体工作定位	254
图 11-3	三类信息化项目对应的具体管控要求	255
图 11-4	国能信息化部门与相关部门的主要工作界面（一）	255
图 11-5	国能信息化部门与相关部门的主要工作界面（二）	256
图 11-6	智慧化工项目管控体系	257

附录2 表目录

表4-1	智慧化工能力领域与架构蓝图的映射关系	050
表5-1	智慧化工能力总表	053
表5-2	智慧化工能力要素、能力域和子域、关键业务列表	053
表5-3	制造能力要素、能力域和子域、关键业务列表	072
表6-1	集团统建智慧决策类系统列表	129
表6-2	化工产业运营大数据智能分析系统功能简述	133
表6-3	化工精益绩效管理系统功能简述	136
表6-4	集团统建智慧经营类系统	137
表6-5	战略与发展规划管理系统功能简述	140
表6-6	品牌创建管理子系统功能简述	141
表6-7	品牌传播管理子系统功能简述	141
表6-8	产品品类管理子系统功能简述	143
表6-9	市场管理子系统功能简述	143
表6-10	销售执行管理子系统功能简述	143
表6-11	客户管理子系统功能简述	144
表6-12	服务管理子系统功能简述	144
表6-13	应急预案管理子系统功能简述	146
表6-14	应急值守管理子系统功能简述	146
表6-15	应急资源管理子系统功能简述	147
表6-16	应急响应管理子系统功能简述	147
表6-17	供应商管理子系统功能简述	149
表6-18	采购管理子系统功能简述	150
表6-19	生产执行层应用系统清单	151
表6-20	职业病防治管理子系统功能简述	154
表6-21	劳动保护管理子系统功能简述	154

表6-22	危害因素监测评价管理子系统功能简述	155
表6-23	班组建设管理系统功能简述	156
表6-24	承包商管控系统功能简述	159
表6-25	新技术研发管理子系统功能简述	160
表6-26	新产品开发管理子系统功能简述	161
表6-27	项目前期管理子系统功能简述	162
表6-28	项目设计管理子系统功能简述	163
表6-29	招标与采购管理子系统功能简述	163
表6-30	项目建设管理子系统功能简述	163
表6-31	"三同时"管理子系统功能简述	164
表6-32	生产准备管理子系统功能简述	165
表6-33	试车管理子系统功能简述	165
表6-34	计划与统计管理子系统功能简述	167
表6-35	生产调度管理子系统功能简述	167
表6-36	生产作业管理子系统功能简述	167
表6-37	经营对标管理子系统功能简述	168
表6-38	仓储配送管理子系统功能简述	168
表6-39	工艺技术管理子系统功能简述	169
表6-40	化工"三剂"管理子系统功能简述	170
表6-41	对标分析管理子系统功能简述	170
表6-42	设备信息管理子系统功能简述	172
表6-43	维护管理子系统功能简述	172
表6-44	大修管理子系统功能简述	173
表6-45	检修作业管理子系统功能简述	173
表6-46	状态检修管理子系统功能简述	173
表6-47	老旧装置管理子系统功能简述	174
表6-48	承包商规范化管理子系统功能简述	174
表6-49	技术监督管理系统功能简述	176
表6-50	安全基础管理子系统功能简述	179
表6-51	双重预防管理子系统功能简述	180

表 6-52	重大危险源管理子系统功能简述	180
表 6-53	危险化学品管理子系统功能简述	180
表 6-54	特殊作业监管管理子系统功能简述	181
表 6-55	安防管理子系统功能简述	182
表 6-56	环保法律法规标准规范管理子系统功能简述	183
表 6-57	污染源管理子系统功能简述	183
表 6-58	环境监测管理子系统功能简述	184
表 6-59	VOCs治理管理子系统功能简述	184
表 6-60	生态建设管理子系统功能简述	185
表 6-61	煤质管理子系统功能简述	186
表 6-62	水质管理子系统功能简述	186
表 6-63	原辅材料管理子系统功能简述	187
表 6-64	产品管理子系统功能简述	187
表 6-65	能源网络管理子系统功能简述	188
表 6-66	能源利用管理子系统功能简述	189
表 6-67	节能管理子系统功能简述	189
表 6-68	碳计划管理子系统功能简述	190
表 6-69	碳足迹管理子系统功能简述	190
表 6-70	碳减排管理子系统功能简述	191
表 6-71	碳交易管理子系统功能简述	191
表 6-72	物流网络管理子系统功能简述	192
表 6-73	物流管理子系统功能简述	193
表 6-74	数字孪生系统功能简述	195
表 6-75	生产工艺模拟调优系统功能说明	200
表 6-76	实验室信息管理系统功能说明	202
表 6-77	操作培训系统功能简述	204
表 6-78	现场作业集成系统功能简述	206
表 6-79	化工生产过程集控系统集说明	212
表 6-80	化工生产状态监测系统集说明	216
表 6-81	智能设备应用场景推荐列表	219

参考文献

[1] 习近平. 高举中国特色社会主义伟大旗帜：为全面建设社会主义现代化国家而团结奋斗 [M]. 北京：人民出版社，2022.

[2] 习近平. 决胜全面建成小康社会：夺取新时代中国特色社会主义伟大胜利 [M]. 北京：人民出版社，2017.

[3] 习近平. 摆脱贫困 [M]. 福州：福建人民出版社，1992.

[4] 习近平. 不断做强做优做大我国数字经济 [J]. 求是，2022（2）：4-8.

[5] 习近平. 努力建设人与自然和谐共生的现代化 [J]. 求是，2022（11）：4-9.

[6] 习近平. 加快建设科技强国 实现高水平科技自立自强 [J]. 求是，2022（9）：4-15.

[7] 习近平. 努力成为世界主要科学中心和创新高地 [J]. 求是，2021（6）：4-11.

[8] 习近平. 习近平向世界互联网大会 互联网发展论坛致贺信 [J]. 网络传播，2020（12）：4-4.

[9] 王静，王轩. 以总体国家安全观为指引筑牢网络安全防线 [J]. 网络传播，2020（9）：12-16.

[10] 姚瑶，卢心雨，薛冠南，等. 习近平陕西行丨变"废"为宝 点亮绿色经济——走进国家能源集团榆林化工有限公司 [Z/OL].（2021-09-14）. http://www.news.cn/video/2021/09/14/c_1211369644.htm.

[11] 安蓓. 总书记三次考察能源企业释放明确信号 [N]. 新华每日电讯，2022-01-30.

[12] 冯友兰. 中国哲学简史：插图珍藏本 [M]. 北京：新世界出版社，2004.

[13] 梁漱溟. 我生有涯愿无尽：梁漱溟自述文录 [M]. 北京：中国人民大学出版社，2004.

[14] 周有光. 从世界看中国：周有光百岁文萃 [M]. 北京：生活·读书·新知三联书店，2015.

[15] 李光耀. 李光耀观天下 [M]. 台北：远见天下文化出版股份有限公司，2014.

[16] 费孝通. 费孝通论文化自觉 [M]. 呼和浩特：内蒙古人民出版社，2009.

[17] 王蒙. 老子的帮助 [M]. 北京：华夏出版社，2009.

[18] 王树增. 长征：修订本 [M]. 北京：人民文学出版社，2016.

[19] 威尔·杜兰特，阿里尔·杜兰特. 历史的教训 [M]. 倪玉平，张闶，译. 成都：四川人民出版社，2014.

[20] 让娜·海尔施. 哲学的惊奇：从发问开始的哲学史 [M]. 刘心舟，译. 上海：上海人民出版社，2022.

[21] 杰里米·里夫金,特德·霍华德. 熵：一种新的世界观 [M]. 吕明,袁舟,译. 上海：上海译文出版社,1987.

[22] 亚力克·福奇. 工匠精神：缔造伟大传奇的重要力量 [M]. 陈劲,译. 杭州：浙江人民出版社,2014.

[23] 拉辛斯基. 苹果：从个人英雄到伟大企业 [M]. 王岑卉,译. 上海：上海财经大学出版社,2013.

[24] 黄奇帆. 战略与路径：黄奇帆的十二堂经济课 [M]. 上海：上海人民出版社,2022.

[25] 毛光烈. 网络化的大变革 [M]. 杭州：浙江人民出版社,2015.

[26] 谢康,肖静华. 面向国家需求的数字经济新问题、新特征与新规律 [J]. 改革,2022（1）：16.

[27] 方李莉. 中国文化基因与"生态中国"之路 [J]. 粤海风,2021（3）：18.

[28] 谢克昌,等. 中国煤炭清洁高效可持续开发利用战略研究：综合卷 [M]. 北京：科学出版社,2014.

[29] 谢克昌,赵炜. 现代煤化工技术丛书：煤化工概论 [M]. 北京：化学工业出版社,2012.

[30] 谢克昌. 煤化工发展与规划 [M]. 北京：化学工业出版社,2005.

[31] 李荣融. 筚路蓝缕：王永庆开创石化产业王国之路 [M]. 北京：清华大学出版社,2007.

[32] 张玉卓. 煤洁净转化工程：神华煤制燃料和合成材料技术探索与工程实践 [M]. 北京：煤炭工业出版社,2011.

[33] 吴秀章. 煤制低碳烯烃工艺与工程 [M]. 北京：化学工业出版社,2014.

[34] 吴秀章,舒歌平,李克健,等. 煤炭直接液化工艺与工程 [M]. 北京：科学出版社,2015.

[35] 李寿生. 百年大变局下的世界化学工业 [J]. 中国石油和化工经济分析,2020（3）：30-35.

[36] 李寿生. "十四五"全行业需高度关注四大问题 [J]. 中国石油和化工产业观察,2021（3）：8-15.

[37] 李寿生. RCEP让中国-东盟石化合作大有可为 [J]. 中国石油和化工产业观察,2021（10）：30-31.

[38] 李寿生. 全面开创煤化工高端多元低碳新局面——学习习近平榆林讲话体会 [J]. 中国石油和化工产业观察,2021（11）：5-9.

[39] 李寿生. 什么是世界一流企业 [J]. 中国石油和化工产业观察,2022（12）：8-11.

[40] 王浩水. 化工过程安全管理与实践 [M]. 北京：中国石化出版社,2022.

[41] 王祥喜. 王祥喜同志在党组理论学习中心组（扩大）专题学习会上的讲话 [J]. 国家能源投资集团有限责任公司内部情况通报,2021（58）.

[42] 刘国跃. 刘国跃同志在集团深入学习贯彻习近平总书记视察榆林化工重要讲话精神推

进会上的讲话 [J]. 国家能源投资集团有限责任公司内部情况通报，2022（61）.

[43] 刘国跃. 刘国跃同志在智慧化工规划建设指南（2022—2030）发布暨项目上线会议上的讲话 [J]. 国家能源投资集团有限责任公司内部情况通报，2023（9）.

[44] 王树民. 深入学习贯彻落实习近平总书记重要讲话精神 推动煤化工产业高端化、多元化、低碳化发展迈上新台阶——在集团化工产业学习贯彻落实习近平总书记考察榆林化工重要讲话精神专题现场会上的讲话 [J]. 国家能源投资集团有限责任公司内部情况通报，2021（67）.

[45] 雷·库兹韦尔. 如何创造思维：人类思想所揭示出的奥秘 [M]. 盛杨燕，译. 杭州：浙江人民出版社，2014.

[46] 乔纳·莱勒. 想象：创造力的艺术与科学 [M]. 简学，邓雷群，译. 杭州：浙江人民出版社，2014.

[47] 威尔伯·施拉姆，威廉·波特. 传播学概论 [M]. 陈亮，周立方，李启，译. 北京：新华出版社，1984.

[48] 哈特穆特·罗萨. 新异化的诞生：社会加速批判理论大纲 [M]. 郑作彧，译. 上海：上海人民出版社，2018.

[49] 伽莫夫. 从一到无穷大：科学中的事实和臆测：修订版 [M]. 暴永宁，译. 北京：科学出版社，2002.

[50] 王树禾. 数学聊斋：2 版 [M]. 北京：科学出版社，2004.

[51] 易南轩. 数学美拾趣：2 版 [M]. 北京：科学出版社，2004.

[52] R. 柯朗，H. 罗宾. 什么是数学：对思想和方法的基本研究：中文版第四版 [M]. 左平，张怡慈，译. 上海：复旦大学出版社，2017.

[53] 克劳斯·施瓦布. 第四次工业革命 [M]. 李菁，译. 北京：中信出版集团，2016.

[54] 比吉特·沃格尔-霍伊泽尔，托马斯·保尔汉森，迈克尔·腾·洪佩尔. 德国工业 4.0 大全：自动化技术：原书第 2 版 [M]. 林松，房殿军，邢元，译. 北京：机械工业出版社，2019.

[55] 张卫，李仁旺，潘晓弘. 工业 4.0 环境下的智能制造服务理论与技术 [M]. 北京：科学出版社，2018.

[56] 乌尔里希·森德勒. 无边界的新工业革命：德国工业 4.0 与"中国制造 2025" [M]. 吴欢欢，译. 北京：中信出版集团，2018.

[57] 喻旭. 企业数字化转型指南：场景分析 +IT 实施 + 组织变革 [M]. 北京：清华大学出版社，2021.

[58] 王树民，杨文静，宋岩，等. 财务能力模型 -FCM[M]. 北京：经济科学出版社，2004.

[59] 王文利. 智慧园区实践 [M]. 北京：人民邮电出版社，2018.

[60] 覃伟中，谢道雄，赵劲松，等. 石油化工智能制造 [M]. 北京：化学工业出版社，2019.

[61] DAMA 国际. DAMA 数据管理知识体系指南: 2 版 [M]. DAMA 中国分会翻译组, 译. 北京: 机械工业出版社, 2020.

[62] Saul Berman, Peter Korsten, Ragna Bell, 等. 未来企业之路: 洞察全球顶尖企业愿景与制胜策略 [M]. 华晓亮, 冯月圻, 译. 北京: 北京大学出版社, 2010.

[63] 王昊奋, 漆桂林, 陈华钧. 知识图谱: 方法、实践与应用 [M]. 北京: 电子工业出版社, 2019.

[64] 阿莱克斯·彭特兰. 智慧社会: 大数据与社会物理学 [M]. 汪小帆, 汪容, 译. 杭州: 浙江人民出版社, 2015.

[65] 布莱恩·阿瑟. 技术的本质: 技术是什么, 它是如何进化的 [M]. 曹东溟, 王健, 译. 杭州: 浙江人民出版社, 2014.

[66] 康旺霖, 刘新民. 煤炭企业的信息技术同化研究 [M]. 北京: 中国财政经济出版社, 2017.

[67] 林立, 刘笑天. 利用 S95 模型集成企业 ERP 与控制系统 [J]. 现代制造, 2004 (14): 34-37.

[68] 腾讯研究院, 中国信息通信研究院互联网法律研究中心, 腾讯 AI Lab, 等. 人工智能: 国家人工智能战略行动抓手 [M]. 北京: 中国人民大学出版社, 2017.

[69] 陈强, 陈彬. 中国石油化工股份有限公司镇海炼化分公司智能制造能力成熟度研究 [J]. 智能制造, 2021 (1): 7.

[70] 佚名. 中国信通院发布信息通信业 (ICT) 十大趋势 [J]. 互联网天地, 2022 (1):1.

[71] 张海锋, 李玮. 基于物联网的海上油田集中管控系统的研究与应用 [J]. 资源节约与环保, 2018 (7): 4.

[72] 欧新, 韩鹏, 卢玉凤, 等. 基于 N 线的拓扑感知技术研究 [J]. 计算机测量与控制, 2022, 30 (1): 7.

[73] 中国工业技术软件化产业联盟. 五问工业 APP 想知道的都在这里 [J]. 中国战略新兴产业, 2018 (33): 70-72.

[74] 林军. 中国工业互联网应用生态中的质量管理实践 [J]. 高科技与产业化, 2020, 26 (12): 4.

[75] 林萍. 面向新一代智能制造的智能工厂体系架构研究 [J]. 工业控制计算机, 2021, 34 (2): 3.

[76] 宁振波. 探究工业 APP——把企业装进口袋里的工业软件 [J]. 中国工业和信息化, 2020 (3): 5.

[77] 徐占海, 王疏艳. 规模度量在软件过程改进中的实践与应用 [J]. 中国金融电脑, 2007 (1): 6.

[78] 周睿康. 面向智能制造的工业信息安全标准化研究 [J]. 信息技术与标准化, 2016 (8): 3.

[79] 朱国强. 过程安全管理在企业中的应用 [J]. 化工管理, 2021 (28): 4.

[80] 李佳意, 董万鹏, 任梦, 等. 新时代计算机智能制造模式的研究进展 [J]. 智能计算

机与应用，2021，11（3）：98-105.

[81] 白杉. 时代呼唤先进制造技术 [J]. 上海大中型电机，2003（4）：1-3.

[82] 许敏，玄文凯，于翔. 工厂数字化交付平台应具备的基本功能探究 [J]. 软件，2019，40（11）：4.

[83] 王华，魏岩. 数字化交付模式下三维数字化工厂建设 [J]. 油气与新能源，2022，34（4）：93-98.

[84] 吴参毅. 无人机概念及应用现状 [J]. 中国安防，2020（8）：86-91.

[85] 修昭远. 无线工业物联网协议互通研究与实践 [D]. 北京：北方工业大学，2020.

[86] 佚名. 以智能化为经济赋能推动高质量发展 [N]. 重庆日报，2018-08-25.

[87] 戴丽昕. 知识产权强国绘"蓝图""2+10"体系目标逐步走 [N]. 上海科技报，2022-01-19.

[88] 刘杰伟. 中小型第三方物流运营模式研究 [D]. 天津：天津科技大学，2020.

[89] 斯科特赛克. 卓越创新：能源行业的制胜之道 [M]. 徐雯菲，译. 上海：上海交通大学出版社，2012.

[90] 马修·鲍尔. 元宇宙改变一切 [M]. 岑格蓝，赵奥博，王小桐，译. 杭州：浙江教育出版社，2022.

[91] 华特·艾萨克森. 创新者們：掀起数位革命的天才、怪傑和駭客 [M]. 齐若兰，陈以礼，译. 台北：远见天下文化出版股份有限公司，2015.

[92] 伯纳德·W. 泰勒. 数据、模型与决策：12 版 [M]. 侯文华，杨静蕾，译. 北京：中国人民大学出版社，2011.

[93] 托马斯·西贝尔. 认识数字化转型 [M]. 毕崇毅，译. 北京：机械工业出版社，2020.

[94] 道格拉斯 W. 哈伯德. 数据化决策：精装典藏版 [M]. 邓洪涛，译. 广州：广东人民出版社，2017.

[95] 史蒂芬·卢奇，丹尼·科佩克. 人工智能：2 版 [M]. 林赐，译. 北京：人民邮电出版社，2018.

[96] 德内拉·梅多斯. 系统之美：决策者的系统思考 [M]. 邱昭良，译. 杭州：浙江人民出版社，2012.

[97] 胡童彬. 我国私募股权投资市场 Pre-IPO 项目定价研究 [D]. 杭州：浙江大学，2019.

[98] 佚名. 中华人民共和国国民经济和社会发展第十四个五年规划和 2035 年远景目标纲要 [EB/OL].（2021-03-12）. http://www.gov.cn/xinwen/2021/03/13/content_5592681.htm.

[99] 国务院. "十四五"数字经济发展规划 [EB/OL].（2022-01-12）. http://www.gov.cn/zhengce/content/2022-01/12/content_5667817.htm.

[100] 工业和信息化部，国家发展和改革委员会，科技部，等. 关于"十四五"推动石化化工行业高质量发展的指导意见 [EB/OL].（2022-3-28）. http://www.gov.cn/zhengceku/2022-04/08/content_5683972.htm.

[101] 国务院. 国务院关于深化制造业与互联网融合发展的指导意见 [EB/OL].（2016-05-

20）. http://www.gov.cn/zhengce/content/2016-05/20/content_5075099.htm.

[102] 国务院，中央军事委员会. 无人驾驶航空器飞行管理暂行条例[EB/OL].（2023-05-31）. https://www.gov.cn/zhengce/content/202306/content_6888799.htm.

[103] 应急管理部. "工业互联网＋危化安全生产"试点建设方案[EB/OL].（2021-03-28）. https://www.mem.gov.cn/gk/zfxxgkpt/fdzdgknr/202104/t20210407_382882.shtml.

[104] 应急管理部. 化工园区安全风险智能化管控平台建设指南（试行）[EB/OL].（2022-02-09）. https://www.mem.gov.cn/gk/zfxxgkpt/fdzdgknr/202202/W020220209326721927588.pdf.

[105] 应急管理部. 危险化学品企业安全风险智能化管控平台建设指南（试行）[EB/OL].（2022-02-09）. https://www.mem.gov.cn/gk/zfxxgkpt/fdzdgknr/202202/W020220209326721942107.pdf.

[106] 应急管理部. 危险化学品企业双重预防机制数字化建设工作指南（试行）[EB/OL].（2022-01-21）. http://yjglt.yn.gov.cn/uploadfile/s43/2022/0413/20220413073814908.pdf.

[107] 工业和信息化部，财政部. 智能制造发展规划（2016-2020年）[EB/OL].（2016-12-08）. https://www.miit.gov.cn/zwgk/zcwj/wjfb/zbgy/art/2020/art_ef82844f3d864b44906f72bdd2eb14d8.html.

[108] 工业和信息化部，国家标准化管理委员. 国家智能制造标准体系建设指南2021版[EB/OL].（2021-11-17）. https://www.miit.gov.cn/xwdt/gxdt/sjdt/art/2021/art_47d5b1b9a13945cb9c2f8820b3d9e76d.html.

[109] 工业和信息化部，国家发展和改革委员会，教育部，等. "十四五"智能制造发展规划[EB/OL].（2021-12-28）. https://www.miit.gov.cn/jgsj/ghs/zlygh/art/2022/art_c201cab037444d5c94921a53614332f9.html.

[110] 工业和信息化部. 工业控制系统信息安全防护指南[EB/OL].（2016-10-19）. https://www.miit.gov.cn/zwgk/zcwj/wjfb/zh/art/2020/art_272c9afec9434e3dae131f3861127ba6.html.

[111] 中央网络安全和信息化委员会. "十四五"国家信息化规划[EB/OL].（2021-12）. http://www.cac.gov.cn/2021-12/27/c_1642205314518676.htm.

[112] 国资委. 关于加快推进国有企业数字化转型工作的通知[EB/OL].（2020-08-21）. http://www.sasac.gov.cn/n2588020/n2588072/n2591148/n2591150/c15517908/content.html.

[113] 国家能源局，科学技术部. "十四五"能源领域科技创新规划[EB/OL].（2021-12）. http://zfxxgk.nea.gov.cn/2021-11/29/c_1310540453.htm.

[114] 国家发展和改革委员会，国家能源局. "十四五"现代能源体系规划[EB/OL].（2022-01-29）. https://www.ndrc.gov.cn/xxgk/zcfb/ghwb/202203/t20220322_1320016.html?state=123&code=&state=123.

[115] 中国煤炭工业协会. 煤炭工业"十四五"高质量发展指导意见[EB/OL].（2021-05-29）.

http://www.coalchina.org.cn/uploadfile/2021/0603/20210603114439221.pdf.

[116] 工业和信息化部，应急管理部．"工业互联网＋安全生产"行动计划（2021—2023 年）[EB/OL]．（2020-10-10）．http://www.scio.gov.cn/xwfbh/xwbfbh/wqfbh/42311/44021/xgzc44027/Document/1690213/1690213.htm.

[117] 工业和信息化部信息通信管理局．"5G+工业互联网"百科词条 [EB/OL]．http://www.aii-alliance.org/index.php/index/c185/n2442.html.

[118] 工业和信息化部（电子）．智能制造能力成熟度模型：GB/T 39116—2020[S/OL]．（2020-10-11）．http://c.gb688.cn/bzgk/gb/showGb?type=online&hcno=809991917D73FE52B65C1ECC8B51B418.

[119] 工业和信息化部（电子）．智能制造能力成熟度评估方法：GB/T 39117—2020[S/OL]．（2020-10-11）．http://c.gb688.cn/bzgk/gb/showGb?type=online&hcno=A5FA7CB1C806E037B64F8A0019C57351.

[120] 中国机械工业联合会．智能制造 系统架构：GB/T 40647—2021[S/OL]．（2021-10-11）．http://c.gb688.cn/bzgk/gb/showGb?type=online&hcno=D7670A73F3BF8E821A230230B04AB753.

[121] 工业和信息化部（电子）．智能制造 机器视觉在线检测系统 通用要求：GB/T 40659—2021[S/OL]．（2021-10-11）．http://c.gb688.cn/bzgk/gb/showGb?type=online&hcno=97379A05D29792BAEDC31E55E03A5499.

[122] 工业和信息化部（电子）．智能制造 虚拟工厂参考架构：GB/T 40648—2021[S/OL]．（2021-10-11）．http://c.gb688.cn/bzgk/gb/showGb?type=online&hcno=528F5773091D46E90B6AD286D3248E61.

[123] 工业和信息化部（电子）．智能制造 虚拟工厂信息模型：GB/T 40654—2021[S/OL]．（2021-10-11）．http://c.gb688.cn/bzgk/gb/showGb?type=online&hcno=D3F28F82F24E35A9D43B5B8DC37DC475.

[124] 工业和信息化部（电子）．智能生产订单管理系统 技术要求：GB/T 40655—2021[S/OL]．（2021-10-11）．http://c.gb688.cn/bzgk/gb/showGb?type=online&hcno=106672426172B5F019F8A02B5CE7AB5A.

[125] 国家标准化管理委员会．信息安全技术 工业控制系统安全管理基本要求：GB/T 36323—2018[S/OL]．（2018-06-07）．http://c.gb688.cn/bzgk/gb/showGb?type=online&hcno=E00719A57053B5264CF7A77E2FCAA637.

[126] 国家标准化管理委员会．信息安全技术 工业控制系统安全防护技术要求和测试评价方法：GB/T 40813—2021[S/OL]．（2021-10-11）．http://c.gb688.cn/bzgk/gb/showGb?type=online&hcno=A292B1223209744B7FA7B37155A7465D.

[127] 中国机械工业联合会．物联网总体技术 智能传感器接口规范：GB/T 34068—2017[S/OL]．（2017-07-31）．http://c.gb688.cn/bzgk/gb/showGb?type=online&hcno=F42A4ACB984BDB5B7423D2725623D6DF.

[128] 国家标准化管理委员会. 数据管理能力成熟度评估模型: GB/T36073—2018[S/OL]. （2018-03-15）. http://c.gb688.cn/bzgk/gb/showGb?type=online&hcno=B282A7BD34CAA6E2D742E0CAB7587DBC.

[129] 应急管理部. 危险化学品企业特殊作业安全规范: GB 30871—2022[S/OL]. （2022-03-15）. http://c.gb688.cn/bzgk/gb/showGb?type=online&hcno=561B95121C30853A6B45CA9471F39239.

[130] 应急管理部. 危险化学品重大危险源辨识: GB 18218—2018[S/OL]. （2018-11-19）. http://c.gb688.cn/bzgk/gb/showGb?type=online&hcno=E976F49B263D7579CCABD419B1E40225.

[131] 国家标准化管理委员会. 信息化和工业化融合 数字化转型 价值效益参考模型: GB/T 23011—2022[S/OL]. https://std.samr.gov.cn/gb/search/gbDetailed?id=E116673ED3FCA3B7E05397BE0A0AC6BF.

[132] 应急管理部. 化工过程安全管理导则: AQ/T 3034—2022[S/OL]. （2022-10-1）. https://hbba.sacinfo.org.cn/attachment/onlineRead/7aa2f7db8748e07322f2b06f552761328fe1d92996727162f185eeff93ceaea7.

[133] 大连商品交易所编写组. 化工产业链与风险管理 [M]. 北京：中国财政经济出版社，2020.

[134] Center for Chemical Process Safety. 化工过程安全自动化应用指南: 2版[M]. 李玉明，姜巍巍，曹德舜，等，译. 北京：中国石化出版社，2021.

[135] 欧洲化学工业理事会. 化学工业2050年愿景：欧洲化学工业应对世纪挑战之道 [M]. 庞广廉，等，译. 北京：化学工业出版社，2020.

[136] 贺永德. 现代煤化工技术手册: 3版 [M]. 北京：化学工业出版社，2020.

[137] 程艳. 煤炭企业协同绿色创新能力研究 [M]. 北京：中国财政经济出版社，2021.

[138] 谭忠富，刘平阔. 煤电能源供应链风险递展动因分析及风险控制模拟模型研究 [M]. 北京：科学出版社，2018.

[139] 应急管理部化学品登记中心，中国石油化工股份有限公司青岛安全工程研究院，清华大学，等. 化工过程安全管理 [M]. 北京：化学工业出版社，2021.

[140] 中国煤炭工业协会. 中国煤炭工业壮丽七十年：现代煤化工发展篇(1949-2019)[M]. 北京：应急管理出版社，2021.

[141] 孙建. 职业健康监护和职业病控制与防护管理 [J]. 石油化工建设，2021，43（1）: 3.

[142] 曾勇. 石化装置仿真培训系统的开发 [J]. 计算机仿真，2003，20（8）: 3.

[143] 王树民. 清洁煤电近零排放技术与应用 [M]. 北京：科学出版社，2019.

[144] 蔡钧宇，孙科达，王志杰，等. 火电厂智能化建设研究与实践 [M]. 北京：中国电力出版社，2022.

[145] 贾建波，王萌，谭厚章，等. 先进燃气电厂智能化体系设计与建设 [J]. 热力发电，2021，50（6）: 69-75.

[146] 王树民，贾建波，石朝夕，等. 智能电站顶层设计与工程实践 [J]. 煤炭工程，2017（5）：1-8.

[147] 王曦钊，刘胜军，王德军，等. 智能电站框架研究与信息化工程实践 [J]. 电信科学，2016，32（4）181-185.

[148] 陈寅彪，石朝夕，贾建波，等. 创新燃机电厂"一控三中心"管理 [J]. 中国电力企业管理（综合），2015（2）：50-51.

[149] 王树民，徐会军，康淑云，等. 神奇的煤炭 [M]. 北京：煤炭工业出版社，2018.

[150] 神华集团党建史编纂委员会. 神华集团党建史：神东篇 [M]. 北京：红旗出版社，2017.

[151] 杨鹏，杜善周. 社会主义是干出来的：神府东胜矿区开发建设者口述史 [M]. 北京：红旗出版社，2019.

[152] 沈严正. 世界能源之巅的 300 个梦想：神华成功探秘 [M]. 北京：中国致公出版社，2017.

[153] 张振飞. 神华宁煤集团智慧矿山安全生产管理系统的规划和实施 [D]. 银川：宁夏大学，2018.

[154] 王树民. 学习贯彻落实习近平总书记重要讲话精神　防范化解化工产业安全环保风险　提高应急管理认识水平和消防应援能力——在集团公司化工产业安全环保、消防救援及应急管理工作座谈会上的讲话 [J]. 国家能源投资集团有限责任公司内部情况通报，2020（24）.

[155] 王树民. 认真贯彻新发展理念　以创新发展为引领　以智慧转型为支撑　建设高质量的现代化煤制油煤化工企业——在化工产业技术创新引领高质量发展研讨会暨"十四五"重点规划项目论证会上的讲话 [J]. 国家能源投资集团有限责任公司内部情况通报，2020（62）.

[156] 王树民. 在集团煤化工油化品营销工作座谈会上的讲话 [J]. 国家能源投资集团有限责任公司内部情况通报，2021（17）.

[157] 王树民. 思想引领　遵循方略　勇于实践　确保安全、稳定、清洁运行——在集团公司 2022 年化工产业安全环保工作专题会上的讲话 [J]. 国家能源投资集团有限责任公司内部情况通报，2022（6）.

[158] 王树民. 学习贯彻落实习近平总书记考察榆林化工重要讲话精神　不断开创集团化工产业深度发展新局面——在集团化工产业 2022 工作会议上的讲话 [J]. 国家能源投资集团有限责任公司内部情况通报，2022（12）.

[159] 王树民. 在集团公司智慧化工规划（2022—2030）启动会上的讲话 [J]. 国家能源投资集团有限责任公司内部情况通报，2022（34）.

[160] 王树民. 开展"大学习"深化"大安全"攻坚"大基地"　实现集团化工产业高端化、智能化、绿色化发展——在集团化工产业 2023 年工作会议上的讲话 [J]. 国家能源投资集团有限责任公司内部情况通报，2023（10）.

[161] 国家能源投资集团有限责任公司. 国家能源集团化工产业运营管理规定（试行）[M]. 北京：国家能源投资集团有限责任公司, 2020.

[162] 国家能源投资集团有限责任公司. 国家能源集团化工产业计划、统计与效能评价管理办法（试行）[Z]. 北京：国家能源投资集团有限责任公司, 2020.

[163] 国家能源投资集团有限责任公司. 国家能源集团化工产业工程建设管理办法（试行）[Z]. 北京：国家能源投资集团有限责任公司, 2020.

[164] 国家能源投资集团有限责任公司. 国家能源集团化工产业技术改造管理办法（试行）[Z]. 北京：国家能源投资集团有限责任公司, 2020.

[165] 国家能源投资集团有限责任公司. 国家能源集团油化品销售管理办法（试行）[Z]. 北京：国家能源投资集团有限责任公司, 2020.

[166] 国家能源投资集团有限责任公司. 国家能源集团化工产业危险化学品重大危险源安全管理办法（试行）[Z]. 北京：国家能源投资集团有限责任公司, 2020.

[167] 国家能源投资集团有限责任公司. 国家能源集团化工产业生产安全风险和隐患排查治理双重预防机制管理办法（试行）[Z]. 北京：国家能源投资集团有限责任公司, 2020.

[168] 国家能源投资集团有限责任公司. 国家能源集团化工产业建设项目生产准备与试车工作细则（试行）[Z]. 北京：国家能源投资集团有限责任公司, 2020.

[169] 国家能源投资集团有限责任公司. 国家能源集团化工产业职业卫生健康管理办法（试行）[Z]. 北京：国家能源投资集团有限责任公司, 2020.

[170] 国家能源投资集团有限责任公司. 国家能源集团化工产业班组建设管理办法（试行）[Z]. 北京：国家能源投资集团有限责任公司, 2020.

[171] 国家能源投资集团有限责任公司. 国家能源集团化工产业设备管理办法（试行）[Z]. 北京：国家能源投资集团有限责任公司, 2020.

[172] 国家能源投资集团有限责任公司. 国家能源集团化工产业生产运行管理办法（试行）[Z]. 北京：国家能源投资集团有限责任公司, 2020.

[173] 国家能源投资集团有限责任公司. 国家能源集团化工产业消防安全管理办法（试行）[Z]. 北京：国家能源投资集团有限责任公司, 2021.

[174] 国家能源投资集团有限责任公司. 国家能源集团化工产业生态环境保护管理办法（试行）[Z]. 北京：国家能源投资集团有限责任公司, 2021.

[175] 国家能源投资集团有限责任公司. 国家能源集团化工产业技术监督管理办法（试行）[Z]. 北京：国家能源投资集团有限责任公司, 2021.

[176] 国家能源投资集团有限责任公司. 国家能源集团化工产业技术监督管理工作细则（试行）[Z]. 北京：国家能源投资集团有限责任公司, 2022.

[177] 国家能源投资集团有限责任公司. 国家能源集团煤制油煤化工产业安全、环保、消防和应急救援体系及能力建设三年行动计划（2020-2022）[Z]. 北京：国家能源投资集团有限责任公司, 2020.

[178] 国家能源投资集团有限责任公司. 国家能源集团化工产业安全与技术专家委员会工作规则和第一批内部专家名单 [Z]. 北京：国家能源投资集团有限责任公司，2020.

[179] 国家能源投资集团有限责任公司. 集团公司化工产业智能控制及智能装备建设指南 [Z]. 北京：国家能源投资集团有限责任公司，2021.

[180] 国家能源投资集团有限责任公司. 国家能源投资集团有限责任公司化工产业生产安全事故专项应急预案 [Z]. 北京：国家能源投资集团有限责任公司，2021.

[181] 国家能源投资集团有限责任公司. 国家能源集团化工产业承包商"三一行动"九个一样管理规范 [Z]. 北京：国家能源投资集团有限责任公司，2021.

[182] 国家能源投资集团有限责任公司. 国家能源集团 2021 年煤制油煤化工产业工作要点 [Z]. 北京：国家能源投资集团有限责任公司，2021.

[183] 国家能源投资集团有限责任公司. 国家能源集团 2022 年化工产业工作要点 [Z]. 北京：国家能源投资集团有限责任公司，2022.

[184] 国家能源投资集团有限责任公司. 国家能源集团 2023 年化工产业工作要点 [Z]. 北京：国家能源投资集团有限责任公司，2023.

[185] 国家能源投资集团有限责任公司. 国家能源集团关于弘扬宣贯伟大建党精神和中国共产党人精神谱系推动化工产业深度发展的指导意见 [Z]. 北京：国家能源投资集团有限责任公司，2022.

[186] 国家能源投资集团有限责任公司. 国家能源集团化工产业贯彻落实习近平总书记考察榆林化工重要讲话精神行动计划（2022-2030）[Z]. 北京：国家能源投资集团有限责任公司，2022.

[187] 国家能源投资集团有限责任公司. 国家能源集团化工产业高质量发展指导意见（2022—2030）[Z]. 北京：国家能源投资集团有限责任公司，2022.

[188] 国家能源投资集团有限责任公司. 国家能源集团化工产业节能降碳绿色行动计划（2022—2030）[Z]. 北京：国家能源投资集团有限责任公司，2022.

[189] 国家能源投资集团有限责任公司. 国家能源集团化工产业"十四五"专项人才发展规划 [Z]. 北京：国家能源投资集团有限责任公司，2022.

[190] 国家能源投资集团有限责任公司. 国家能源集团智慧化工规划建设指南（2022—2030年）[Z]. 北京：国家能源投资集团有限责任公司，2022.

[191] 国家能源投资集团有限责任公司. 国家能源集团网络安全和信息化管理规定 [Z]. 北京：国家能源投资集团有限责任公司，2020.

[192] 国家能源投资集团有限责任公司. 国家能源集团网络安全和信息化规划管理办法 [Z]. 北京：国家能源投资集团有限责任公司，2020.

[193] 国家能源投资集团有限责任公司. 国家能源集团网络安全和信息化架构管理办法 [Z]. 北京：国家能源投资集团有限责任公司，2020.

[194] 国家能源投资集团有限责任公司. 国家能源集团网络安全和信息化项目投资管理办法 [Z]. 北京：国家能源投资集团有限责任公司，2020.

[195] 国家能源投资集团有限责任公司. 国家能源集团网络安全和信息化年度计划和预算管理办法 [Z]. 北京：国家能源投资集团有限责任公司，2020.

[196] 国家能源投资集团有限责任公司. 国家能源集团网络安全管理办法（试行）[Z]. 北京：国家能源投资集团有限责任公司，2020.

[197] 国家能源投资集团有限责任公司. 国家能源集团软件资产管理办法 [Z]. 北京：国家能源投资集团有限责任公司，2020.

[198] 国家能源投资集团有限责任公司. 国家能源集团数据资产管理办法 [Z]. 北京：国家能源投资集团有限责任公司，2020.

[199] 国家能源投资集团有限责任公司. 国家能源集团网络安全和信息化水平评价管理办法（试行）[Z]. 北京：国家能源投资集团有限责任公司，2021.

[200] 国家能源投资集团有限责任公司. 国家能源集团网络安全等级保护管理办法（试行）[M]. 北京：国家能源投资集团有限责任公司，2021.

[201] 国家能源投资集团有限责任公司. 国家能源集团统一防病毒管理办法（试行）[Z]. 北京：国家能源投资集团有限责任公司，2021.

[202] 国家能源投资集团有限责任公司. 国家能源集团工控系统网络安全管理办法（试行）[Z]. 北京：国家能源投资集团有限责任公司，2021.

[203] 国家能源投资集团有限责任公司. 国家能源集团指标数据管理办法（试行）[Z]. 北京：国家能源投资集团有限责任公司，2021.

[204] 国家能源投资集团有限责任公司. 国家能源集团主数据管理办法 [Z]. 北京：国家能源投资集团有限责任公司，2020.

[205] 国家能源投资集团有限责任公司. 国家能源集团数据中心运行管理办法（试行）[Z]. 北京：国家能源投资集团有限责任公司，2021.

[206] 国家能源投资集团有限责任公司. 国家能源集团广域网运行维护管理办法（试行）[Z]. 北京：国家能源投资集团有限责任公司，2021.

[207] 国家能源投资集团有限责任公司. 国家能源集团应用系统接口管理办法（试行）[Z]. 北京：国家能源投资集团有限责任公司，2021.

[208] 国家能源投资集团有限责任公司. 国家能源集团一体化集中管控系统（ERP）建设项目实施管理办法 [Z]. 北京：国家能源投资集团有限责任公司，2020.

[209] 国家能源投资集团有限责任公司. 国家能源集团ERP等核心应用系统运行维护管理办法 [Z]. 北京：国家能源投资集团有限责任公司，2020.

[210] 国家能源投资集团有限责任公司. 国家能源集团办公自动化(OA)系统运行维护管理办法（试行）[Z]. 北京：国家能源投资集团有限责任公司，2021.

[211] 国家能源投资集团有限责任公司. 国家能源集团煤炭销售物流调运业务相关系统运行管理办法 [Z]. 北京：国家能源投资集团有限责任公司，2021.

[212] 国家能源投资集团有限责任公司. 国家能源集团视频会议系统使用管理办法（试行）[Z]. 北京：国家能源投资集团有限责任公司，2021.

[213] 国家能源投资集团有限责任公司. 国家能源集团统建系统应用情况评价管理办法[Z]. 北京：国家能源投资集团有限责任公司，2021.

[214] 国家能源投资集团有限责任公司. 化工产业电测技术监督实施细则 第 1 部分：化工工艺分册：Q/GN 0057.1—2022[S]. 北京：国家能源投资集团有限责任公司，2022.

[215] 国家能源投资集团有限责任公司. 化工产业电能质量技术监督实施细则 第 1 部分：化工工艺分册：Q/GN 0058.1—2022[S]. 北京：国家能源投资集团有限责任公司，2022.

[216] 国家能源投资集团有限责任公司. 化工产业继电保护技术监督实施细则 第 1 部分：化工工艺分册：Q/GN 0059.1—2022[S]. 北京：国家能源投资集团有限责任公司，2022.

[217] 国家能源投资集团有限责任公司. 化工产业金属技术监督实施细则 第 1 部分：化工工艺分册：Q/GN 0060.1—2022[S]. 北京：国家能源投资集团有限责任公司，2022.

[218] 国家能源投资集团有限责任公司. 化工产业绝缘技术监督实施细则 第 1 部分：化工工艺分册：Q/GN 0061.1—2022[S]. 北京：国家能源投资集团有限责任公司，2022.

[219] 国家能源投资集团有限责任公司. 化工产业励磁技术监督实施细则 第 1 部分：化工工艺分册：Q/GN 0062.1—2022[S]. 北京：国家能源投资集团有限责任公司，2022.

[220] 国家能源投资集团有限责任公司. 化工产业煤质技术监督实施细则：Q/GN 0063—2022[S]. 北京：国家能源投资集团有限责任公司，2022.

[221] 国家能源投资集团有限责任公司. 化工产业水质技术监督实施细则：Q/GN 0064—2022[S]. 北京：国家能源投资集团有限责任公司，2022.

[222] 国家能源投资集团有限责任公司. 化工产业环保技术监督实施细则 第 1 部分：化工工艺分册：Q/GN 0066.1—2022[S]. 北京：国家能源投资集团有限责任公司，2022.

[223] 国家能源投资集团有限责任公司. 化工产业节能技术监督实施细则 第 1 部分：化工工艺分册：Q/GN 0067.1—2022[S]. 北京：国家能源投资集团有限责任公司，2022.

[224] 国家能源投资集团有限责任公司. 化工产业汽轮机技术监督实施细则 第 1 部分：化工工艺分册：Q/GN 0069.1—2022[S]. 北京：国家能源投资集团有限责任公司，2022.

[225] 国家能源投资集团有限责任公司. 化工产业锅炉技术监督实施细则 第 1 部分：化工工艺分册：Q/GN 0070.1—2022[S]. 北京：国家能源投资集团有限责任公司，2022.

[226] 国家能源投资集团有限责任公司. 化工产业风机技术监督实施细则 第 1 部分：化工工艺分册：Q/GN 0072.1—2022[S]. 北京：国家能源投资集团有限责任公司，2022.

[227] 国家能源投资集团有限责任公司. 化工产业建（构）筑物技术监督实施细则 第 1 部分：化工工艺分册：Q/GN 0073.1—2022[S]. 北京：国家能源投资集团有限责任公司，2022.

[228] 国家能源投资集团有限责任公司. 化工产业生产监控系统安全防护技术监督实施细则 第 1 部分：化工工艺分册：Q/GN 0074.1—2022[S]. 北京：国家能源投资集团有限责任公司，2022.

[229] 国家能源投资集团有限责任公司. 化工产业可研报告技术监督实施细则：Q/GN 0112—2022[S]. 北京：国家能源投资集团有限责任公司，2023.

[230] 国家能源投资集团有限责任公司. 化工产业合规合法性技术监督实施细则: Q/GN 0113—2022[S]. 北京: 国家能源投资集团有限责任公司, 2023.

[231] 国家能源投资集团有限责任公司. 化工产业安全环保预评价技术监督实施细则: Q/GN 0114—2022[S]. 北京: 国家能源投资集团有限责任公司, 2023.

[232] 国家能源投资集团有限责任公司. 化工产业基础（初步）设计和详细设计技术监督实施细则: Q/GN 0115—2022[S]. 北京: 国家能源投资集团有限责任公司, 2023.

[233] 国家能源投资集团有限责任公司. 化工产业土建施工技术监督实施细则: Q/GN 0116—2022[S]. 北京: 国家能源投资集团有限责任公司, 2023.

[234] 国家能源投资集团有限责任公司. 化工产业设备监造技术监督实施细则: Q/GN 0117—2022[S]. 北京: 国家能源投资集团有限责任公司, 2023.

[235] 国家能源投资集团有限责任公司. 化工产业安装施工技术监督实施细则: Q/GN 0118—2022[S]. 北京: 国家能源投资集团有限责任公司, 2023.

[236] 国家能源投资集团有限责任公司. 化工产业安全、环保、职业卫生三同时审查技术监督实施细则: Q/GN 0119—2022[S]. 北京: 国家能源投资集团有限责任公司, 2023.

[237] 国家能源投资集团有限责任公司. 化工产业竣工验收技术监督实施细则: Q/GN 0120—2022[S]. 北京: 国家能源投资集团有限责任公司, 2023.

[238] 国家能源投资集团有限责任公司. 化工产业生产准备工作纲要技术监督实施细则: Q/GN 0121—2022[S]. 北京: 国家能源投资集团有限责任公司, 2023.

[239] 国家能源投资集团有限责任公司. 化工产业试车方案技术监督实施细则: Q/GN 0122—2022[S]. 北京: 国家能源投资集团有限责任公司, 2023.

[240] 国家能源投资集团有限责任公司. 化工产业投料试车条件确认技术监督实施细则: Q/GN 0123—2022[S]. 北京: 国家能源投资集团有限责任公司, 2023.

[241] 国家能源投资集团有限责任公司. 化工产业性能考核技术监督实施细则: Q/GN 0089—2022[S]. 北京: 国家能源投资集团有限责任公司, 2022.

[242] 国家能源投资集团有限责任公司. 化工产业生产指挥调度系统技术监督实施细则: Q/GN 0078—2022[S]. 北京: 国家能源投资集团有限责任公司, 2022.

[243] 国家能源投资集团有限责任公司. 化工产业岗位操作法及工艺技术规程技术监督实施细则: Q/GN 0079—2022[S]. 北京: 国家能源投资集团有限责任公司, 2022.

[244] 国家能源投资集团有限责任公司. 化工产业盲板技术监督实施细则: Q/GN 0080—2022[S]. 北京: 国家能源投资集团有限责任公司, 2022.

[245] 国家能源投资集团有限责任公司. 化工产业生产操作卡技术监督实施细则: Q/GN 0081—2022[S]. 北京: 国家能源投资集团有限责任公司, 2022.

[246] 国家能源投资集团有限责任公司. 化工产业工艺卡片技术监督实施细则: Q/GN 0082—2022[S]. 北京: 国家能源投资集团有限责任公司, 2022.

[247] 国家能源投资集团有限责任公司. 化工产业开停车过程技术监督实施细则: Q/GN 0083—2022[S]. 北京: 国家能源投资集团有限责任公司, 2022.

[248] 国家能源投资集团有限责任公司. 化工产业化验分析技术监督实施细则: Q/GN 0084—2022[S]. 北京: 国家能源投资集团有限责任公司, 2022.

[249] 国家能源投资集团有限责任公司. 化工产业化工三剂应用技术监督实施细则: Q/GN 0085—2022[S]. 北京: 国家能源投资集团有限责任公司, 2022.

[250] 国家能源投资集团有限责任公司. 化工产业工艺联锁及设备联锁技术监督实施细则: Q/GN 0086—2022[S]. 北京: 国家能源投资集团有限责任公司, 2022.

[251] 国家能源投资集团有限责任公司. 化工产业工艺变更技术监督实施细则: Q/GN 0087—2022[S]. 北京: 国家能源投资集团有限责任公司, 2022.

[252] 国家能源投资集团有限责任公司. 化工产业生产运行计量技术监督实施细则: Q/GN 0088—2022[S]. 北京: 国家能源投资集团有限责任公司, 2022.

[253] 国家能源投资集团有限责任公司. 化工产业工艺泵技术监督实施细则: Q/GN 0090—2022[S]. 北京: 国家能源投资集团有限责任公司, 2022.

[254] 国家能源投资集团有限责任公司. 化工产业往复压缩机技术监督实施细则: Q/GN 0091—2022[S]. 北京: 国家能源投资集团有限责任公司, 2022.

[255] 国家能源投资集团有限责任公司. 化工产业离心压缩机技术监督实施细则: Q/GN 0092—2022[S]. 北京: 国家能源投资集团有限责任公司, 2022.

[256] 国家能源投资集团有限责任公司. 化工产业挤压机造粒机技术监督实施细则: Q/GN 0093—2022[S]. 北京: 国家能源投资集团有限责任公司, 2022.

[257] 国家能源投资集团有限责任公司. 化工产业电梯技术监督实施细则: Q/GN 0094—2022[S]. 北京: 国家能源投资集团有限责任公司, 2022.

[258] 国家能源投资集团有限责任公司. 化工产业起重机械技术监督实施细则: Q/GN 0095—2022[S]. 北京: 国家能源投资集团有限责任公司, 2022.

[259] 国家能源投资集团有限责任公司. 化工产业场（厂）内专用机动车辆技术监督实施细则: Q/GN 0096—2022[S]. 北京: 国家能源投资集团有限责任公司, 2022.

[260] 国家能源投资集团有限责任公司. 化工产业压力容器技术监督实施细则: Q/GN 0097—2022[S]. 北京: 国家能源投资集团有限责任公司, 2022.

[261] 国家能源投资集团有限责任公司. 化工产业压力管道技术监督实施细则: Q/GN 0098—2022[S]. 北京: 国家能源投资集团有限责任公司, 2022.

[262] 国家能源投资集团有限责任公司. 化工产业常压储罐技术监督实施细则: Q/GN 0099—2022[S]. 北京: 国家能源投资集团有限责任公司, 2022.

[263] 国家能源投资集团有限责任公司. 化工产业加热炉技术监督实施细则: Q/GN 0100—2022[S]. 北京: 国家能源投资集团有限责任公司, 2022.

[264] 国家能源投资集团有限责任公司. 化工产业气化炉技术监督实施细则: Q/GN 0101—2022[S]. 北京: 国家能源投资集团有限责任公司, 2022.

[265] 国家能源投资集团有限责任公司. 化工产业安全附件技术监督实施细则: Q/GN 0102—2022[S]. 北京: 国家能源投资集团有限责任公司, 2022.

[266] 国家能源投资集团有限责任公司. 化工产业现场仪表技术监督实施细则: Q/GN 0103—2022[S]. 北京: 国家能源投资集团有限责任公司, 2022.

[267] 国家能源投资集团有限责任公司. 化工产业过程控制系统技术监督实施细则: Q/GN 0104—2022[S]. 北京: 国家能源投资集团有限责任公司, 2022.

[268] 国家能源投资集团有限责任公司. 化工产业在线分析仪表技术监督实施细则: Q/GN 0105—2022[S]. 北京: 国家能源投资集团有限责任公司, 2022.

[269] 国家能源投资集团有限责任公司. 化工产业可燃(有毒)气体检测报警仪技术监督实施细则: Q/GN 0106—2022[S]. 北京: 国家能源投资集团有限责任公司, 2022.

[270] 国家能源投资集团有限责任公司. 化工产业"两重点一重大"技术监督实施细则: Q/GN 0107—2022[S]. 北京: 国家能源投资集团有限责任公司, 2022.

[271] 国家能源投资集团有限责任公司. 化工产业职业卫生技术监督实施细则: Q/GN 0108—2022[S]. 北京: 国家能源投资集团有限责任公司, 2022.

[272] 国家能源投资集团有限责任公司. 化工产业消防技术监督实施细则: Q/GN 0109—2022[S]. 北京: 国家能源投资集团有限责任公司, 2022.

[273] 国家能源投资集团有限责任公司. 化工产业绝缘技术监督实施细则 第2部分: 热电中心分册: Q/GN 0061.2—2022[S]. 北京: 国家能源投资集团有限责任公司, 2022.

[274] 国家能源投资集团有限责任公司. 化工产业电测技术监督实施细则 第2部分: 热电中心分册: Q/GN 0057.2—2022[S]. 北京: 国家能源投资集团有限责任公司, 2022.

[275] 国家能源投资集团有限责任公司. 化工产业继电保护技术监督实施细则 第2部分: 热电中心分册: Q/GN 0059.2—2022[S]. 北京: 国家能源投资集团有限责任公司, 2022.

[276] 国家能源投资集团有限责任公司. 化工产业励磁技术监督实施细则 第2部分: 热电中心分册: Q/GN 0062.2—2022[S]. 北京: 国家能源投资集团有限责任公司, 2022.

[277] 国家能源投资集团有限责任公司. 化工产业电能质量技术监督实施细则 第2部分: 热电中心分册: Q/GN 0058.2—2022[S]. 北京: 国家能源投资集团有限责任公司, 2022.

[278] 国家能源投资集团有限责任公司. 化工产业热工技术监督实施细则: Q/GN 0068—2022[S]. 北京: 国家能源投资集团有限责任公司, 2022.

[279] 国家能源投资集团有限责任公司. 化工产业电力用油技术监督实施细则: Q/GN 0065—2022[S]. 北京: 国家能源投资集团有限责任公司, 2022.

[280] 国家能源投资集团有限责任公司. 化工产业环保技术监督实施细则 第2部分: 热电中心分册: Q/GN 0066.2—2022[S]. 北京: 国家能源投资集团有限责任公司, 2022.

[281] 国家能源投资集团有限责任公司. 化工产业节能技术监督实施细则 第2部分: 热电中心分册: Q/GN 0067.2—2022[S]. 北京: 国家能源投资集团有限责任公司, 2022.

[282] 国家能源投资集团有限责任公司. 化工产业金属技术监督实施细则 第2部分: 热电中心分册: Q/GN 0060.2—2022[S]. 北京: 国家能源投资集团有限责任公司, 2022.

[283] 国家能源投资集团有限责任公司. 化工产业汽轮机技术监督实施细则 第2部分: 热电中心分册: Q/GN 0069.2—2022[S]. 北京: 国家能源投资集团有限责任公司, 2022.

[284] 国家能源投资集团有限责任公司. 化工产业锅炉技术监督实施细则 第 2 部分：热电中心分册：Q/GN 0070.2—2022[S]. 北京：国家能源投资集团有限责任公司，2022.

[285] 国家能源投资集团有限责任公司. 化工产业水泵技术监督实施细则：Q/GN 0071—2022[S]. 北京：国家能源投资集团有限责任公司，2022.

[286] 国家能源投资集团有限责任公司. 化工产业风机技术监督实施细则 第 2 部分：热电中心分册：Q/GN 0072.2—2022[S]. 北京：国家能源投资集团有限责任公司，2022.

[287] 国家能源投资集团有限责任公司. 化工产业建（构）筑物技术监督实施细则 第 2 部分：热电中心分册：Q/GN 0073.2—2022[S]. 北京：国家能源投资集团有限责任公司，2022.

[288] 国家能源投资集团有限责任公司. 化工产业生产监控系统安全防护技术监督实施细则 第 2 部分：热电中心分册：Q/GN 0074.2—2022[S]. 北京：国家能源投资集团有限责任公司，2022.

[289] 国家能源投资集团有限责任公司. 化工产业汽水系统技术监督实施细则：Q/GN 0075—2022[S]. 北京：国家能源投资集团有限责任公司，2022.

[290] 国家能源投资集团有限责任公司. 化工企业环境保护设施配置要求：Q/GN 0034—2021[S]. 北京：国家能源投资集团有限责任公司，2021.

[291] 国家能源投资集团有限责任公司. 化工企业环境保护设施运行维护要求：Q/GN 0035—2021[S]. 北京：国家能源投资集团有限责任公司，2021.

[292] 国家能源投资集团有限责任公司. 化工企业污染物自动监测要求：Q/GN 0036—2021[S]. 北京：国家能源投资集团有限责任公司，2021.

[293] 国家能源投资集团有限责任公司. 化工企业消防站建设要求：Q/GN 0037—2021[S]. 北京：国家能源投资集团有限责任公司，2021.

[294] 国家能源投资集团有限责任公司. 化工企业消防站车辆及器材配备要求：Q/GN 0038—2021[S]. 北京：国家能源投资集团有限责任公司，2021.

[295] 国家能源投资集团有限责任公司. 化工企业生产区域消防设备设施配置要求：Q/GN 0039—2021[S]. 北京：国家能源投资集团有限责任公司，2021.

[296] 国家能源投资集团有限责任公司. 化工产业安全生产标准化基本规范：Q/GN 0130—2023[S]. 北京：国家能源投资集团有限责任公司，2023.

跋

  化工产业是国家能源集团的优势产业和战略性新兴产业。2022年，国家能源集团生产油化品近3000万吨，产能利用率达到99%，全年经营利润过百亿元，创历史最高水平。国家能源集团已规划建设六大化工基地。到2030年，油化品总产能将由目前的3000万吨达到6500万吨。

  二十几年来，国家能源集团坚持不懈，持续推动化工产业科技创新和信息化建设。特别是近年来，国家能源集团化工产业数字化转型步伐加速，成效显著。三年来，1200多名智慧化工参建人员在集团化工产业管理部、信息化管理部、信息公司组织下，克服建设任务繁重、疫情影响等严峻挑战，勠力同心、共同奋斗，历时670多天，实现集团第一批自主研发、拥有自主知识产权的化工运营管控、先进生产管理、安全管控等13个系统，以及企业自建分散控制系统（DCS）、现场总线控制系统（FCS）、安全仪表系统（SIS）、火灾报警系统（FAS）等系统的全面上线。目前，国家能源集团正在积极推进建设现代煤焦化企业智慧化标杆企业等一大批智慧化创新试点、示范项目建设，全方位打造智能制造创新案例和领先实践。

  本书主要编写人员早在2004年就立足企业管理创新创造价值，编写并由经济科学出版社出版了《财务能力模型FCM》，提出了企业财务管理能力提升的最佳路径，并应用于国华电力公司企业管理实践，奠定了国华电力长期盈利的管理基础，至今仍是咨询机构评价企业盈利能力的有效工具。2012至2015年，在国华电力北京燃气热电有限公司打造了北京首个"一键启停、无人值守、全员值班"的智能电站，全厂定员30人，创新了

"一部一室三中心"组织形式与管理机制，建设一体化智能平台，实现了数据集成共享、业务互联互通、生产工况实时可见、数据分析支持科学决策。2015年获亚洲电力大奖，2017年获中国电力科技进步一等奖，2018年被北京市命名为"智能电站"。

2022年12月，国家能源集团原"信息公司"改组成立"数智科技公司"和"信息分公司（数据中心）"。国能数智科技公司是国家能源集团先进信息技术系统、产品以及解决方案的开发和实施主体，已经积累形成了一系列具有国家能源特色的工业数字化产品及整体解决方案，累计取得专利210项、软件著作权462项。公司获得国家科技进步二等奖2项、中国煤炭工业科技特等奖1项、中国电力科技一等奖1项及其他省部级科技奖励共16项。智能矿山、智能电力、智慧化工、智慧党建、人工智能平台建设能力突出，一体化生产运营协同调度系统入选国资委国有企业管理标杆项目，智慧电厂管控系统等处于行业领先水平，获得业界高度认可和推广应用。2022年，国能数智科技公司位列中国煤炭工业协会"煤炭信息技术企业20强"首位。

国能数智科技公司智慧化工事业部承担了本书主要材料整理和案例编写工作。智慧化工事业部由近500名信息技术和化工工艺卓越工程师组成，作为主力军全面承担了智慧化工技术研发与实施、运维与培训任务。目前，国能数智科技公司智慧化工事业部已经形成了数字化管理咨询与顶层设计、集团统建系统应用研发与实施推广、企业自建智慧化项目系统集成、数据治理与工厂模型构建、大型智慧化项目集管理等整套成熟技术方法和成功经验，可以对行业输出国家能源集团智慧化工建设的完整经验与能力，为更多大中小型化工企业实施数字化转型、构建智慧化工、智能工厂提供顶层设计和全套技术解决方案，承担技术研发、实施、运维、培训和项目集管理服务。

中国石油和化学工业联合会李寿生会长和中国职业安全健康协会党委

副书记、常务副理事长、应急管理部原党组成员、总工程师王浩水为本书作序，化学工业出版社傅聪智、仇志刚等老师给予很多帮助，感谢他们对本书的肯定和支持。

2023 年 8 月 30 日